De Cero a Inversor en ETFs

Luís Ángel Hernández

De Cero a Inversor en ETFs

SOBRE EL AUTOR

Fundador del proyecto Salud Financiera y de los Cursos "De Cero a Inversor en ETFs" y "De Cero a Inversor en Fondos".

Graduado en ADE+Derecho por la Universidad de Valencia. Certificado MFIA y con Licencia SIBE por el Instituto BME.

Trabajó durante 7 años en Rankia como Responsable de Bolsa en España y Director de Inversión para Latinoamérica.

Creador de los eventos Rankia Markets Experience Madrid, Ciudad de México, Lima y Santiago de Chile.

Autor de más de 1000 artículos sobre finanzas y economía.

¿Cómo sacarle todo el provecho a este Libro?

El libro **De Cero a Inversor en ETFs** es parte del manual que se le entrega a todos los alumnos del curso homónimo.

Cualquier duda que te surja durante las lecturas de estas páginas te recomiendo consultarlas al email preguntas.saludfinanciera@gmail.com o al teléfono +34614239639

ÍNDICE

Capítulo 1: Conceptos introductorios.................................**11**

¿Por qué invertir?...12

¿En qué invertir?...18

¿Cómo se invierte?...21

¿Cuánto cuesta invertir?..31

Capítulo 2: Índices Bursátiles...**33**

¿Qué es un índice bursátil?..33

Características de los Índices Bursátiles 34

¿Cómo se construye un índice?...38

Principales Índices Bursátiles del Mundo 40

Principales Índices de Renta Fija.......................................57

Principales índices de Materias Primas 62

Principales Índices de REITs..69

¿Qué son los Proveedores de Índices Bursátiles?...........74

Principales proveedores de índices mundiales.................76

¿Qué es la Inversión Pasiva o Indexada? 79

Capítulo 3: Introducción a los ETFs.......................................**87**

Historia de los ETFs..87

¿Qué es un ETF?: Características y Tipos...........................89

ETF, ETP, ETC, ETN ¿Cuál es la diferencia entre cada uno? 92

ETFs vs Fondos Indexados...99

Tipos de Réplica en un ETFs..100

Capítulo 4: Participantes en el Mercado de ETFs **107**

¿Cómo se crea un ETF? 112

Proceso de creación y redención de las Cestas de un ETF 113

Capítulo 5 ¿Cómo se negocia un ETF? **115**

¿Cómo se compra y se vende un ETF? 115

Pasos para invertir en un ETFs 119

Principales comisiones de los ETFs 123

Capítulo 6: Brókers para invertir en ETFs **127**

Mejores Brokers para invertir en ETFs desde Europa 127

Capítulo 7: Screeners de ETFs **137**

Morningstar 138

JustETF 139

extraETF 140

Finect 141

ETFdb.com (VettaFi) 142

ETF.com 143

Capítulo 8: ¿Cómo crear mi primera cartera con ETFs? **145**

Factores para crear una Cartera 146

Asignación y Clases de Activos 154

Ejemplos de Carteras de ETFs 160

Capítulo 9: Categorías de ETFs y Nuevas Tendencias **173**

ETFs de Renta Variable 173

ETFs de Renta Fija 175

ETC de Materias Primas 178

ETPs Inversos y Apalancados 180

ETFs/ETP Criptomonedas 182

ETFs de Gestión Activa 185

ETFs Smart Beta 186

ETPs de acciones individuales 187

Capítulo 10: Fiscalidad de los ETFs **189**

¿Cuánto pago por invertir en ETFs desde España? 189

¿Cómo incluir los ETFs en la declaración de la Renta? 190

Capítulo 11: Análisis de familias de ETFs populares **193**

ETFs Research Enhanced Index (REI) de JP Morgan 193

ETFs Premium Income de JP Morgan 200

WisdomTree Efficient Core ETFs 211

ETFs de Return Stacked 214

Capítulo 12: Carteras Modelos de ETFs **227**

Ejemplo de Carteras Conservadoras 227

Ejemplos de Carteras Moderadas...230

Ejemplos de Carteras Agresivas...231

Capítulo 12+1: Mitos y Errores más frecuentes al invertir en ETFs **235**

Mito #1 ¿Son los ETFs fiscalmente ineficientes? 235

Mito #2: El ETF me hace perder parte de mi dividendo 236

Mito #3 Los ETFs crean burbujas bursátiles 238

Mito #4 Los ETFs son la opción más barata para invertir 240

Mito #5 Los ETFs de Renta Fija son peores que los de gestión activa 241

Error #1: Fijarse solo en la portada y no en el contenido 242

Error #2: La falsa ilusión de control sobre el impacto de la divisa en tu ETF.....247

Error #3: Comprar el mismo perro con distinto collar 250

Error #4: Creer que estamos diversificados por comprar un ETF 253

Error #5 Creerte la Narrativa 255

Epílogo **257**

Material Extra..**259**

Bibliografía **261**

Libros 261

Artículos Académicos y Investigación 262

Publicaciones de la Industria y White Papers 264

Glosario **265**

Capítulo 1:

CONCEPTOS INTRODUCTORIOS

El padre de la gestión indexada, John Bogle, escribió las siete verdades universales sobre el mundo de la inversión casi al final de su vida.

1. *Sabemos que debemos empezar a invertir en el momento más temprano posible, y continuar invirtiendo regularmente desde entonces en adelante.*

2. *Sabemos que invertir conlleva riesgo. Pero también sabemos que no invertir nos condena al fracaso financiero.*

3. *Sabemos que el riesgo de seleccionar valores específicos, al igual que el riesgo de seleccionar tanto gestores como estilos de inversión, puede ser eliminado por la diversificación total ofrecida por un fondo indexado clásico. Solo permanece el riesgo de mercado.*

4. *Sabemos que los costes importan, irresistiblemente en el largo plazo, y sabemos que debemos minimizarlos. (También sabemos que los impuestos importan, y que estos, también, deben minimizarse.)*

5. *Sabemos que ni batir el mercado ni elegir exitosamente los momentos de entrada en el mercado pueden generalizarse sin autocontradicción. Lo que puede funcionar para unos pocos no puede funcionar para muchos.*

6. *Sabemos que las clases alternativas de activos como los hedge funds no son realmente alternativos, sino simples fondos que invierten —o sobreinvierten o desinvierten— en las mismas acciones y bonos que forman la cartera del inversor típico.*

7. *Sabemos lo que no sabemos. Nunca podremos tener la certeza de cómo será nuestro mundo mañana, y sabemos menos aún sobre*

cómo será dentro de una década. Pero con una asignación de activos inteligente y elecciones de inversiones sensatas, estarás preparado para los inevitables baches a lo largo del camino y deberías deslizarte sobre ellos.

En ellas se resume buena parte de la sabiduría con la que debes afrontar tu camino de ahorrador a inversor. Te recomiendo que cada vez que leas un libro de inversión, incluido este, al finalizar vuelvas a leer estas palabras..

De nada vale todo el conocimiento técnico del mundo si no logras entender cómo funciona esta industria, sus sesgos, conflictos de interés, etc.

A lo largo de este libro intentaré contarte de forma práctica qué es esto de invertir, su funcionamiento y todo lo que debes saber si quieres crearte una cartera con ETFs.

¿Por qué invertir?

Invertir es una forma clave de hacer que tu dinero trabaje para ti y, en última instancia, alcanzar tus objetivos financieros a largo plazo.

Existen varias razones por las que las personas deciden dar el paso a invertir, algunas de las cuales incluyen:

Crecimiento del Capital: La inversión ofrece la oportunidad de hacer crecer tu capital con el tiempo, superando la inflación y generando rendimientos significativos en el largo plazo.

A pesar de que muchos han tenido suerte especulando en algunos activos muy volátiles, la mayoría de personas no se hacen ricas invirtiendo en el corto plazo.

¿Hay personas que se han hecho millonarias invirtiendo con poco dinero?

Alguna habrá...Pero tienes las mismas posibilidades de ganar la lotería que de repetir su gesta. Incluso si esa persona volviera a nacer sus probabilidades de volver a conseguir tales rentabilidades son escasísimas.

El éxito financiero es la mezcla de la capacidad y constancia en el ahorro, inversión diversificada a largo plazo y mantener una psicología adecuada para no caer en las tentaciones o el miedo al invertir.

Generación de Ingresos Recurrentes: Algunas inversiones pueden proporcionar ingresos regulares a través de dividendos, cupones u otras formas de distribución de ganancias.

Esto permite a los inversores complementar su pensión de jubilación o sus ingresos del trabajo de día a día con unos ingresos pasivos provenientes de sus inversiones.

En el caso de que tu patrimonio sea lo suficientemente grande estas rentas pueden permitirte tener un flujo de ingresos estables que te permita vivir tranquilo sin la necesidad de un trabajo. Es decir, alcanzar la libertad financiera.

Diversificación: Invertir en diferentes clases de activos puede ayudar a mitigar el riesgo, al distribuir tus inversiones en diferentes áreas de la economía.

Si trabajas en un país, tus ahorros están en un banco nacional y solo inviertes comprando pisos o deuda pública nacional, a poco que vaya mal tendrás todo tu patrimonio en riesgo.

Planificación para el Futuro: La inversión puede ayudar a financiar metas a largo plazo, como la jubilación, la educación universitaria de los hijos, la compra de una vivienda o planificar tu legado financiero.

Es cierto que quizás pienses que ahorrando puedes conseguir esos objetivos financieros que te planteas y no te falta razón.

Piensa en la inversión como ese viento de cola que te ayudará, si estás en forma, llegar más rápido a tu objetivo y conseguir metas que quizás nunca te habías planteado que fuesen posibles.

No te voy a engañar.

Invertir no es un camino de rosas y está lleno de riesgos, pero la alternativa a no hacerlo quizás es mucho peor.

¿Por qué es un riesgo NO invertir?

Pérdida de Poder Adquisitivo: si mantienes tu dinero en efectivo, es más probable que pierda valor con el tiempo debido a la inflación.

De inflación encontrarás miles de definiciones técnicas y tratados, pero de una forma sencilla puedo resumir, en que tu dinero en el futuro podrá comprar menos bienes y servicios de los que puede hoy, con la misma cantidad.

Todos escuchamos a nuestros padres decir que con su sueldo pudieron comprar una casa, financiar un coche y tener hijos.

No mienten, simplemente evidencian una realidad.

Nuestro poder adquisitivo se ha ido deteriorando debido a la masiva impresión de dinero por parte de los Bancos Centrales para financiar un Estado del Bienestar o mejor dicho el Bienestar del Estado.

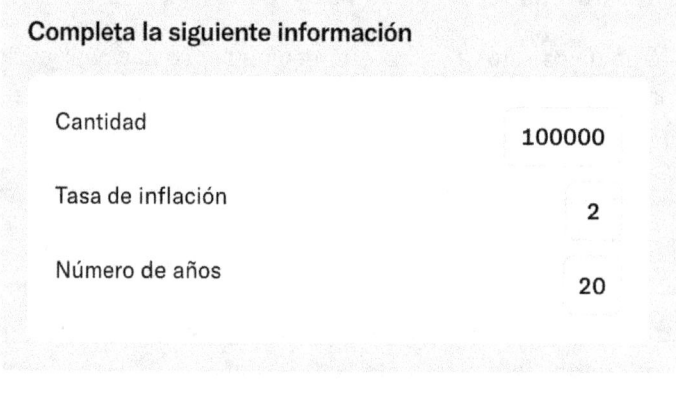

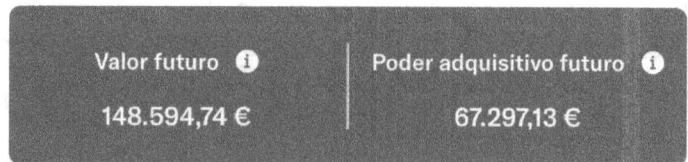

Fuente: Calculadora de Inflación N26

Coste de Oportunidad: al no invertir, te pierdes la oportunidad de beneficiarte del crecimiento potencial del mercado.

Los rendimientos históricos de las inversiones en acciones y otros activos han superado consistentemente el rendimiento de dejar tu dinero en depósitos o cuentas remuneradas.

Si el mundo ha ido e irá a mejor, invertir te permitirá financiar con tus ahorros el crecimiento de empresas, el dinamismo de la economía y el crecimiento de los países.

Invertir no es para pesimistas.

Si piensas que todo irá a peor no hay ninguna razón para dejarle tu dinero a un tercero. Es como pensar que se acerca una guerra nuclear o un asteroide, nadie en su sano juicio se preocuparía por la dieta o su salud.

Total Real Returns on U.S. Stocks, Bonds, Bills, Gold, and the Dollar, 1802–2012

Asset Class	Annualized Return
Stocks	6.6%
Bonds	3.6%
Bills	2.7%
Gold	0.7%
US Dollar	-1.4%

Fuente: Libro Stock for a Long Run

Falta de Diversificación: Mantener todo tu patrimonio en una sola clase de activo, como el efectivo o inmuebles puede exponerte a riesgos específicos de esa clase de activo.

La diversificación a través de diferentes clases de activos y regiones geográficas puede ayudar a mitigar estos riesgos y permitirte que en casos de caídas importantes no te afecte con tanta fuerza.

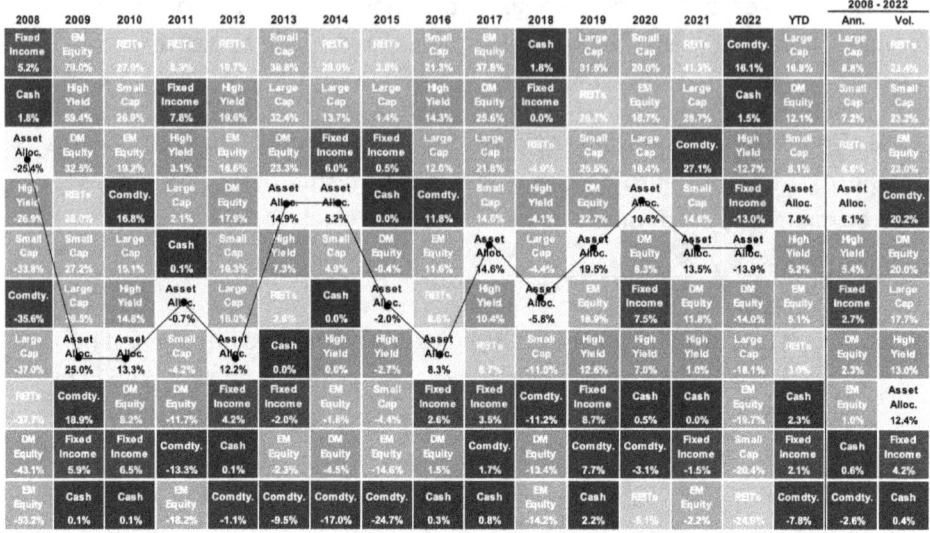

No me gusta dar lecciones a nadie, pero a continuación te expongo algunos de los principios que he aprendido a lo largo de estos años invirtiendo y sobre todo leyendo a los mejores inversores y empresarios de la historia.

Principios para Invertir con éxito a largo plazo

1. **Piensa en el largo plazo e invierte en consecuencia.**

2. **Gasta menos de lo que ganas y ese ahorro repartelo entre un fondo para emergencias y el capital que vas a invertir.**

   ○ El Fondo de emergencia es ese ahorro que cubre entre 1-2 años de gastos y que debemos tener en productos sin apenas riesgo y con liquidez casi inmediata (cuentas remuneradas, fondos o ETFs monetarios)

   ○ No inviertas capital que puedas necesitar en el corto plazo.

   ○ No te endeudes para invertir

3. **No subestimes el poder del interés compuesto y la reinversión de los dividendos y cupones en el largo plazo.**

4. **Ten un plan de inversión y evita que los sesgos cognitivos te separen del mismo.**

5. **No hay rentabilidad sin riesgo y el riesgo no es lo mismo que la volatilidad.**

   o La volatilidad es la fluctuación de los precios de los activos a lo largo del tiempo.

   o El riesgo es la posibilidad de no cumplir tus objetivos financieros en el horizonte temporal marcado.

6. **La diversificación funciona y elimina el riesgo no sistemático.**

   o El riesgo no sistemático es el riesgo asociado con factores específicos de una empresa o industria en particular.

   o Si inviertes de forma diversificada si un sector o país lo hace mal tu cartera no caerá en la misma proporción

7. **Permanecer invertidos a largo plazo importa**

   o Invertir es apostar por que el futuro será mejor y el mundo crecerá, al menos como lo ha hecho antes.

   o No intentes adivinar qué hará la bolsa, si va a subir o va a bajar o juegues a adivinar qué activo lo hará mejor en el corto plazo.

8. **No subestimes la importancia de invertir con los costes más bajos posibles**

   o Menos costes es más rentabilidad

   o Cada euro o dólar que va a pagar comisiones es dinero que no está invertido.

   o La industria financiera vive de las comisiones que tú pagas e intentará que compres siempre lo que más rentabilidad les genere a ellos.

   o Conoce los incentivos de quien te vende o te recomienda un producto financiero y entenderás mejor sus consejos.

9. **Invierte siempre con entidades reguladas y de solvencia**

   o Los afectados por estafas financieras se cuentan por miles cada mes en el mundo y afectan a todo tipo de perfiles.

   o Si es demasiado bonito para ser cierto, seguramente sea falso.

○ Los mejores inversores de la historia han ganado un 20% de media anualizado, como para que un desconocido que te salga en un anuncio de Instagram o te llame pueda asegurarte esa rentabilidad sin riesgo.

10. **Mantén el curso y abraza el arte de no hacer nada**

○ Estrategias de aportaciones periódicas (Dollar Cost Average) te pueden ayudar a minimizar el impacto de las caídas.

○ El rebalanceo periódico de los activos puede añadirle un extra de rentabilidad a tu cartera

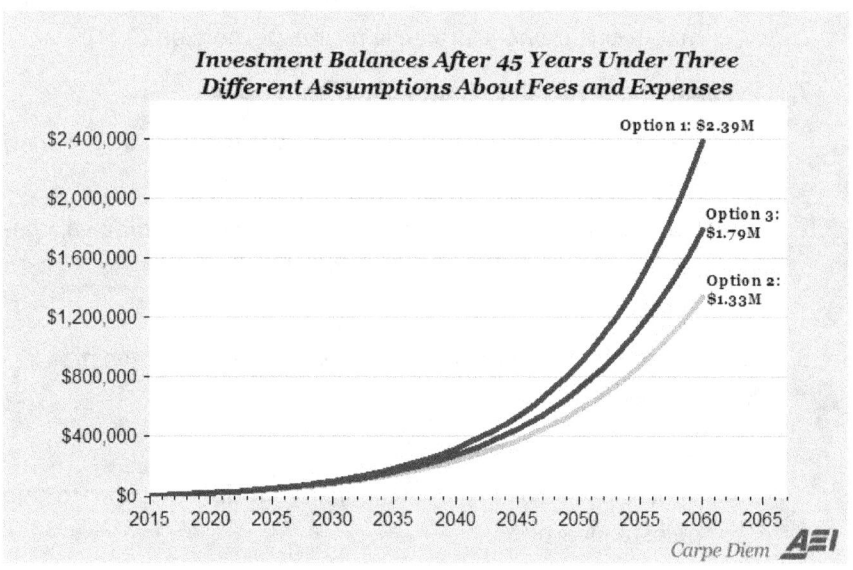

Fuente: American Enterprises Institute

¿En qué invertir?

Cuando se trata de decidir en qué invertir, existen numerosas opciones disponibles, cada una con sus propias características y niveles de riesgo.

Para compararlas siempre debes tener en cuenta los siguientes factores: **Liquidez, Rentabilidad, Riesgos y Fiscalidad**.

Algunas de las principales opciones de inversión incluyen:

Inversiones en Activos Reales

La inversión en activos reales se refiere a la colocación de capital en recursos tangibles o físicos, como **bienes raíces, terrenos, materias primas e infraestructuras**.

Estos activos se caracterizan por su capacidad para proporcionar protección contra la inflación, ya que su valor puede aumentar con el tiempo.

Además, ofrecen una diversificación de nuestra cartera más allá de las inversiones tradicionales en acciones y bonos, con el potencial de generar ingresos estables a través de alquileres, ventas o producción.

Inversiones Alternativas

Las inversiones alternativas incluyen opciones fuera de las categorías tradicionales como acciones o bonos.

Algunas de las subcategorías coinciden con los activos reales.

Estos pueden ser:

- **Real Estate**: Inversión en propiedades físicas, rentables por su valor de capitalización o alquiler.
  - Aquí solo nos referimos a la inversión directa. La indirecta entra dentro de la categoría de inversión en bolsa
- **Hedge Funds:** Fondos de cobertura que buscan retornos a través de estrategias diversificadas y a menudo complejas.
- **Capital de riesgo (Private Equity):** Inversión en empresas emergentes con potencial de crecimiento a largo plazo.
- **Materias primas:** Inversión en recursos físicos como oro, petróleo o granos, que pueden servir como cobertura contra la inflación.

- **Criptomonedas**: Activos digitales que utilizan criptografía para asegurar transacciones. Son activos muy volátiles pero de rápido crecimiento y adopción.

- **Arte y objetos coleccionables:** Incluye obras de arte, vinos, monedas, sellos y otros coleccionables cuyo valor puede aumentar con el tiempo debido a su escasez e irreplicabilidad.

- **Crowdfunding y Crowdlending:** son plataformas de financiación de proyectos o préstamos.

Inversión en Bolsa

- **Acciones individuales:** Comprar acciones de empresas individuales listadas en las bolsas de valores.

- **Bonos:** Invertir en bonos del gobierno, corporativos u otros instrumentos de deuda.

- **Fondos de inversión**: Agrupación de dinero de varios inversores que se invierten en una cartera diversificada de acciones, bonos u otros valores.

- **ETFs** (Fondos Cotizados en Bolsa): intentan replicar índices de mercado específicos, sectores o diferentes estrategias de inversión.

En este libro me centraré en los ETFs debido a su popularidad creciente y su accesibilidad para una amplia gama de inversores, así como sus ventajas únicas en términos de diversificación y costes.

En las siguientes secciones te explicaré más a fondo qué son los ETFs, cómo funcionan y cómo pueden integrarse en una estrategia de inversión diversificada y rentable.

Tipología de Activos de Inversión

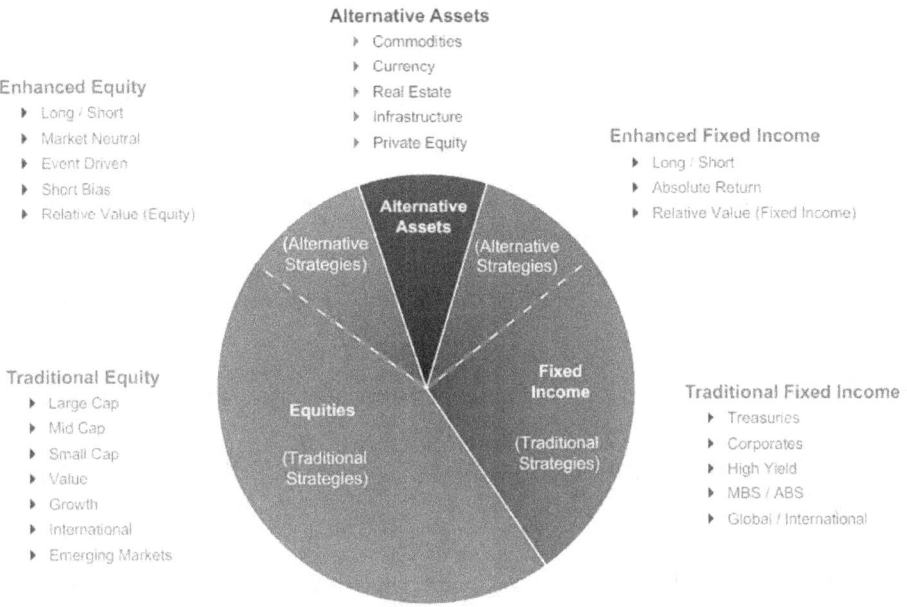

Fuente: BlackRock

¿Cómo se invierte?

Veamos según el tipo de inversión cómo puedes dar el primer paso para invertir.

Inversión inmobiliaria directa (pisos, terrenos, almacenes, garajes): puede hacerse en transacciones privadas con la otra parte o mediante la intervención de agencias especializadas.

Inversión en Oro, Plata: transacción entre partes o a través de casas de compra-venta y anticuarios.

Inversión en Arte y Coleccionables: a través de casas de subasta o transacciones privadas.

Inversión en Empresas o Emprendimiento: transacciones privadas o a través de aceleradoras de startups.

Inversiones en Criptomonedas: se utilizan empresas especializadas denominadas exchanges.

Alguno podría decir que en Criptomonedas se podría invertir a través de ETFs, pero la realidad es que en este caso estaríamos invirtiendo en la rentabilidad del producto y en la mayoría de casos no tendríamos la titularidad de la criptomoneda.

Inversiones en Crowdlending y crowdfunding: a través de empresas especializadas.

Inversión en Bolsa (Fondos, Acciones y ETFs) y Derivados: a través de brókers especializados.

Llegados a este punto de lectura puedes encontrarte en varios escenarios:

1. Pensar que la inversión no es para ti y te faltan conocimientos

No te rindas, nadie nació sabiendo e invertir no es física nuclear. Lee todo lo que puedas y busca estrategias simples.

Huye de la complejidad y de las estrategias de inversión que no entiendas. En foros, blogs, canales de Youtube y newsletter encontrarás mucha información gratuita de la que aprender.

Huye de los bancos, de los vendedores de seguros o de productos de ahorro que generan más comisiones a quien te lo vende que la rentabilidad que obtendrás tú.

2. Decidir dar el paso y seguir aprendiendo para aprender a crear tu primera cartera de inversión.

Hay miles de libros, estrategias y aspectos distintos que te indicarán una cosa u otra.

He visto a decenas de personas que esta cantidad de información les abruma y les hace entrar en parálisis por análisis. En otros casos se inclinan por una complejidad innecesaria en sus carteras, que las convierten en bombas de relojería disfrazadas de sofisticación.

Mi mejor consejo es que nunca dejes de aprender, pero por curiosidad intelectual, no por la búsqueda de un método infalible para siempre ganar más que el resto "asumiendo menos riesgo".

A veces lo más sencillo, barato y aburrido es lo mejor aunque no lo parezca.

La mejor prueba de ello es que millones de inversores indexados en productos de bajo coste obtienen mejores rentabilidades que la mayoría de inversores profesionales.

A lo largo de este libro te presentaré distintas opciones con las que solo contratando un producto, puedes tener una cartera diversificada, acorde a tu perfil de riesgo y tus objetivos financieros.

3. Delegar tus decisiones de inversión

Una opción racional, es pensar que aunque tengas los conocimientos suficientes, prefieres que tus inversiones las gestione un tercero.

Aquí tienes varias opciones, en las que profundizaremos más adelante:

- Seleccionar un gestor de fondos profesional de gestión activa.

- Contratar un servicio de gestión discrecional de carteras o robo advisor cómo Indexa Capital

- Contratar los servicios de un asesor financiero.

No me gustaría que cayeras en el sesgo de autoridad y pienses que como he escrito este libro e imparto varios cursos soy la persona adecuada a quien entregarle tu dinero.

Soy asesor financiero, pero no quiero tu dinero.

Me siento más cómodo en la divulgación y en intentar enseñarte todo lo que pueda para que tomes el control de tus inversiones.

Sea con ETFs o no, tienes un mentor en quien escribe estas letras, para que de forma gratuita puedes consultarme cualquier duda que tengas en el proceso. La responsabilidad individual sobre tu patrimonio es algo que debes asumir y aunque escuches mi consejo, la decisión final siempre será tuya.

Si crees que necesitas un asesor financiero, te explico a continuación todos los detalles que debes tener presente para que no te engañen o te ofrezcan algo no adecuado para ti.

¿Qué debo saber antes de contratar un asesor financiero?

La principal función de un asesor financiero es ayudarte en tu planificación financiera de una forma global, delegada y acompañada.

Existen varios tipos de asesoría financiera.

Por ejemplo en España existen las siguientes figuras:

Asesor Financiero Independiente: el cobro de sus honorarios lo hacen de forma directa a través de un pago trimestral o anual, de un % del patrimonio asesorado o una cuota fija. No reciben pagos de los productos en los que invierten tu patrimonio, con lo que evitan el posible conflicto de interés.

Asesores Financieros No independientes: su principal fuente de ingresos son las retrocesiones que reciben de los fondos, ETFs o brokers que te recomiendan.

Esto crea un conflicto de interés, ya que pocas veces te recomiendan los productos más baratos del mercado o aquellos que no pagan retrocesiones.

No implica que todas los asesores financieros no independientes sean malos pero debes estar alerta y ser crítico con cada producto que te recomienden.

Agentes Financieros: pueden informarte solo los productos de una sola entidad por lo que depende del universo de inversión disponible de la misma.

Su servicio no es gratuito ya que cobran de la entidad un % de la cartera de sus clientes que tienen en estas empresas o por las retrocesiones que le pagan los fondos en los que te recomiendan.

Uno de los principales problemas es que tendrán tendencia a no recomendarte productos indexados o que no paguen retrocesiones.

Empleados Bancarios y Banca Privada: su objetivo es informar, acompañar y mostrarte el catálogo de productos global que puede brindarte la entidad bancaria (seguros, inmuebles, inversiones, planificación patrimonial).

Por más que sean buenos profesionales están limitados a ofrecerte en la mayoría de los casos solo los productos de su entidad. Es por ese motivo que siempre debes filtrar sus recomendaciones de inversión y analizar por tu cuenta si es un producto adecuado o no.

Influencers, consultores financieros, vendedores de seguros de inversión: no están regulados como asesores financieros pero suelen hacerte recomendaciones de productos para realizar una "planificación financiera".

Curiosamente siempre los productos más adecuados para esa planificación van a ser los que ellos promueven y los que más comisión les generen por su venta.

Por su parte, los divulgadores financieros según el país deben señalar si el contenido es publicidad o incluso acreditar sus conocimientos. Comprueba su perfil profesional para diferenciar de quien domina la parte de marketing, de quien sabe realmente de finanzas.

Recuerda que ni los mejores cursos, membresías o consejos valen la pena si te cuesta una cantidad de dinero que se lleve por delante toda la posible rentabilidad que puedas obtener con tus inversiones.

Una forma fácil de distinguir a un vendehumo y dejar de seguirlo, es cuando veas que se autodenominen "broker".

Hace varias décadas que los brókers son empresas y nunca una persona física.

Un bróker es un intermediario que facilita la compra y venta de productos financieros, como acciones, bonos, derivados y otros instrumentos, en nombre de sus clientes.

Los brókers pueden operar en varios mercados financieros, incluyendo bolsas de valores, mercados de divisas (Forex) y mercados de materias primas. Como norma general no puedes comprar ningún producto financiero negociado en las bolsas sin utilizar un bróker.

Existen diferentes tipos de brókers, incluidos:

- **Brókers de Bolsa**: Especializados en la compra y venta de acciones y otros valores en las bolsas de valores.

- **Brókers de Forex**: Facilitan la negociación de divisas, ofreciendo a los inversores acceso al mercado de divisas, que es el mercado financiero más grande y más líquido del mundo.

- **Brókers de CFDs** (Contratos por Diferencia): Permiten a los inversores especular sobre el movimiento de precios de diferentes mercados financieros sin necesidad de poseer el activo subyacente.

A no ser que domines en profundidad los mercados financieros no deberías invertir ni en Forex, ni en CFDs ni en cualquier otro derivado financiero.

El riesgo de perder tu dinero es muy alto y la posibilidad de hacer crecer a largo plazo tu patrimonio con estos productos es bajísimo si no tienes los conocimientos necesarios.

Brókers de Opciones y Futuros: Especializados en derivados que otorgan el derecho o la obligación de comprar o vender un activo a un precio determinado en una fecha futura.

Los brókers también pueden diferenciarse por el modelo de negocio que emplean.

Por ejemplo los brókers con mesa de negociación (Market Makers) se asemejan al negocio de un casino, ya que ellos son los que ofrecen la contrapartida de todas tus operaciones.

Todo lo que tu ganes el bróker lo perderá y viceversa.

Tus órdenes **no irán a ninguna bolsa nunca**, quien siempre estará al otro lado será el bróker.

Los brókers ECN/STP, proporcionan acceso directo al mercado, conectando a los inversores con otros participantes del mercado sin pasar por una mesa de negociación.

Utilizan varios proveedores de liquidez y generan sus ingresos con la diferencia del precio de compra y precio de venta.

Además, algunos brókers ofrecen servicios adicionales, como acceso a análisis de mercado, herramientas de trading, educación financiera y plataformas de trading.

La elección de un bróker puede depender de varios factores, incluyendo las comisiones y tarifas, la gama de productos ofrecidos, la plataforma de trading y el nivel de servicio al cliente.

Por mi experiencia luego de varios años haciendo análisis de brókers en profundidad, he intentado sintetizar los consejos que le daría a un familiar o amigo para seleccionar con quién invertir.

10 Claves para entender el mundo de los brókers

1. Los brókers no son personas físicas, sino que son empresas que se conectan a las bolsas de valores o especializadas

Si alguien se te presenta diciendo "soy broker", estás ante un fantasma financiero y o te intenta engañar o no sabe de lo que habla.

2. No existen brokers sin comisiones.

Es una estrategia de marketing, pero como cualquier empresa necesitan ingresos para pagar a sus empleados y accionistas. Los brókers no son ONGs.

Sus ingresos dependen de que compres y vendas la mayor cantidad de veces posibles.

3. Las principales comisiones explícitas de un bróker son las de compra-venta, cambio de divisa, cobro de dividendos, custodia y administración.

Algunos intentan llamarle de otra forma a estas comisiones para que pienses que son más baratos o lo esconden en letra pequeña. Además existen costes implícitos "ocultos" muy importantes en los brokers que debes conocer.

El principal es el coste del spread, es decir, la diferencia entre el precio de compra y precio de venta. Aunque siempre hay spread, el coste aumenta cuando se envían nuestras órdenes a bolsas que no son las que más volumen tienen.

4. Es importante que los brokers estén regulados y adscritos a fondos de garantía en caso de quiebra

Los principales reguladores son FCA (UK), BAFIN (Alemania), CNMV (España), ASIC (Australia), SEC/FINRA (Estados Unidos). Nunca contrates con brokers "regulados" en islas paradisíacas o países con poca tradición regulatoria. Si mañana desaparecen no tendrás donde reclamar y perderás todo tu dinero.

5. No existe el broker perfecto para todo.

Según tu patrimonio, tipo de inversión y necesidades, algunos se adaptarán mejor que otros. Es muy común utilizar más de un bróker según el producto que quieras invertir.

Como mismo, no compras todos los productos de tu cesta de la compra en un mismo supermercado, tampoco tienes porque comprar todos tus activos financieros en un mismo bróker.

6. Los brokers viven de las comisiones por lo que te invitarán a través del marketing y la gamificación a operar más de lo que necesitas.

Lee bien la letra pequeña de las promociones, porque en muchas ocasiones terminas pagando más que el importe recibido.

Por ejemplo he visto promociones en las que te ofrecen 10 operaciones sin comisión de compra y venta pero en el mercado que te lo ofrecen se aplica una comisión por cambio de divisa por un importe varias veces superior.

7. Un bróker no puede llamarte y ofrecerte activamente una inversión, ni prometerte rentabilidades sin riesgo.

Si un bróker utiliza estas prácticas, pon a salvo tu dinero pues estás ante una posible estafa o un empleado realizando mala praxis.

8. Existen brokers malos.

Ya sea porque **no tienen regulación**, porque son **carísimos** o porque cambian constantemente de condiciones.

Por ejemplo, muy pocos brokers bancarios tienen unas comisiones y oferta de productos que podamos considerar entre las mejores opciones. Se aprovechan de sus clientes cautivos.

9. Las principales características que debes analizar en un bróker en este orden son: regulación, comisiones, atención al cliente, aplicación y plataforma.

No te confíes porque veas que el bróker patrocine un equipo de fútbol, o esponsorice tu canal de Youtube favorito. Eso no es garantía de nada.

La mayoría de estas entidades no hacen un control de la calidad del bróker, ni son clientes ni siquiera. Cobran su publicidad y mañana te recomendarán otro producto que les pague más.

10. Cuidado con las promociones, bonos y otro tipo de incentivo.

En muchos casos, a los pocos meses las condiciones cambian o sus comisiones son caras. En otros, lo que te regalan salen de los costes que terminas pagando por otro sitio.

Listado de Brókers que ofrecen ETFs en España

La mayoría de los lectores de este libro son de habla hispana. Por este motivo en las siguientes páginas encontrarás mi análisis sobre las mejores alternativas para invertir en ETFs desde España u otros países de Latinoamérica.

A continuación os hago una lista de los brokers que ofrecen ETFs en España:

1. DEGIRO
2. Scalable Capital
3. Trade Republic
4. XTB
5. HeyTrade
6. Interactive Broker
7. eToro
8. Admirals

9.	Bux	20.	Self Bank
10.	Evo Banco	21.	TradeStation
11.	ING	22.	Oanda
12.	Renta 4	23.	Freedom 24
13.	Trading 212	24.	Revolut
14.	Exante	25.	BBVA Trader
15.	ClickTrade	26.	Lightyear
16.	MyInvestor	27.	N26
17.	ProRealTime	28.	Bitpanda
18.	Bankinter	29.	Trive
19.	GVC Gaesco	30.	BisonTrade

Es lógico que cualquiera que empiece, se abrume ante 30 alternativas para invertir en este producto. Por eso decidí analizar en este libro algunos de los que he probado personalmente.

Si deseas que te diga mi opinión sobre cualquier otro bróker que utilices o que pueda aparecer en el mercado, no dudes en escribirme.

Listado de Brókers que ofrecen ETFs en Latinoamérica

A continuación os hago una lista de los brokers que ofrecen ETFs en Latinoamérica:

1.	XTB	6.	Fintual
2.	eToro	7.	Racional
3.	Admirals	8.	Folionet
4.	Interactive Brokers	9.	Trii
5.	Hapi	10.	GBM

Latinoamérica es un mercado más complejo.

No todos los brokers aceptan clientes de cualquier país de la región. Las comisiones normalmente son más altas, pero a su favor he de decir que algunas fintech tienen una gama de productos igual o equivalente a sus homólogos europeos.

¿Cuánto cuesta invertir?

Invertir no es gratis, por mucho que influencers o campañas de marketing intenten convencernos de eso.

Si tu bróker se promociona como bróker sin comisiones, pregúntate cómo paga a sus empleados, campañas de marketing y gastos a las bolsas. Es cierto que, en los últimos años, los brókers "low cost" han reducido muchísimo el coste por invertir, gracias a utilizar bolsas alternativas y sistemas de enrutamiento de órdenes.

A continuación te explico los 3 métodos por los cuales los brokers han conseguido rebajar las comisiones.

MTFs (Multilateral Trading Facilities):

Son plataformas de negociación que facilitan la compra y venta de instrumentos financieros entre múltiples partes. Pueden llegar a acuerdos con varios brokers para que tengan incentivos o unos menores costes a cambio de enviar sus órdenes.

Operan de manera similar a las bolsas de valores, pero están menos reguladas y pueden ofrecer mayor flexibilidad en términos de los instrumentos negociados y las condiciones.

SOR (Smart Order Routing):

Es una tecnología utilizada por los brókers, que busca automáticamente la mejor ejecución posible para una orden de compra o venta a través de múltiples mercados o plataformas de negociación.

El SOR evalúa factores como el precio, la liquidez y el coste de transacción para determinar el mejor lugar para ejecutar una orden, lo cuál es particularmente útil en mercados fragmentados donde el mismo activo se puede negociar en diferentes lugares.

La creación de mercados opacos y la aparición de múltiples bolsas hace que sea complejo entender la efectividad de este tipo de mecanismos.

Una buena lectura adicional sobre este tema la encontrarás en el libro "Flash Boys" de Michael Lewis. El autor muestra el lado oscuro de lo que ocurre una vez que le damos al botón de comprar o vender una acción o ETF.

Pago por Flujo de Órdenes (Payment for Order Flow - PFOF):

Es una práctica donde un bróker recibe una compensación por dirigir las órdenes de compra y venta de sus clientes a ciertos creadores de mercado o plataformas de ejecución.

Aunque puede resultar en un menor coste directo, también plantea preocupaciones potenciales sobre conflictos de interés, ya que el bróker podría priorizar las compensaciones sobre la mejor ejecución para sus clientes.

En la Unión Europea y en Estados Unidos se plantea la ilegalidad de este modelo de ingresos por lo que en los próximos años irá desapareciendo o al menos modificando.

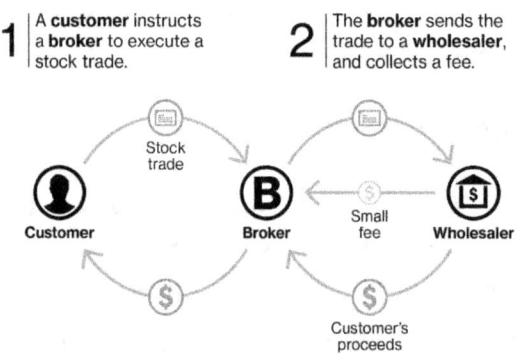

How Payment for Order Flow Works

Retail brokers typically don't execute their customers' orders. Instead they pass the trades to wholesalers like Citadel Securities or KCG that pay them a fee.

1 A **customer** instructs a **broker** to execute a stock trade.

2 The **broker** sends the trade to a **wholesaler**, and collects a fee.

Stock trade

Customer — **B** — **Broker** — Small fee — **Wholesaler**

Customer's proceeds

3 The **wholesaler** is required to find the "best execution," which could mean the lowest price, the speediest trade or the one most likely to be completed. The wholesaler returns the proceeds to the **broker**, who credits it to the **customer**.

Capítulo 2:

ÍNDICES BURSÁTILES

Imagina que enciendes la tele y en el telediario dicen *"La Bolsa española ha bajado un 1%"*.

En tu cabeza pensarás que **el conjunto de todas las acciones de España ha bajado un 1%**, pero realmente no es así, sino que se refieren al comportamiento del IBEX 35, un índice bursátil que representa a las mayores compañías cotizadas de España.

En España están listadas en bolsa más de 200 empresas pero el índice representa alrededor de las 35 más grandes y que más se negocian.

Estas simplificaciones son usadas mucho por los medios y divulgadores no especializados, pero llevan a mucha confusión en el día a día.

Por ello en este módulo explicaremos qué son los índices bursátiles y por qué son la base de toda la industria de *gestión pasiva o indexada*.

¿Qué es un índice bursátil?

Un índice bursátil es un indicador que muestra cómo se desempeña un activo o un conjunto de ellos.

Actúa como un barómetro para un segmento específico del mercado de valores, o para la economía de un país en su conjunto.

Los índices bursátiles se componen seleccionando un conjunto de acciones según criterios predefinidos y su rendimiento se utiliza para dar una idea general del movimiento del mercado y del rendimiento de las inversiones dentro de ese segmento.

Los índices **no son invertibles por sí mismos**, sino que debes utilizar instrumentos financieros que repliquen el comportamiento del índice para obtener una rentabilidad similar.

No puedes llegar a la Bolsa de Madrid, tocar la puerta y decir quiero comprar el IBEX 35. Se necesita un bróker y un producto financiero que nos permita recibir la rentabilidad de ese índice.

Los productos financieros que replican el comportamiento de un índice son:

No complejos: ETFs, Fondos Indexados

Complejos: Futuros, Opciones, CFDs, Warrants

Características de los Índices Bursátiles

1. Representatividad:

Los índices están diseñados para ser representativos de un mercado, sector o región específica o clase de activo específica.

2. Ponderación:

Los índices pueden construirse distribuyendo el peso de sus componentes de diferentes maneras.

Si se ponderan por capitalización de mercado, las empresas más grandes tendrán un mayor impacto en el índice. Si se ponderan por igual (equal weight) cada acción tendrá el mismo peso o al menos se intentará que lo tengan.

Algunos índices tienen una limitación del peso máximo que puede tener una acción.

Si esas limitaciones no existiesen podría pasar que mercados con una acción con una capitalización bursátil muy por encima del resto, podría marcar todo lo que pase en ese índice.

Por ejemplo en el índice MSCI Dinamarca, una sola acción Novo Nordisk, pesa cerca del 50%, lo cual implica que da igual lo que hagan el resto de acciones, la rentabilidad dependerá casi en exclusiva de una acción y para eso te compras la acción y no pagas comisiones por gusto.

Este tipo de índices son fáciles de reconocer ya que incluyen el peso máximo normalmente en su nombre con un número o tienen la palabra "Capped" incluida en el mismo.

Por último otros índices organizan el peso de las acciones por el precio al que cotizan, algo que no tiene mucho sentido, ya que el precio no indica si algo está caro o barato. Una acción que se vende por 100€ puede estar más barata que una acción que se vende por 1€.

Sin embargo índices como el Nikkei 225 o el Dow Jones 30 usan este sistema y para evitar distorsiones no incluyen a compañías, con un precio muy superior a la media del resto, en el cálculo del índice. Si una compañía quiere entrar en alguno de estos índices se verá obligado a realizar operaciones de split y contrasplit para lograr un precio que sea aceptable

WALL STREET

El split de Apple provoca la mayor modificación del Dow Jones en siete años

3. Rebalanceo y Revisión

Los índices se revisan periódicamente para asegurar que sigan siendo representativos de su mercado o sector. Esto puede incluir añadir o eliminar acciones de acuerdo a criterios específicos.

Si el índice tiene un peso objetivo de cada activo puede marcarse fechas puntuales para realizar los rebalanceos, vendiendo el activo que está por encima de su peso y comprando más del activo que está infraponderado.

Normalmente se agrupan estos cambios a final de mes, trimestre o semestre.

Las fechas en que los comités asesores de los índices se reúnen para decidir qué compañías entran y salen también son públicas.

Suelen existir muchos rumores y gurús que te venden estrategias basadas en el alto impacto de estas decisiones en las empresas, pero varios estudios muestran que a corto plazo solo añaden volatilidad pero tienen muy poca influencia a medio y largo plazo.

4. Benchmarks:

Los índices sirven como referencia (benchmark) para el rendimiento de inversiones, permitiendo a los inversores y gestores de fondos comparar el desempeño de sus carteras con el mercado o con sectores específicos.

Si un gestor de fondos de renta variable afirma que es capaz de dar mejores resultados y por tanto se merece cobrar más, lo lógico es que al menos a largo plazo tenga una mejor relación rentabilidad y riesgo que un índice de referencia comparable e invertible.

GESTIÓN DE ACTIVOS >

El 90% de los gestores de fondos de Bolsa no batió en 2024 a su índice de referencia

Es importante el matiz de invertible.

Muchos inversores injustamente atacan a los gestores de fondos mostrando un índice que lo ha hecho mejor, pero no tienen en cuenta de que quizás no hay ningún ETF o fondo indexado que replique ese índice y que en la comparativa no se están teniendo en cuenta los costes que tendrían asociados esos productos.

Tipos de Índices Bursátiles

No todos los índices bursátiles son iguales y la composición o estrategia que siguen en muchos casos son difíciles de entender.

Veamos algunas de las clasificaciones más habituales:

a) **Índices de Mercado Amplio**: Reflejan el rendimiento de un mercado de valores en su conjunto o segmentos significativos del mismo. Por ejemplo el S&P 500 en Estados Unidos, representa a las 500 empresas más grandes cotizadas en bolsas estadounidenses.

b) **Índices Sectoriales**: Se enfocan en sectores específicos de la economía, como tecnología, salud, finanzas, etc. El NASDAQ-100, por ejemplo, incluye empresas de tecnología y no financieras.

c) **Índices Regionales y Globales**: Representan el rendimiento de los mercados de valores de regiones específicas o a nivel global. El MSCI World refleja el rendimiento de acciones de países desarrollados a nivel mundial y el MSCI Emerging Markets, para mercados emergentes.

d) **Índices de Volatilidad**: reflejan la volatilidad esperada del mercado de valores en un período determinado. El más conocido es el Índice de Volatilidad CBOE (VIX), que se basa en las opciones del índice S&P 500 y mide la expectativa de volatilidad del mercado de acciones estadounidense en los próximos 30 días. Otros índices de volatilidad, como el VXN (para el Nasdaq-100) y el VXEEM (para los mercados emergentes)

e) **Índices basados en Factores:** diseñados para seguir el rendimiento de acciones que exhiben ciertas características o factores de riesgo específicos. Estos factores pueden incluir agrupar a las acciones según su capitalización, valoración, momentum, calidad y volatilidad, entre otros.

VALUE	SIZE	MOMENTUM	QUALITY	YIELD	VOLATILITY	GROWTH	LIQUIDITY
Book-to-Price	Mid Cap	Momentum	Leverage	Dividend Yield	Beta	Growth	Liquidity
Earnings Yield	Size		Investment Quality		Residual Volatility		
LT Reversal			Earnings Variability				
			Earnings Quality				
			Profitability				

Fuente: MSCI

¿Cómo se construye un índice?

La construcción de un índice bursátil implica varios pasos y decisiones metodológicas clave que determinan su composición y comportamiento.

Es la **parte más activa que existe dentro de la creación de un producto indexado** y tiene más implicaciones que las que a priori pensaríamos.

Veamos paso por paso este proceso.

1. Selección de Universo de Inversión

El primer paso es definir el universo de inversión del índice, es decir, el conjunto de acciones o activos elegibles para ser incluidos.

Esto puede basarse en criterios geográficos (p.ej., acciones de empresas estadounidenses), sectoriales (p.ej., tecnología o salud), o de capitalización de mercado (grandes, medianas, pequeñas empresas).

2. Criterios de Elegibilidad

Los índices establecen criterios específicos que las acciones deben cumplir para ser incluidas, como:

- **Capitalización de mercado**: Un umbral mínimo de valor de mercado.

- **Liquidez:** Un nivel mínimo de volumen de negociación o frecuencia de transacción para asegurar que las acciones puedan ser compradas y vendidas fácilmente.

- **Listado en Bolsa**: Las acciones deben estar listadas en una o más bolsas de valores específicas.

- **Características ESG**: cada vez es más común que se apliquen criterios de exclusión por la actividad de la empresa o por criterios medioambientales y de gobernanza.

3. Método de Ponderación

Una vez seleccionados los activos, toca elegir qué método de ponderación utilizar.

Como vimos anteriormente, los métodos más comunes incluyen:

- **Ponderación por Capitalización de Mercado**: Las empresas más grandes tienen mayor peso en el índice.

- **Ponderación Equitativa:** Cada acción tiene el mismo peso, independientemente del tamaño de la empresa.

- **Ponderación por Factores**: Basado en criterios específicos como dividendos, volatilidad o fundamentales financieros.

- **Ponderación por Precios:** las acciones con un precio por acción más elevado pesan más dentro del índice.

4. Rebalanceo y Revisión

Los índices se reajustan y rebalancean regularmente para reflejar cambios en el mercado, como fusiones y adquisiciones, quiebras o variaciones significativas en la capitalización de mercado.

Estos ajustes aseguran que el índice siga siendo representativo del segmento del mercado que pretende medir.

5. Cálculo del Índice

Finalmente, el valor del índice se calcula utilizando los precios actuales de los activos y la metodología de ponderación elegida.

Esto generalmente se hace de forma continua durante el horario de negociación del mercado en que cotizan los activos.

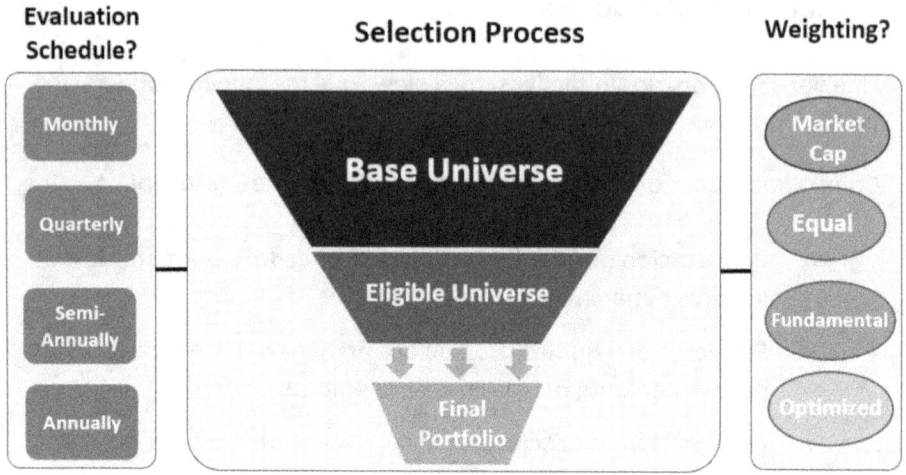

Source: Nasdaq Index R&D *(for illustrative purposes only)*

Principales Índices Bursátiles del Mundo

A continuación te comparto un desglose de los principales índices bursátiles de renta variable, renta fija, materias primas, inmobiliario a nivel mundial y sus principales características.

Principales Índices de Renta Variable

MSCI World

El MSCI World Index es un índice de acciones representativo de los mercados de renta variable de países desarrollados de todo el mundo, administrado por Morgan Stanley Capital International (MSCI).

Es uno de los índices más reconocidos y utilizados por los inversores para medir el rendimiento del mercado global de acciones de países desarrollados. Abarca 23 países desarrollados, incluyendo Estados Unidos, Canadá, Japón, Australia, y la mayoría de los países de Europa Occidental.

El índice incluye aproximadamente 1.500 compañías, variando ligeramente con el tiempo debido a los cambios en el mercado y los criterios de inclusión. Cubre todos los sectores de la economía, incluyendo tecnología, finanzas, salud, bienes de consumo, energía, y más, ofreciendo una diversificación sectorial completa.

Sirve como referencia para el rendimiento del mercado de acciones en los países desarrollados, permitiendo a los inversores comparar el rendimiento de sus inversiones con el mercado global.

Las empresas dentro del índice están ponderadas por su capitalización bursátil ajustada al flotante, lo que significa que las compañías más grandes tienen un mayor impacto en el rendimiento del índice.

El índice se revisa trimestralmente para asegurar que sigue siendo representativo del mercado.

Aunque ofrece una amplia cobertura, el índice tiene una **ponderación significativa hacia los Estados Unidos**, reflejando la gran capitalización de mercado de las empresas estadounidenses a día de hoy. Esto no siempre ha sido así y seguramente en el futuro la ponderación regional no tendrá nada que ver con la actual.

Al estar enfocado exclusivamente en países desarrollados, los inversores que busquen exposición a mercados emergentes necesitarán complementar sus inversiones con índices o productos enfocados en esas regiones.

Tampoco incluye compañías de pequeña y mediana capitalización.

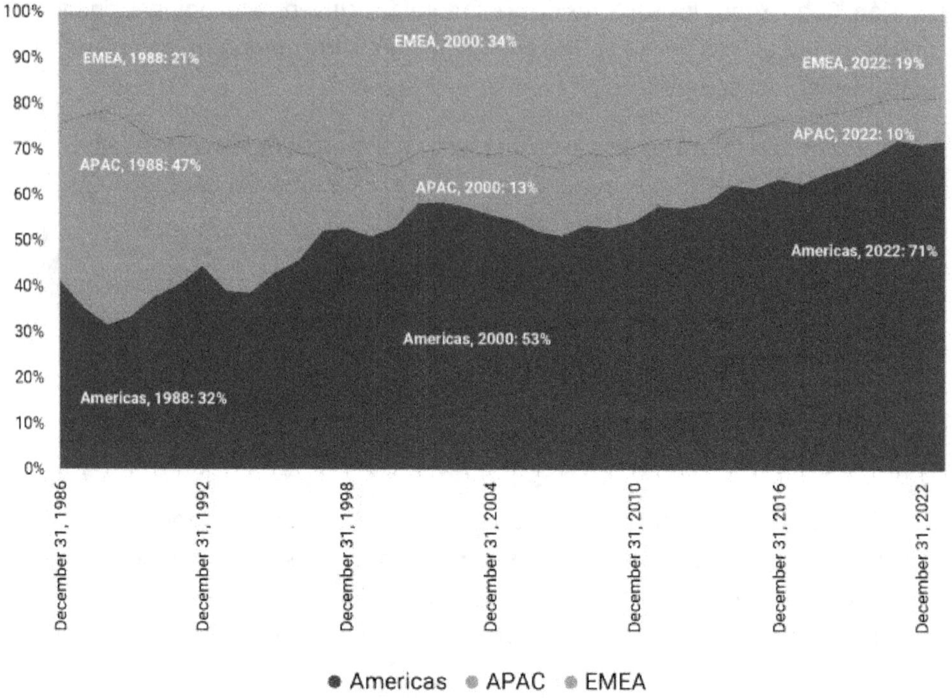

Americas **APAC** **EMEA**

CUMULATIVE INDEX PERFORMANCE – NET RETURNS (EUR)
(DEC 2009 – DEC 2024)

ANNUAL PERFORMANCE (%)

Year	MSCI World	MSCI Emerging Markets	MSCI ACWI
2024	26.60	14.68	25.33
2023	19.60	6.11	18.06
2022	-12.78	-14.85	-13.01
2021	31.07	4.86	27.54
2020	6.33	8.54	6.65
2019	30.02	20.60	28.93
2018	-4.11	-10.26	-4.85
2017	7.51	20.59	8.89
2016	10.73	14.51	11.09
2015	10.42	-5.23	8.76
2014	19.50	11.38	18.61
2013	21.20	-6.81	17.49
2012	14.05	16.41	14.35
2011	-2.38	-15.70	-4.25

Fuente: MSCI

Los principales ETFs que replican este índice son:

- Amundi MSCI World II UCITS ETF
- Xtrackers MSCI World Swap UCITS ETF
- SPDR MSCI World UCITS ETF

- UBS ETF (IE) MSCI World UCITS ETF
- iShares Core MSCI World UCITS ETF

MSCI ACWI

El MSCI ACWI (All Country World Index) es un índice global que incluye acciones de tanto países desarrollados como mercados emergentes.

Abarca 23 países desarrollados y 27 mercados emergentes, ofreciendo una cobertura verdaderamente global.

El índice incluye más de 2.900 compañías, sin un peso excesivo en cada una de ellas. Ninguna empresa pesa más de un 5%

Las empresas dentro del índice están ponderadas según su capitalización de mercado ajustada por su capital flotante.

La inclusión de mercados emergentes en el índice introduce una mayor volatilidad y riesgo, dado que estos mercados pueden ser más suscep- tibles a fluctuaciones económicas y políticas, pero también te expone a una mayor diversificación y a que, si en el futuro el crecimiento económico de esos países se traslada a sus empresas puedas verte beneficiado.

Developed Markets			Emerging Markets			Frontier Markets		
Americas	EMEA	APAC	Americas	EMEA	APAC	Americas	EMEA	APAC
Canada	Austria	Australia	Brazil	Czech Republic	China	—	Bahrain	Bangladesh
USA	Belgium	Hong Kong	Chile	Egypt	India		Benin*	Pakistan
	Denmark	Japan	Colombia	Greece	Indonesia		Burkina Faso*	Sri Lanka
	Finland	New Zealand	Mexico	Hungary	Korea		Croatia	Vietnam
	France	Singapore	Peru	Kuwait	Malaysia		Estonia	
	Germany			Poland	Philippines		Guinea-Bissau*	
	Ireland			Qatar	Taiwan		Iceland	
	Israel			Saudi Arabia	Thailand		Ivory Coast*	
	Italy			South Africa			Jordan	
	Netherlands			Turkey			Kazakhstan	
	Norway			UAE			Kenya	
	Portugal						Latvia	
	Spain						Lithuania	
	Sweden						Mali*	
	Switzerland						Mauritius	
	UK						Morocco	
							Niger*	
							Oman	
							Romania	
							Senegal*	
							Serbia	
							Slovenia	
							Togo*	
							Tunisia	

Fuente: Clasificación de Países según MSCI

Los principales ETFs que replican al MSCI ACWI son:

- SPDR MSCI ACWI

- iShares MSCI ACWI

- Scalable MSCI AC World Xtrackers

A continuación te presento un resumen de las principales características de varios índices de renta variable más populares del mundo y que ETFs puedes utilizar para replicarlos.

No te preocupes si todavía no sabes lo que es un ETF.

En las próximas páginas ya entraremos en materia y seguro volverás a estos listados para crear tu primera cartera de inversión ya sea real o en una cuenta de prueba.

S&P 500

Aunque no es el índice más antiguo que replica el comportamiento de las principales acciones norteamericanas, el S&P 500 es la referencia de la bolsa de Estados Unidos.

Invirtiendo en este índice estarás apostando por la evolución de las 500 empresas cotizadas más grandes de Estados Unidos.

Características

1. **Gestor**: Standard & Poor's

2. **Lanzamiento**: 1957

3. **Constituyentes**: 500

4. **Cobertura**: Estados Unidos

5. **Método de Ponderación**: Capitalización de mercado ajustada al flotante

6. **Revisión**: Trimestral

Es uno de los índices más importantes del mundo y por tanto quizás el índice con más productos que lo replican.

Los principales ETFs del S&P 500 son:

1. Amundi S&P 500 II UCITS ETF

2. iShares S&P 500 Swap UCITS ETF

3. Invesco S&P 500 UCITS ETF

4. Xtrackers S&P 500 Swap UCITS ETF

5. Vanguard S&P 500 UCITS ETF

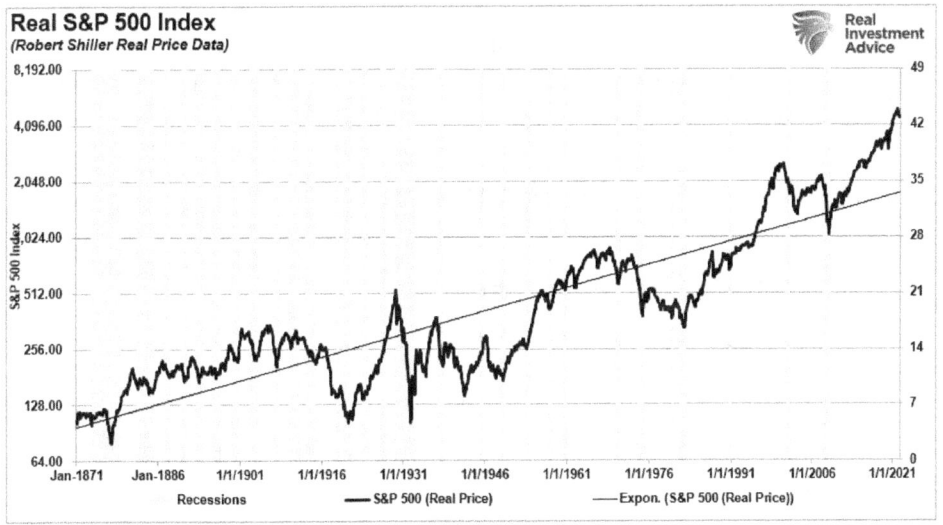

Fuente: Real Investment Advice

Nasdaq 100

En 2025 el Nasdaq cumplió 40 años desde su lanzamiento como índice de referencia de las principales acciones tecnológicas mundiales cotizadas en este mercado.

Características

1. **Gestor**: Nasdaq

2. **Lanzamiento**: 1985

3. **Constituyentes**: 100

4. **Cobertura**: Global, listadas en Nasdaq

5. **Enfoque**: Tecnología, sin incluir empresas financieras

6. **Método de Ponderación**: Capitalización de mercado ajustada al flotante

7. **Revisión**: Anual

Al ser uno de los índices más rentables de los últimos 20 años existen varios productos que replican la rentabilidad de este índice, incluso que prometen pagar la rentabilidad diaria del mismo multiplicada por varias veces.

Los principales ETFs del Nasdaq son:

1. iShares Nasdaq 100 UCITS ETF

2. Invesco EQQQ Nasdaq-100 UCITS ETF

3. Amundi Nasdaq-100 II UCITS ETF

4. AXA IM Nasdaq 100 UCITS ETF

5. Xtrackers Nasdaq 100 UCITS ETF

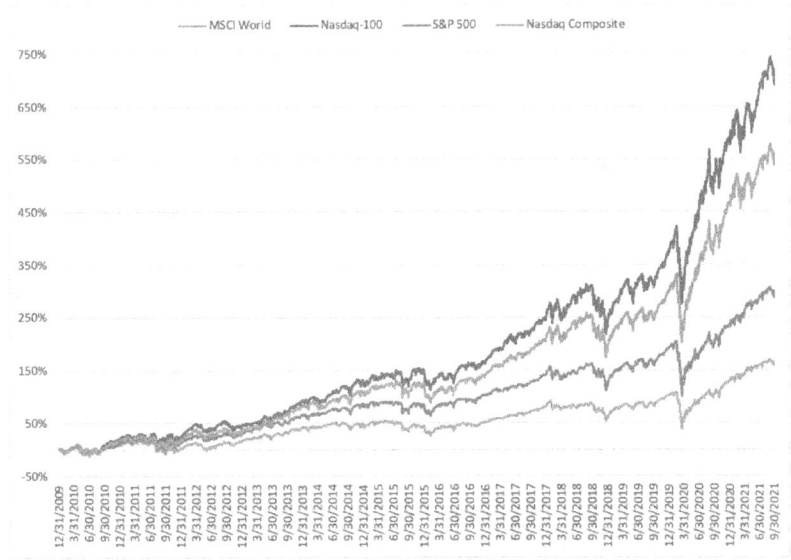

Fuente: Nasdaq

Dow Jones Industrial Average (DJIA)

El pionero de toda la industria de los índices bursátiles fue sin duda el Dow Jones.

Gracias a su cálculo nos ha permitido tener una fiel imagen de casi el último siglo de la bolsa norteamericana.

Su ponderación por precio de las acciones que lo componen, lleva a que muchos lo consideren un "mal índice".

Aunque agrupa a las 30 compañías industriales más grandes de los Estados Unidos, en algunas ocasiones no ha incluido a empresas muy destacadas solo por el elevado precio de sus acciones y las distorsiones que crearían en el índice.

Características del DJIA

1. **Gestor**: S&P Dow Jones Indices
2. **Lanzamiento**: 1896

3. **Constituyentes**: 30

4. **Cobertura**: Estados Unidos

5. **Enfoque**: Industriales, excepto transporte y utilities

6. **Método de Ponderación**: Precio de la acción

7. **Revisión**: No regular

A pesar de su relevancia mediática, lo cierto es que no existen tantos productos que repliquen este índice. Te comparto algunos con los que puedes tener exposición:

1. Amundi Dow Jones Industrial Average UCITS ETF

2. iShares Dow Jones Industrial Average UCITS ETF

3. SPDR® Dow Jones Industrial Average ETF

The Dow Jones Industrial Average: 1896-2016

Fuente: Virtue Of Selfish Investing

Russell 2000

Los índices presentados anteriormente están formados por empresas de gran capitalización, pero las empresas de pequeña capitalización también pueden ser fuente de rentabilidad.

El Russell 2000 es la mejor manera de tener exposición a este segmento de compañías estadounidenses.

Características

1. **Gestor**: FTSE Russell

2. **Lanzamiento**: 1984

3. **Constituyentes**: 2000

4. **Cobertura**: Estados Unidos

5. **Enfoque**: Pequeñas empresas

6. **Método de Ponderación:** Capitalización de mercado ajustada al flotante

7. **Revisión**: Anual

En el segmento de small caps es muy raro encontrar productos que repliquen dichos índices.

Te comparto un listado de opciones disponibles:

1. SPDR Russell 2000 US Small Cap UCITS ETF

2. Amundi Russell 2000 UCITS ETF USD

3. Xtrackers Russell 2000 UCITS ETF 1C

4. iShares Russell 2000 Swap UCITS ETF USD (ACC)

5. Invesco Russell 2000 UCITS ETF Acc

Years Averaged (as of January 15, 2025)	Russell 2000 Annualized Return Per Year (with dividends)	Russell Annualized Return Per Year (no dividends)
24.75 Years (since May 2000 IWM inception)	7.92%	6.65%
20 years	8.13%	6.69%
10 years	8.03%	6.69%
5 years	7.54%	6.16%
3 years	3.22%	1.83%
1 year	18.23%	16.86%

Fuente: Trade that Swing

¿Qué índice debería usar para replicar el mercado de Estados Unidos?

Dependerá del tipo de compañía que quieras tener en cartera. A simple vista del siguiente gráfico ninguna de las opciones anteriores habría sido una mala opción.

La cuestión es que el futuro, no lo conoce nadie.

Comparativa de Rentabilidad desde Lanzamiento de los cuatro principales índices de Estados Unidos

Una vez analizados los principales índices de renta variable de Estados Unidos, demos un vistazo a los índices bursátiles más importantes del resto del mundo.

Euro Stoxx 50

Es el principal índice del mercado europeo y el más popular.

Al igual que el MSCI World y el S&P 500, el Euro Stoxx tiene subíndices muy seguidos tanto por sectores como por número de compañías incluidas.

El más seguido de todos los índices Euro Stoxx es el que incluye las 50 empresas cotizadas europeas de mayor capitalización bursátil.

Características

1. **Gestor**: STOXX Ltd.

2. **Lanzamiento**: 1998

3. **Constituyentes**: 50

4. **Cobertura**: Zona Euro

5. **Enfoque**: Grandes empresas de la zona euro

6. **Método de Ponderación**: Capitalización de mercado ajustada al flotante

7. **Revisión**: Anual

Para un inversor europeo existen múltiples opciones para replicar el índice principal y algunos de los subíndices de la familia.

1. iShares Core EURO STOXX 50 UCITS ETF

2. Xtrackers EURO STOXX 50 UCITS ETF

3. Amundi EURO STOXX 50 II UCITS ETF

4. Invesco EURO STOXX 50 UCITS ETF

5. UBS ETF (LU) EURO STOXX 50 UCITS ETF

—— EURO STOXX 50 Price index

Fuente: Stoxx.com

Nikkei 225

Si leyeras este libro a principios de los años 90, pensarías que este índice bursátil es el mejor del mundo. Entre las 10 acciones más grandes del momento, varias eran japonesas y pertenecían a este índice. Lo que pasó después, es parte de la historia bursátil y un recordatorio a principiantes que la bolsa también puede caer y tardar muchos años en recuperarse.

El Nikkei sigue siendo el principal índice de la bolsa japonesa, aunque al igual que el Dow Jones su ponderación es por precio, lo que supone un matiz importante frente al resto de índices mundiales.

Características

1. **Gestor**: Nihon Keizai Shimbun (Nikkei)

2. **Lanzamiento**: 1950

3. **Constituyentes**: 225

4. **Cobertura**: Japón

5. **Enfoque**: Grandes empresas listadas en la Bolsa de Tokio

6. **Método de Ponderación**: Precio de la acción

7. **Revisión**: No regular, ajustes según necesidad

Para invertir en Japón existen otros índices muy populares, por lo que debes revisar bien la composición de tu ETF. Te comparto dos que replican al principal índice de renta variable japonés.

1. Xtrackers Nikkei 225 UCITS ETF 1D

2. iShares Nikkei 225 UCITS ETF (Acc)

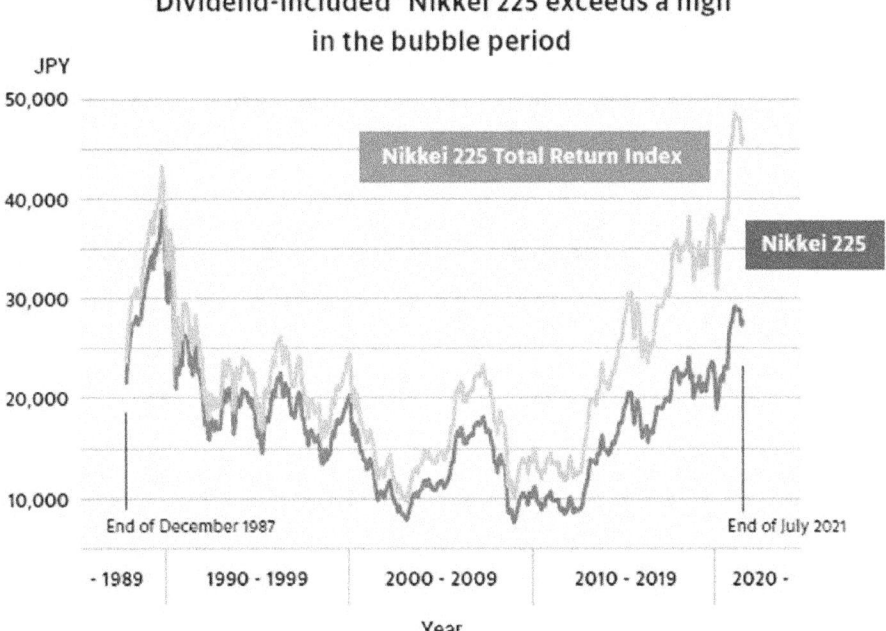

Índices de Renta Variable China
==============================

A continuación corresponde analizar el principal índice de renta variable china, pero el mercado del gigante asiático tiene unas peculiaridades que debes conocer.

Los principales tipos de acciones Chinas son:

A-shares:

- Cotizan en las bolsas de Shanghái y Shenzhen.

- Denominadas en yuanes (RMB).

- Generalmente accesibles sólo para inversores locales o a través de programas como el *Stock Connect* o el esquema *Qualified Foreign Institutional Investor* (QFII).

B-shares:

- Cotizan también en Shanghái (en dólares) y Shenzhen (en dólares de Hong Kong).

- Originalmente diseñadas para atraer inversores extranjeros, aunque ahora también pueden negociarlas ciudadanos chinos.

H-shares:

- Representan empresas chinas que cotizan en la Bolsa de Hong Kong.

- Denominadas en dólares de Hong Kong.

- Ofrecen mayor acceso y flexibilidad a inversores internacionales.

Red Chips:

- Empresas chinas registradas fuera de China continental pero controladas por el gobierno chino.

- Cotizan en Hong Kong y están denominadas en dólares de Hong Kong.

P-chips:

- Empresas privadas chinas registradas fuera de China continental que cotizan en la Bolsa de Hong Kong.

- Similar a los *Red Chips*, pero no tienen control estatal.

N-shares:

- Empresas chinas que cotizan en mercados internacionales como Nueva York o Nasdaq.

- Suelen utilizar estructuras como ADRs (American Depositary Receipts).

Share Class	Incorporation Location	Listing Location	Trading Currency	Other Requirements	Available to mainland Chinese investors	Available to International investors
A Share	Mainland China	Mainland China	CNY	None as they are specific share classes issued by the company	Yes	Yes under QFII/RQFII/Stock Connect programs
B Share	Mainland China	Mainland China	USD (Shanghai) HKD (Shenzhen)		Yes, if Investors have appropriate currency accounts)	Yes
H Share	Mainland China	Hong Kong SAR	HKD		Yes, if QDII approved or under Stock Connect programs	Yes
Red Chip	Non-mainland China	Hong Kong SAR	HKD	See notes below	Yes, if QDII approved or under Stock Connect programs	Yes
P Chip	Non-mainland China	Hong Kong SAR	HKD		Yes, if QDII approved or under Stock Connect programs	Yes
S Chip	Non-mainland China	Singapore	SGD		Yes, if QDII approved	Yes
N Share	Non-mainland China	United States	USD		Yes, if QDII approved	Yes

Fuente: Guía para Entender las Acciones Chinas de FTSE

Veamos ahora las características de los principales índices de renta variable China:

Hang Seng Index (HSI):

- El principal índice del mercado de Hong Kong.

- Representa las 50 empresas más grandes y líquidas que cotizan en la Bolsa de Hong Kong.

- Incluye *H-shares*, *Red Chips* y *P-chips*.

Shanghai Composite Index:

- Incluye todas las acciones que cotizan en la Bolsa de Shanghái (*A-shares* y *B-shares*).
- Es un indicador amplio de la economía china.

Shenzhen Component Index:

- Refleja el desempeño de las acciones principales en la Bolsa de Shenzhen.

CSI 300 Index:

- Representa las 300 empresas más grandes y líquidas de las bolsas de Shanghái y Shenzhen.
- Muy utilizado por inversores para medir el mercado de *A-shares*.

MSCI China Index:

- Incluye empresas chinas que cotizan en diferentes mercados (*A-shares*, *H-shares*, *Red Chips*, *P-chips* y *N-shares*).

Con tantos índices es lógico que aparezcan una multitud de ETFs que aunque parezcan similares y que todos "invierten en China" es importante revisar en profundidad su composición y la concentración que tienen en las principales acciones.

Los principales ETFs de acciones chinas son:

1. iShares MSCI China A UCITS ETF
2. Xtrackers CSI 300 Swap UCITS ETF 1C
3. Franklin FTSE China UCITS ETF
4. iShares China Large Cap UCITS ETF
5. KraneShares CSI China Internet

Como podrás ver en la imagen siguiente la disparidad de rentabilidades y volatilidades puede ser muy alta según el producto que escojas.

Fuente: Guinness Global Investors

Principales Índices de Renta Fija

Una vez vistos los principales índices para invertir en acciones, adentrémonos en el mundo de la renta fija.

De forma general la renta fija incluye todos los tipos de emisiones de deuda que gobiernos y empresas emiten en un mercado cotizado para obtener financiación.

Su nombre transmite seguridad, pero no está exenta de riesgos.

Los bonos solo aseguran la rentabilidad prometida al vencimiento del mismo. Si decides venderlo antes, su valor puede ser inferior al precio que pagaste e incurrir en pérdidas.

Adicionalmente las empresas o gobiernos que emiten el bono pueden quebrar y no devolver la totalidad de tu dinero.

Los índices de Renta Fija suelen seleccionar un universo de bonos y luego aplicar varios requisitos geográficos, liquidez, tamaño del emisor, calidad crediticia del mismo para facilitar la replicabilidad del mismo.

Es importante que entiendas que un índice no compra ninguna acción o bono. Ellos seleccionan el conjunto de activos que quieren replicar su comportamiento y luego a través de un "Excel" van calculando el comportamiento del mismo.

El problema radica en quién quiere replicar el índice si tiene que comprar los activos o una parte de ellos. Por tanto los índices buscan tener en su composición a los activos más representativos de un segmento.

~150,000 – 155,000 bonds
IN THE USD IBOXX BOND UNIVERSE
To catch high quality bonds we filter
for investment grade rated bonds

~60,000
INVESTMENT GRADE BONDS
Select the corporate bonds

Fuente: S&P Global

Te presento a continuación los principales índices de Renta Fija, sus características principales y los ETFs que los replican.

Bloomberg Barclays Global Aggregate Bond Index

Proporciona una medida amplia de los mercados de bonos globales, incluyendo bonos gubernamentales, corporativos, y de títulos hipotecarios.

Tiene una cobertura global, incluyendo tanto mercados desarrollados como emergentes. Incluye bonos denominados en varias monedas, con ajustes por riesgo de cambio.

Puedes invertir en este índice a través de los siguientes productos:

- iShares Core Global Aggregate Bond
- Amundi Global Aggregate Bond UCITS
- SPDR Bloomberg Global Aggregate Bond

J.P. Morgan Emerging Markets Bond Index Global (EMBI Global)

Mide el rendimiento de los bonos emitidos por gobiernos de mercados emergentes en monedas fuertes.

Hagamos un paréntesis para explicar los conceptos de hard currency y soft currency

- **Hard Currency**: Se refiere a monedas estables y ampliamente aceptadas a nivel internacional, como el dólar estadounidense, el euro o el yen japonés. Los bonos denominados en hard currency suelen ser más confiables porque estas monedas mantienen su valor a lo largo del tiempo y son menos vulnerables a la inflación o devaluación.

- **Soft Currency**: Son monedas menos estables, típicamente de economías emergentes o en desarrollo, como el peso argentino o la lira turca. Estas monedas tienden a ser más volátiles y pueden perder valor rápidamente debido a factores económicos locales.

Los bonos en soft currency están expuestos a la depreciación de la moneda local frente a monedas fuertes. Esto puede reducir significativamente los rendimientos para inversores extranjeros. Los bonos en hard currency no tienen este riesgo, ya que están denominados en monedas más estables.

Los bonos emitidos en soft currency suelen estar asociados con emisores de economías emergentes, que pueden tener mayor riesgo de impago debido a menor solvencia financiera de los gobiernos que la emiten, los cuales solo tienen la capacidad de recaudar o generar ingresos en su moneda local principalmente.

Volviendo a este índice. Es invertible a través de:

- iShares J.P. Morgan USD Emerging Markets Bond
- BNP Paribas Easy JPM ESG EMBI Global Diversified Composite UCITS ETF
- L&G ESG Emerging Markets Government Bond (USD)

FTSE World Government Bond Index (WGBI)

Ofrece una representación de los mercados de bonos gubernamentales de renta fija denominados en moneda local de países con la calificación de investment grade.

Incluye bonos de países de mercados desarrollados y algunos emergentes con vencimiento superior a un año.

Los ETFs más usados para invertir en este índice son:

- Xtrackers Global Government Bond
- HSBC Global Government Bond
- iShares Global Government Bond

iBoxx $ High Yield Corporate Bond Index

Mide el rendimiento de bonos corporativos de alta rentabilidad denominados en dólares estadounidenses.

Cobertura Global, enfocado en emisores corporativos de alta rentabilidad.

Incluye bonos con calificaciones por debajo del grado de inversión, reflejando el segmento de mayor riesgo y rendimiento del mercado de bonos corporativos.

El ETF más adecuado para replicarlo sería el **iShares iBoxx $ High Yield Corporate Bond ETF**

FTSE World Broad Investment-Grade Bond Index (WorldBIG®)

- Representa el mercado de bonos de grado de inversión a nivel mundial, incluyendo bonos gubernamentales, corporativos, y de agencias.

- Cobertura Global, incluyendo mercados desarrollados y emergentes.

ANNUALIZED RETURNS (in %)

	USD		EUR		JPY		GBP	
	Unhedged	Hedged	Unhedged	Hedged	Unhedged	Hedged	Unhedged	Hedged
YTD*	-1.48	2.58	5.10	0.85	9.83	-3.30	0.28	2.21
1 Year	-1.48	2.58	5.10	0.85	9.83	-3.30	0.28	2.21
5 Years	-2.09	-0.12	-0.50	-1.80	5.41	-3.34	-0.98	-0.74
10 Years	0.06	1.69	1.63	-0.10	2.80	-0.88	2.27	0.96

* Not annualized

DESIGN CRITERIA AND CALCULATION METHODOLOGY

Coupon:	Fixed-rate, including zero-coupon and fixed-to-float bonds
Currency:	AUD, CAD, CNY*, DKK, EUR, GBP, ILS, JPY, MXN, MYR, NOK, NZD, PLN, SEK, SGD, USD
Minimum Maturity:	At least one year Fixed-to-floating rate bonds are removed one year prior to the fixed-to-floating rate start date.
Minimum Issue Size:	Varies by market
Minimum Quality:	BBB- by S&P or Baa3 by Moody's
Weighting:	Market capitalization
Rebalancing:	Once a month at month end
Reinvestment of cash flows:	Intra-month cash flows from interest and principal payments are not reinvested as part of monthly index total return calculations.
Pricing**:	Pricing for the WGBI portion of the index: LSEG Pricing Service except for: - Israel (provided by Tel Aviv Stock Exchange) - Mexico (provided by Proveedor Integral de Precios S.A. de C.V.) - Poland (provided by BondSpot) - Singapore (provided by the Monetary Authority of Singapore) For the non-WGBI portion of the index: LSEG Pricing Service
Calculation Frequency:	Daily
Settlement Date:	Monthly – Settlement is on the last calendar day of the month. Daily – Same day settlement except if the last business day of the month is not the last calendar day of the month; then, settlement is on the last calendar day of the month.
Base Date:	December 31, 1998

Principales índices de Materias Primas

Las Materias Primas son una de las clases de activos más complejas a la hora de crear un índice. Su precio lo marcan normalmente por los contratos de futuros que se negocian en mercados organizados.

Algunas materias primas tienen varias referencias, por ejemplo, no es lo mismo el contrato de Petróleo del Mar del Norte (BRENT) que el West Texas Intermediate.

Y por si fuera poco tenemos que diferenciar los índices que replican el precio de una materia prima de los índices que replican el precio de las acciones de empresas relacionadas a una commoditie.

Un error habitual es confundir los índices de oro con productos que replican el comportamiento de las mineras de oro.

Jim Rogers, una de las leyendas de la inversión en esta clase de activo, en su libro "El Boom de las Materias Primas" también señalaba que buena parte de los índices más populares estaban "mal confeccionados" por su sobreponderación en materias primas energéticas.

Veamos a continuación algunos de estos índices y la alternativa que propuso Rogers para mejorarlos.

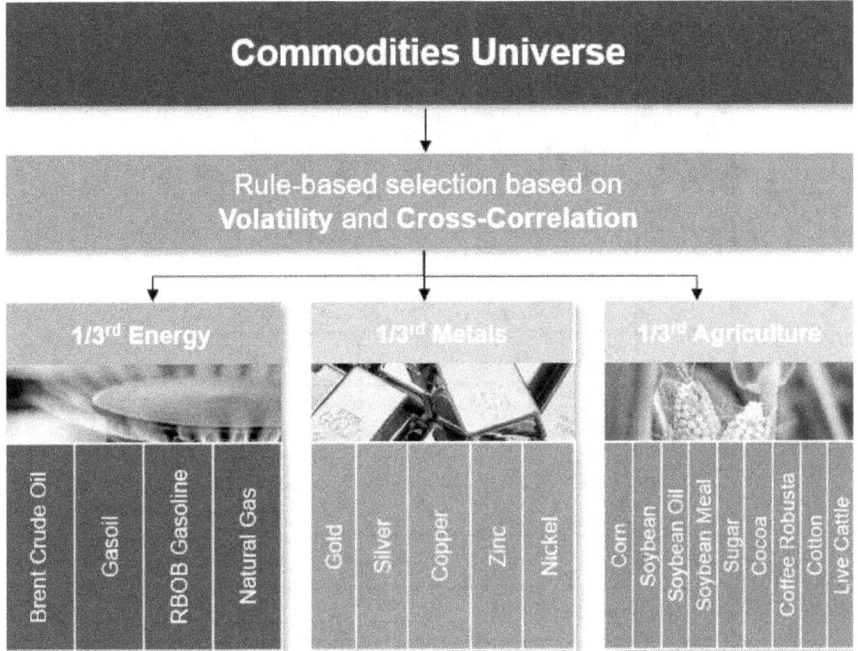

Bloomberg Commodity Index (BCOM)

Fue lanzado en 1998 y constituye la familia de índices de commodities más importante del mercado. Se construye con los 24 contratos de futuros más negociados del mercado de commodities.

En la ponderación de cada contrato en el índice pesa dos tercios la producción mundial de materias primas y un tercio la liquidez del contrato. Se rebalancea de forma anual.

Los ETFs más importantes que siguen a este índice son:

- Invesco Bloomberg Commodity UCITS ETF EUR hedged Acc
- UBS ETF (IE) Bloomberg Commodity Index SF UCITS ETF (EUR) A-acc
- WisdomTree Broad Commodities
- iShares Diversified Commodity Swap UCITS ETF
- L&G All Commodities UCITS ETF

Individual Constituent Weightings

Commodity	Weights
Aluminum (LA)	4.36%
Brent Crude Oil (CO)	6.81%
Chicago Wheat (W)	2.37%
Coffee (KC)	4.89%
COMEX Copper (HG)	5.27%
Corn (C)	5.30%
Cotton (CT)	1.26%
Gold (GC)	17.39%
ULS Diesel (HO)	1.81%
Kansas City Wheat (KW)	1.52%
Lead (LL)	0.76%
Lean Hogs (LH)	1.95%
Live Cattle (LC)	3.66%
Low Sulphur Gas Oil (QS)	2.39%
Natural Gas (NG)	8.88%
Nickel (LN)	2.28%
RBOB Gasoline (XB)	1.98%
Silver (SI)	5.28%
Soybean Meal (SM)	2.86%
Soybean Oil (BO)	2.67%
Soybeans (S)	4.47%
Sugar (SB)	2.41%
WTI Crude Oil (CL)	6.68%
Zinc (LX)	2.73%

S&P GSCI (Goldman Sachs Commodity Index)

Incluye 24 materias primas que se ponderan según la producción mundial de las mismas.

La producción se calcula cada mes de enero y se establece la ponderación de cada uno de los contratos para todo el año, utilizando futuros de vencimiento mensual.

En Europa no existen productos que repliquen este índice en particular pero sí algunas variantes que utilizan subíndices con alguna limitación de pesos por sectores.

En Estados Unidos si está listado el iShares S&P GSCI Commodity-Indexed Trust con más de 1000 millones de dólares bajo gestión.

Trading Facility	Commodity	Ticker[1]
CBT	Chicago Wheat	W
KBT	Kansas Wheat	KW
CBT	Corn	C
CBT	Soybeans	S
ICE - US	Coffee	KC
ICE - US	Sugar	SB
ICE - US	Cocoa	CC
ICE - US	Cotton	CT
CME	Lean Hogs	LH
CME	Live Cattle	LC
CME	Feeder Cattle	FC
NYM / ICE	WTI Crude Oil	CL
NYM	Heating Oil	HO
NYM	RBOB Gasoline	RB
ICE - UK	Brent Crude Oil	LCO
ICE - UK	Gasoil	LGO
NYM / ICE	Natural Gas	NG
LME	Aluminum	MAL
LME	Copper	MCU
LME	Nickel	MNI
LME	Lead	MPB
LME	Zinc	MZN
CMX	Gold	GC
CMX	Silver	SI

Fuente: S&P Global

FTSE/CoreCommodity CRB Index

Fue creado originalmente en 1957 por la Commodity Research Bureau (CRB), de ahí su nombre inicial Commodity Research Bureau Index (CRB Index). Con el tiempo, la propiedad y gestión del índice pasó a manos de diferentes empresas.

En 2001, Thomson Reuters adquirió los derechos sobre el índice, y pasó a llamarse Thomson Reuters/CoreCommodity CRB Index.

En 2014, Thomson Reuters y FTSE International (una subsidiaria de la Bolsa de Londres, LSEG) anunciaron una asociación para gestionar y comercializar el índice.

Como resultado, el índice pasó a llamarse FTSE/CoreCommodity CRB Index, aunque sigue siendo el mismo índice con la misma metodología.

El índice representa 19 materias primas, agrupadas por liquidez en 4 grupos. Los productos petrolíferos tienen un tope del 33%, los otros 3 grupos tienen la misma ponderación.

Index Components

Aluminium, Cocoa, Coffee, Copper, Corn, Cotton, Crude Oil, Gold, Heating Oil, Lean Hogs, Live Cattle, Natural Gas, Nickel, Orange Juice, RBOB Gasoline, Silver, Soybeans, Sugar, and Wheat.

Weighting Scheme

Commodities are organized into 4 groups based on liquidity:
- Group 1: Petroleum products – capped at 33%
- Group 2: Seven highly liquid commodities (equal weighted at 6%) – capped at 42%
- Group 3: Four liquid commodities (equal weighted at 5%) – capped at 20%
- Group 4: Five commodities (equal weighted at 1%) – capped at 5%

Rogers International Commodity Index (RICI)

Como te comenté anteriormente Jim Rogers señaló varios problemas en los índices de materias primas que existían a finales de los años 90

La ponderación de las materias primas según su producción mundial no refleja necesariamente su importancia en los mercados financieros o su potencial de inversión.

Algunos índices están dominados por unas pocas materias primas (principalmente el petróleo), lo que limita la diversificación y expone a los inversores a riesgos concentrados.

Los índices tradicionales suelen reequilibrarse con frecuencia, lo que puede generar altos costos de transacción y reducir los rendimientos.

Diseñó entonces su propio índice **Rogers International Commodity Index (RICI)**, que se basa en los siguientes principios:

Incluye una amplia gama de materias primas (más de 40), desde energía y metales hasta productos agrícolas

En lugar de ponderar las materias primas según su producción, el RICI las pondera según su importancia en el comercio global

Se reequilibra con menos frecuencia que otros índices, lo que reduce los costes de transacción

Prioriza materias primas con mercados líquidos, lo que facilita la réplica y reduce los costos asociados a la compra y venta

A pesar de su éxito internacional, en Europa solo tenemos disponible este ETF: **Market Access Rogers International Commodity UCITS ETF**

TOP 10 INDEX CONSTITUENTS

Company	Weighting
Crude Oil	15.35%
Brent Crude	13.19%
Natural Gas	6.73%
Corn	4.92%
Gold	4.91%
Cotton	4.00%
Aluminium	3.89%
Copper	3.82%
Silver	3.80%
Soybean	3.51%

Source: CPG and Bloomberg, 31 December 2024

Principales Índices de REITs

El sector inmobiliario es una de las clases de activos preferidas por cualquier ahorrador.

La generación de rentas por alquileres o por la apreciación de las propiedades es una forma de invertir que cualquiera entiende con facilidad.

Pero curiosamente esto también se puede conseguir invirtiendo de forma indirecta en empresas cotizadas que se dediquen de forma especializada a este sector.

Estas empresas inmobiliarias existen en todo el mundo, pero los REITs de Estados Unidos son las más conocidas. Fueron creados en 1960 cuando el presidente Dwight D. Eisenhower firmó la Ley de Reinversión en Bienes Raíces (Real Estate Investment Trust Act)

Esta ley permitió la creación de vehículos de inversión colectiva que ofrecían a los inversores la posibilidad de participar en grandes proyectos inmobiliarios, similar a cómo los fondos de inversión permiten invertir en acciones o bonos.

El objetivo era estimular la inversión en bienes raíces y proporcionar liquidez a un mercado que tradicionalmente era ilíquido.

Para calificar como REIT, una empresa debe cumplir ciertos requisitos, como distribuir al menos el 90% de sus ingresos imponibles a los accionistas en forma de dividendos.

Además, deben invertir al menos el 75% de sus activos en bienes raíces, efectivo o valores del gobierno.

Los principales tipos de REITs que encontrarás listados son:

- **Equity REITs**: Invierten directamente en propiedades y generan ingresos principalmente a través de alquileres.

- **Mortgage REITs (mREITs)**: Invierten en hipotecas o valores respaldados por hipotecas, ganando dinero con los intereses.

- **REITs híbridos**: Combinan características de los equity REITs y los mortgage REITs.

- **REITs especializados**: Se enfocan en sectores específicos, como hospitales, almacenes, torres de telefonía móvil o centros de datos.

Es una de las clases de activos más volátiles al depender mucho de los ciclos económicos y de la evolución de los tipos de interés, pero también ha sido una de los activos más rentables y adicionalmente uno de los más descorrelacionados del resto de alternativas que podemos invertir.

Exhibit 1: Asset Class Correlations

ASSET CLASS	U.S. EQUITIES	INTERNATIONAL EQUITIES	EMERGING MARKET EQUITIES	REAL ESTATE	COMMODITIES	INVESTMENT GRADE BONDS	HIGH YIELD BONDS	INTERNATIONAL SOVEREIGN BONDS
U.S. Equities	-	0.87	0.75	0.63	0.39	-0.15	0.63	0.11
International Equities	0.87	-	0.87	0.62	0.55	-0.02	0.69	0.31
Emerging Market Equities	0.75	0.87	-	0.53	0.56	-0.01	0.70	0.24
Real Estate	0.63	0.62	0.53	-	0.28	0.10	0.60	0.24
Commodities	0.39	0.55	0.56	0.28	-	0.00	0.43	0.31
Investment Grade Bonds	-0.15	-0.02	-0.01	0.10	0.00	-	0.11	0.53
High Yield Bonds	0.63	0.69	0.70	0.60	0.43	0.11	-	0.16
International Sovereign Bonds	0.11	0.31	0.24	0.24	0.31	0.53	0.16	-

Source: S&P Dow Jones Indices LLC. Data as of Dec. 29, 2017. Index performance based on monthly total return in USD. Past performance is no guarantee of future results. Table is provided for illustrative purposes and reflects hypothetical historical performance. The Dow Jones Commodity Index was launched on Oct. 26, 2011. The S&P U.S. Treasury Bond Index was launched on March 24, 2010. The S&P U.S. Aggregate Bond Index was launched on July 15, 2014. The S&P U.S. High Yield Corporate Bond Index was launched on Dec. 15, 2016. The S&P Global Developed Sovereign Ex-US Bond Index was launched on Jan. 22, 2016.

2010–2024 Ann.	Vol.	2010	2011	2012	2013	2014	2015	2016	2017	2018	2019	2020	2021	2022	2023	2024
Large Cap 13.9%	Small Cap 20.6%	REITs	REITs	REITs	Small Cap	REITs	REITs	Small Cap	EM Equity	Cash 1.8%	Large Cap 31.5%	Small Cap 20.0%	REITs	Com dty. 16.1%	Large Cap 26.3%	Large Cap 25.0%
Sm all Cap 10.3%	EM Equity 17.9%	Sm all Cap 26.9%	Fixed Income 7.8%	High Yield 19.6%	Large Cap 32.4%	Large Cap 13.7%	Large Cap 1.4%	High Yield 14.3%	DM Equity 25.6%	Fixed Income 0.0%	REITs 28.7%	Large Cap 18.7%	Cash 1.5%	DM Equity 18.9%	Sm all Cap 11.5%
REITs 8.4%	REITs 18.9%	EM Equity 19.2%	High Yield 3.1%	EM Equity 18.6%	DM Equity 23.3%	Fixed Income 6.0%	Fixed Income 0.5%	Large Cap 12.0%	Large Cap 21.8%	REITs	Sm all Cap 20.5%	Large Cap 28.4%	Com dty. 27.1%	High Yield -12.7%	Sm all Cap 16.9%	Asset Alloc. 10.0%
Asset Alloc. 7.2%	DM Equity 16.8%	Com dty. 16.8%	Large Cap 3.1%	DM Equity 17.9%	Asset Alloc. 14.9%	Asset Alloc. 5.2%	Cash 0.0%	Com dty. 11.8%	Sm all Cap 14.6%	High Yield -4.1%	DM Equity 22.7%	Asset Alloc. 10.6%	Sm all Cap 14.8%	Fixed Income -13.0%	Asset Alloc. 14.1%	High Yield 9.2%
High Yield 5.9%	Com dty. 16.1%	REITs 18.1%	Cash 0.1%	Sm all Cap 16.3%	High Yield 7.3%	Sm all Cap 4.9%	EM Equity -11.6%	Equity 11.6%	Asset Alloc. 14.6%	Large Cap -4.4%	Asset Alloc. 19.5%	DM Equity 8.3%	Asset Alloc. 13.5%	Asset Alloc. -13.9%	High Yield 14.0%	Equity 9.1%
DM Equity 5.7%	Large Cap 15.1%	High Yield 14.8%	Asset Alloc. -0.7%	Large Cap 16.0%	REITs	Cash 0.0%	Asset Alloc. -2.0%	Asset Alloc. 10.4%	High Yield	Asset Alloc. -5.8%	Fixed Income 7.5%	EM Equity 11.8%	DM Equity -14.0%	EM Equity	REITs	Com dty. 5.4%
EM Equity 3.4%	Asset Alloc. 10.4%	Asset Alloc. 13.3%	Sm all Cap -4.2%	Asset Alloc. 12.2%	Cash 0.0%	High Yield 0.0%	High Yield -2.7%	Asset Alloc. 8.3%	REITs	Sm all Cap -11.0%	High Yield 12.6%	High Yield 7.0%	High Yield 1.0%	Large Cap -18.1%	EM Equity 10.3%	Cash 5.3%
Fixed Income 2.4%	High Yield 9.4%	DM Equity 8.2%	DM Equity -11.7%	Fixed Income 4.2%	Fixed Income -2.0%	EM Equity -1.8%	Sm all Cap -4.4%	Fixed Income 2.6%	Fixed Income 3.5%	Com dty. -11.2%	Fixed Income 8.7%	Cash 0.5%	Cash 0.0%	EM Equity -19.7%	Fixed Income 5.5%	REITs 4.9%
Cash 1.2%	Fixed Income 4.7%	Fixed Income 6.5%	Com dty. -13.3%	Cash 0.1%	EM Equity -2.3%	DM Equity -4.5%	EM Equity -14.6%	DM Equity 1.5%	Com dty. 1.7%	DM Equity -13.4%	Com dty. 7.7%	Com dty. -3.1%	Fixed Income -1.5%	Sm all Cap -20.4%	Cash 5.1%	EM Equity 4.3%
Com dty. -1.0%	Cash 0.9%	Cash 0.1%	EM Equity -18.2%	Com dty. -1.1%	Com dty. -9.5%	Com dty. -17.0%	Com dty. -24.7%	Cash 0.3%	Cash 0.8%	EM Equity -14.2%	Cash 2.2%	REITs	EM Equity -2.2%	REITs	Com dty. -7.9%	Fixed Income 1.3%

Fuente: JP Morgan Guide To Markets 2024

Veamos a continuación los principales índices del sector y los ETFs que lo replican.

Un detalle que veréis al comparar los principales índices es que están concentrados en una serie de compañías norteamericanas aunque sean globales.

MSCI US REIT Index

Con 118 empresas cubre el 99% de todo el universo de REITs cotizados en Estados Unidos. A pesar de estar concentrado en compañías de Estados Unidos tienes un mix de todos los sectores: Data Centers, Health Care, Industriales, Oficinas, Hoteles, etc.

En Europa no tenemos productos que repliquen este índice pero a nivel global si existen el **JPMorgan BetaBuilders MSCI US REIT ETF y Vanguard Real Estate ETF**

SUB-INDUSTRY WEIGHTS

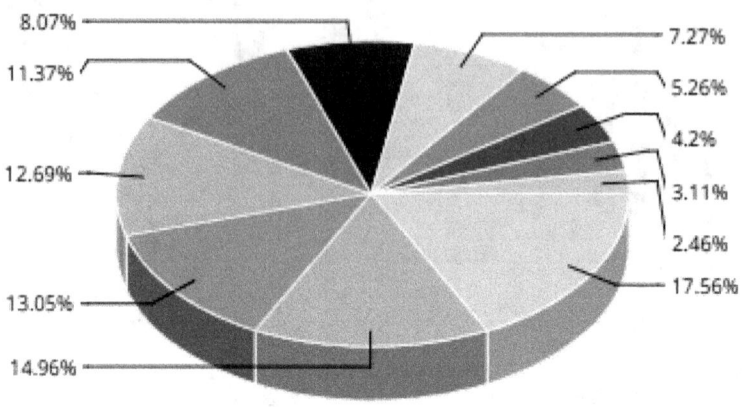

Retail REITs 17.56%   Health Care REITs 14.96%   Data Center REITs 13.05%

Industrial REITs 12.69%   Multi-Family Residential REITs 11.37%

Self-Storage REITs 8.07%   Other Specialized REITs 7.27%

Single-Family Residential REITs 5.26%   Office REITs 4.2%   Hotel & Resort REITs 3.11%

Diversified REITs 2.46%

Fuente: MSCI

FTSE Nareit Equity REITs Index

La familia de índice FTSE NAREIT es la más importante dentro del sector de índices de REITs. Centrado también en los REITs de Estados Unidos pero no se incluyen compañías de explotaciones forestales y empresas de telecomunicaciones

Como curiosidad, NAREIT es el acrónimo de **National Association of Real Estate Investment Trusts**. Es una organización estadounidense que representa a los REITs (*Real Estate Investment Trusts*), que son fondos de inversión inmobiliaria que poseen, operan o financian bienes raíces generadores de ingresos.

Aunque fue lanzado en 2010 su cálculo se estima desde 1971. El principal producto que lo réplica es el **iShares US REIT ETF**

La versión global del índice NAREIT si cuenta con más productos replicables en Europa:

- HSBC FTSE EPRA NAREIT Developed
- Amundi Index FTSE EPRA NAREIT Global UCITS ETF

Subsector Breakdown

Property Subsector	No. of Cons	Net MCap (USDm)	Wgt %
Apartments	13	129,397	11.06
Data Centers	2	142,126	12.14
Diversified	12	22,152	1.89
Free Standing	10	74,212	6.34
Gaming REITs	2	43,555	3.72
Health Care	17	179,956	15.38
Industrial	12	161,876	13.83
Lodging/Resorts	12	33,838	2.89
Manufactured Homes	3	29,189	2.49
Office	17	49,098	4.20
Regional Malls	3	61,681	5.27
Self Storage	4	91,167	7.79
Shopping Centers	17	73,038	6.24
Single Family Homes	2	30,694	2.62
Specialty	7	48,272	4.12
Totals	133	1,170,250	100.00

Index Characteristics

Attributes	FTSE Nareit Equity REITs
Number of constituents	133
Net MCap (USDm)	1,170,250
Dividend Yield %	3.91
Constituent Sizes (Net MCap USDm)	
Average	8,799
Largest	110,026
Smallest	166
Median	2,741
Weight of Largest Constituent (%)	9.40
Top 10 Holdings (% Index MCap)	49.68

Fuente: FTSE

Visto los principales tipos de índices, imagino que habrás pensado que son las siglas que aparecen al principio del nombre de cada uno de estos productos.

¿Qué son los Proveedores de Índices Bursátiles?

Un proveedor de índices es la entidad encargada de la creación y el cálculo de los mismos. Son la base de toda la industria de la gestión de activos ya que son la fuente oficial de los datos y cálculos históricos de las rentabilidades de cada clase de activo.

Estas empresas aunque son poco conocidas son muy rentables ya que cualquier producto que replique sus índices tiene que pagar un canon.

Adicionalmente son la "parte activa" dentro de la gestión pasiva ya que sus comités son los que deciden qué empresas entran y salen de los índices así como los criterios de inclusión, la frecuencia de rebalanceos, etc.

Los proveedores de índices crean índices por varias razones importantes:

Benchmarking: Los índices ofrecen un punto de referencia estándar contra el cuál los inversores y gestores de fondos pueden medir el rendimiento de sus inversiones.

Imagina que un gestor nos dice que ha tenido unas rentabilidades muy buenas y por eso se merece cobrar altas comisiones. El índice adecuado nos permite comparar si esas rentabilidades han sido superiores a la media de la rentabilidad que ha dado esa clase de activos en el mismo período.

Transparencia y Accesibilidad: Proporcionan una visión transparente y accesible del rendimiento del mercado, lo que ayuda a democratizar la información y permite a inversores de todo tipo tomar decisiones informadas.

Imagina que tomas un vistazo de todos los fondos de inversión que invierten en acciones de un determinado país en un día en particular. Algunos habrán subido, otros bajado y otros se habrán quedado planos.

Los índices nos permiten tener exposición a una base amplia de activos que nos permitan calcular la rentabilidad media de la renta variable de un país o del retorno de la deuda corporativa de una región en particular.

Innovación en Productos de Inversión: Al desarrollar índices que cubren diversos segmentos de mercado y estrategias de inversión, los proveedores permiten la creación de nuevos productos financieros que satisfacen una amplia gama de necesidades y preferencias de inversión.

Parece una obviedad pero sin los índices sería difícil imaginar toda la industria de ETFs, Futuros y otros Derivados Financieros que hoy en día mueven varios billones de dólares cada día.

Estudios y Análisis del Mercado: Miles de investigadores económicos cada año basan sus estudios en datos históricos del comportamiento de la bolsa o de algún activo en particular gracias a que existen bases de datos históricas de índices.

Piensa en alguien que comenzará a invertir y no tuviese la información de cómo se ha comportado un activo en el que quiere invertir, cuál ha sido su volatilidad y su máxima caída o cuánto ha tardado en recuperarse.

¿Cómo ganan dinero los proveedores de índices bursátiles?

Los proveedores de índices generan ingresos de varias maneras:

Licencias: Cobran tarifas por el uso de sus índices a las entidades financieras que crean productos de inversión, como fondos cotizados en bolsa (ETFs), fondos de inversión y otros vehículos que replican o se basan en el rendimiento de un índice.

Estas tarifas pueden estar basadas en un porcentaje de los activos bajo gestión (AUM) del producto de inversión o una tarifa fija anual.

Suscripciones y Datos: Venden suscripciones y acceso a sus datos e investigaciones relacionadas con los índices a inversores, analistas y otras partes interesadas que necesitan información detallada y actualizada sobre el rendimiento del mercado.

Servicios Personalizados: Ofrecen servicios de creación de índices personalizados para clientes institucionales, como fondos de pensiones y aseguradoras, que buscan estrategias de inversión a medida que se alineen con objetivos específicos o restricciones de inversión.

Los altos costes que representa replicar a determinados índices son una barrera de entrada que protege a los emisores ya establecidos y con suficiente patrimonio de nuevos competidores en el mercado.

El oligopolio que tenían S&P Global, MSCI y FTSE ha hecho que se cree un nicho de mercado en la creación de índices low cost o a medida que tengan una composición similar a los de las grandes marcas del mercado.

Principales proveedores de índices mundiales

Los principales proveedores de índices son S&P Dow Jones Indices, MSCI, FTSE Russell y Bloomberg Barclays.

Veamos un poco más acerca de ellos:

S&P Dow Jones Indices

Es el resultado de la fusión entre S&P Indices y Dow Jones Indexes. Tiene raíces que se remontan al siglo XIX con la creación del Dow Jones Transportation Index en 1884 y el S&P 500 en 1957.

Ofrece una amplia gama de índices que cubren acciones, bonos, materias primas y bienes raíces a nivel global. Su índice más popular es el S&P 500, la principal referencia del mercado de acciones de Estados Unidos.

MSCI

Fundado como parte de Morgan Stanley en 1968, MSCI se ha convertido en un proveedor líder de índices y herramientas analíticas para inversores globales. Sus principales productos son índices de acciones globales y emergentes, como MSCI World y MSCI Emerging Markets.

La clasificación de países entre desarrollados, emergentes, fronteras realizada por MSCI tiene una importancia más importante de lo que parece.

Un país puede sufrir grandes entradas o salidas de dinero en sus empresas cotizadas gracias a estar en una clasificación u otra.

También ofrece análisis de riesgo, índices ESG y herramientas de inversión inmobiliaria.

FTSE Russell

FTSE fue creado en 1984 como una empresa conjunta entre Financial Times y London Stock Exchange. Russell Indexes comenzó en 1984 en EE.UU. La fusión de FTSE y Russell en 2014 creó una entidad global.

Ofrece índices de renta variable y fija que abarcan mercados desarrollados y emergentes, incluidos el FTSE 100 y Russell 2000.

Bloomberg Barclays

Anteriormente conocido como Barclays Capital, su linaje comenzó con el lanzamiento del índice de bonos agregado en 1973. Bloomberg adquirió el negocio de índices de Barclays en 2016.

Especializado en índices de renta fija, ofreciendo benchmarks líderes para bonos gubernamentales, corporativos y deuda estructurada a nivel mundial.

Morningstar

Fundada en 1984 por Joe Mansueto, Morningstar se ha expandido desde la investigación de fondos mutuos a una amplia gama de servicios financieros, incluyendo índices.

Además de sus servicios de análisis y datos financieros, ofrece índices que cubren acciones, bonos y otros activos, con un enfoque particular en índices de inversión basados en estilos y objetivos específicos.

Solactive

Fundada en 2007 en Alemania, Solactive ha crecido rápidamente como un proveedor de índices a costos competitivos.

Ofrece índices personalizados y estándar en una amplia gama de clases de activos, incluyendo renta variable, renta fija y materias primas. Conocido por su flexibilidad y capacidad para desarrollar índices a medida.

ICE Data Services

Parte de Intercontinental Exchange (ICE), ofrece índices de renta fija, renta variable y materias primas, incluyendo los índices de bonos de ICE BofAML.

Especializado en índices de renta fija, pero también proporciona índices de renta variable y de materias primas, utilizados ampliamente en el análisis y gestión de inversiones.

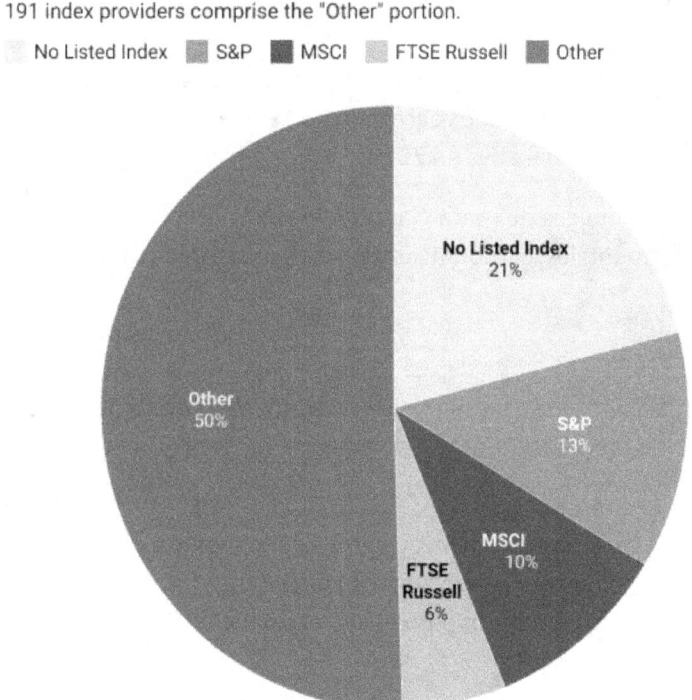

U.S. ETF Index Providers By Market Share

191 index providers comprise the "Other" portion.

No Listed Index   S&P   MSCI   FTSE Russell   Other

Chart: Dan Mika/ETF.com • Source: FactSet. As of 8/16/2021 • Created with Datawrapper

¿Qué es la Inversión Pasiva o Indexada?

La gestión pasiva, también conocida como inversión indexada, es una estrategia de inversión que busca replicar el rendimiento de un índice.

Los inversores que adoptan esta estrategia compran fondos indexados o ETFs que imitan la composición y el rendimiento de índices como el S&P 500, MSCI World, entre otros.

La idea detrás de la gestión pasiva es beneficiarse del rendimiento general del mercado a largo plazo, en lugar de intentar superarlo a través de la selección de acciones o el momento de mercado, con **el menor coste posible.**

Los dos productos principales a través de los que se ha popularizado la gestión indexada son los ETFs y los Fondos indexados.

¿Cómo nació la gestión indexada?

Sus orígenes provienen de la Escuela de Chicago a finales de los años 60 y se puso en marcha por primera vez de forma privada, por un trabajador de Wells Fargo John McQuown, para gestionar el dinero de los planes de pensiones de Samsonite a principios de los años 70.

Durante casi 25 años los fondos indexados ganaron popularidad gracias a John Bogle y Vanguard, hasta que la industria evolucionó y lanzó los ETFs a principios de los años 90.

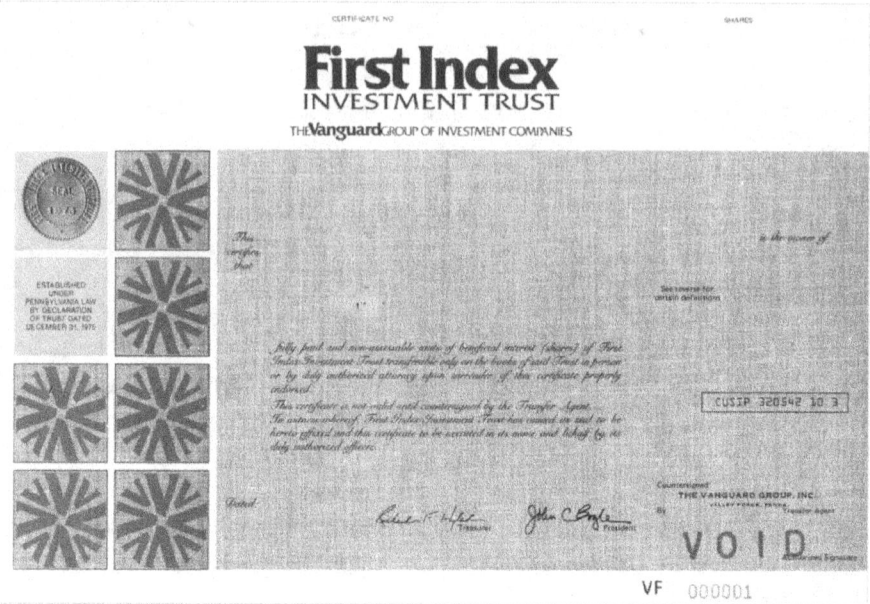

Características de la Gestión Pasiva:

Bajos Costes: Los vehículos indexados generalmente tienen costes totales más bajos que los fondos gestionados activamente, ya que requieren menos investigación y menos transacciones.

Parece un dato más, pero casi todos los estudios muestran que una de las causas de los malos resultados a largo plazo en los mercados financieros son pagar altas comisiones a los intermediarios financieros.

Transparencia: Los inversores pueden conocer todos los componentes del fondo en tiempo real e incluso su peso.

Diversificación: Los productos indexados ofrecen una amplia diversificación al invertir tanto en renta variable o renta fija, aunque no te voy a engañar también hay índices muy mal construidos o excesivamente concentrados.

¿Es mejor la gestión indexada que la gestión activa?

La respuesta depende de varios factores, incluyendo el contexto del mercado, los objetivos de inversión del individuo y el horizonte temporal.

Te daré argumentos habituales a favor de cada una de las alternativas:

A Favor de la Gestión Pasiva

A largo plazo, numerosos estudios han demostrado que la mayoría de los fondos gestionados activamente no superan a sus índices de referencia después de tener en cuenta los costes.

La gestión pasiva generalmente ofrece una ventaja de costes debido a sus menores comisiones de gestión, lo que puede resultar en mayores retornos netos a largo plazo para los inversores.

Es una forma muy sencilla de obtener la rentabilidad media del mercado sin invertir cientos de horas de análisis para seleccionar una compañía o un fondo de inversión determinado.

A Favor de la Gestión Activa

La gestión activa puede ofrecer ventajas en mercados volátiles o en declive, donde los gestores pueden tomar decisiones o tener estrategias de cobertura para proteger el capital.

No existen productos indexados para todas las clases de activos y estrategias por lo que la gestión activa es la única vía para tener exposición.

En algunas regiones y clases de activos las estadísticas no son tan favorables a la gestión indexada y los costes de indexarse no son tan bajos

Te comparto algunos de los estudios más importantes que muestran que la gestión activa en histórico no supera en su gran mayoría a los índices de referencia.

Estudio de SPIVA

Los informes SPIVA, publicados regularmente por S&P Dow Jones Indices, analizan el rendimiento de los fondos gestionados activamente en comparación con sus índices de referencia correspondientes.

Las principales conclusiones de estos estudios incluyen:

- Una gran proporción de fondos gestionados activamente no logra superar a sus índices de referencia a largo plazo. Este patrón se observa en varias categorías de activos y regiones geográficas.

- Los costes más altos asociados con la gestión activa (por ejemplo, tarifas de gestión, costos de transacción) son un factor clave que contribuye a su rendimiento inferior neto en comparación con los índices que intentan batir.

- La capacidad de los fondos activos para mantener un rendimiento superior es limitada.

- Pocos fondos mantienen su posición en el cuartil superior de rendimiento de manera consistente a lo largo de varios periodos. Es decir, pocos fondos logran estar entre los 25 mejores de su categoría cada año.

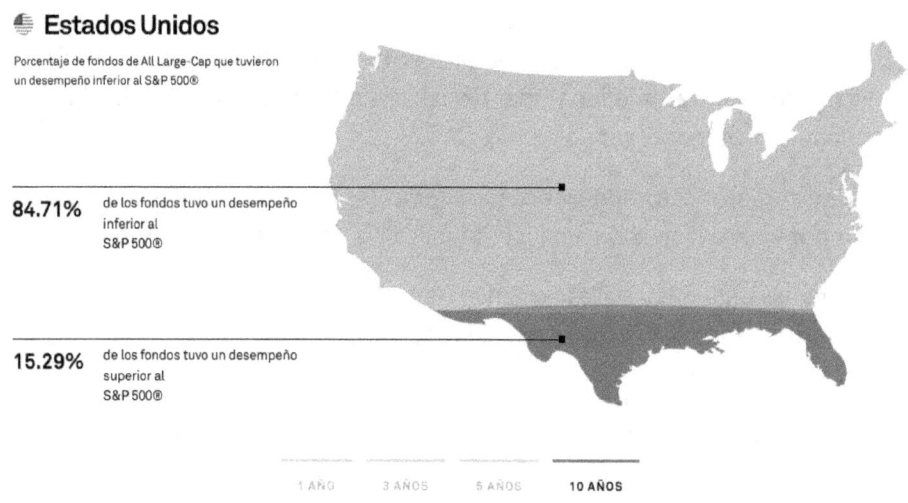

Estados Unidos

Porcentaje de fondos de All Large-Cap que tuvieron un desempeño inferior al S&P 500®

84.71% de los fondos tuvo un desempeño inferior al S&P 500®

15.29% de los fondos tuvo un desempeño superior al S&P 500®

1 AÑO   3 AÑOS   5 AÑOS   **10 AÑOS**

Estudio de Pablo Fernández

Pablo Fernández, profesor del IESE Business School, ha realizado varias investigaciones sobre la rentabilidad de los fondos de inversión en España y otros mercados. Sus estudios suelen llegar a conclusiones similares a las de SPIVA, pero enfocadas en el mercado español:

- Muchos fondos de inversión gestionados activamente en España no consiguen superar al índice de referencia, especialmente después de ajustar por costes.

- Los altos costes de gestión y operativos erosionan significativamente los rendimientos netos para los inversores en fondos activos.

- Pocos gestores de fondos logran un rendimiento superior de manera consistente a lo largo del tiempo, poniendo en duda la habilidad de los gestores para predecir el mercado y seleccionar valores de manera efectiva.

Rentabilidad de los Fondos de Inversión en España. 2008-2023

Pablo Fernández. Profesor de Finanzas del IESE. e-mail: fernandezpa@iese.edu
Javier Fdez. Acín. Investigador independiente

Resumen

La rentabilidad media de los fondos de inversión en España en los últimos 15 años (3,29%) fue inferior a la inversión en bonos del estado español a 15 años (3,99%). La rentabilidad media del IBEX 35 fue 5,34%, la del Eurostoxx 50 fue 8,09% y la del S&P fue 14%.

184 fondos de los 554 con 15 años de historia tuvieron una rentabilidad superior a la de los bonos del estado a 15 años, 117 a la del IBEX 35, 47 a la del Eurostoxx 50 y 7 a la del S&P. 13 fondos tuvieron rentabilidad negativa.

El fondo más rentable proporcionó en los últimos 15 años a sus partícipes una rentabilidad total del 970% y el menos rentable del -82%. Se muestran los fondos más rentables y los menos rentables.

En 2019 había 631 fondos con 15 años de historia y en 2023 había 554. ¿Le parece lógico?

También se muestran los resultados de un experimento: 248 escolares consiguieron mejor rentabilidad promedio que los fondos de inversión en renta variable en 2002-2012. 72 de los 248 escolares superaron la rentabilidad de todos los fondos. La rentabilidad media de los escolares fue 105% y la de los fondos 71%.

¿Entonces por qué los inversores siguen invirtiendo en productos de Gestión Activa?

No hay una explicación definitiva pero aquí van algunas de las más frecuentes.

Todos nos creemos con la capacidad de elegir entre los 5-10% de fondos de inversión activa que tienen consistencia.

La inversión pasiva puede ser *"aburrida"* ya que, una vez seleccionados los ETFs/Fondos indexados, solo hay que dedicarse a ahorrar y rebalancear las carteras.

Toda la banca sigue ofreciendo productos de gestión activa caros y de poca rentabilidad porque es de dónde más comisiones reciben.

La mayoría de asesores financieros siguen creando carteras con fondos de gestión activa para recibir más retrocesiones por parte de los fondos que recomiendan.

*Una **retrocesión** es un porcentaje de la comisión anual que cobra un fondo de inversión y que se le entrega según un acuerdo privado al comercializador del fondo o al asesor financiero por recomendarlo en las carteras de sus clientes.*

Con la gestión activa parece que haces algo y que tienes el sesgo de ilusión de control pensando que ante un evento macroeconómico has actuado correctamente o te has anticipado al próximo activo más rentable.

A pesar de todo esto, el patrimonio invertido en gestión pasiva ya supera a la gestión activa y la tendencia parece imparable.

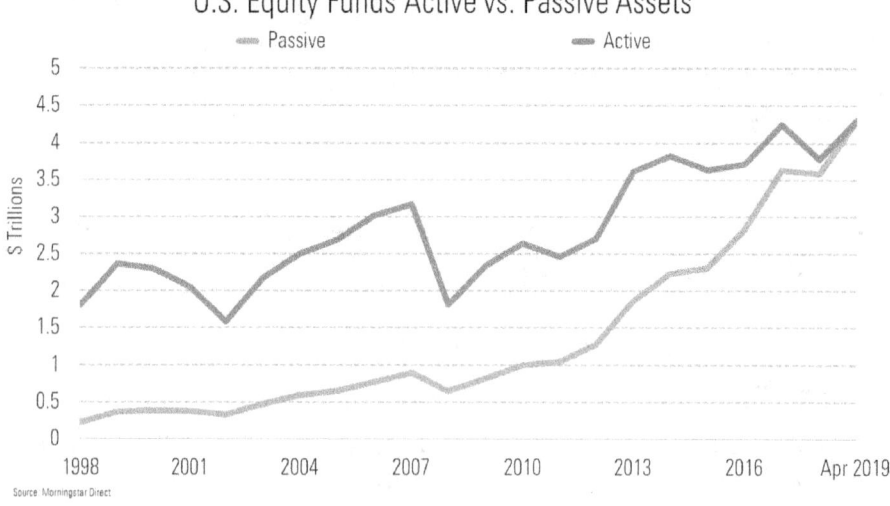

U.S. Equity Funds Active vs. Passive Assets

20-Year Breakdown of U.S. Diversified Open-End and Exchange-Traded Funds

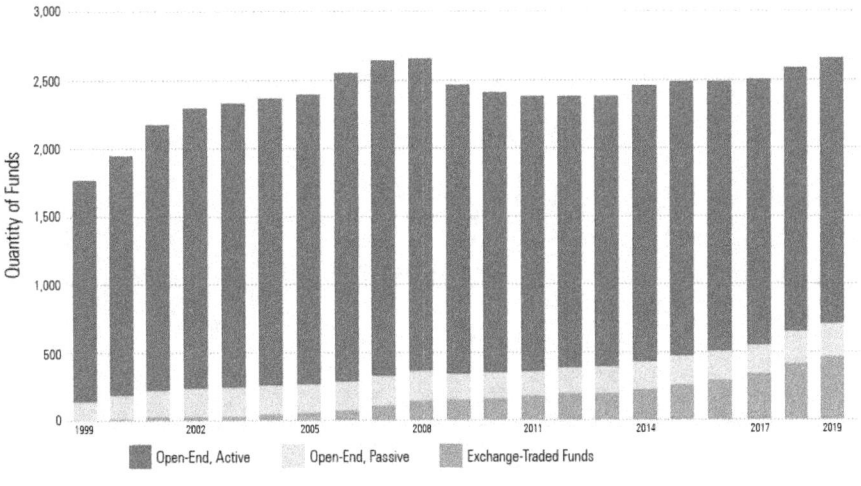

Capítulo 3:

INTRODUCCIÓN A LOS ETFS

Historia de los ETFs

Los ETFs (Exchange-Traded Funds) surgieron en la década de los 90 como una innovación financiera, ofreciendo una combinación de las ventajas de los fondos de inversión y las acciones.

El primer ETF en Estados Unidos, el SPDR S&P 500 ETF (SPY) se lanzó en 1993, permitiendo a los inversores obtener exposición al índice S&P 500 a través de un único producto negociable en bolsa.

Orígenes de los ETFs

Los ETFs se introdujeron en las bolsas de EE.UU. y Canadá a principios de los 90. Durante los primeros años, representaron una pequeña fracción de los activos que ya habían bajo gestión en fondos indexados.

Sin embargo, el crecimiento anual promedio del 132% de los activos de los ETFs desde 1995 hasta 2001 fue la consolidación definitiva de este producto financiero.

El lanzamiento de los "Cubes" en 1999 marcó un crecimiento espectacular en el volumen de negociación, convirtiendo a los principales ETFs en los valores de renta variable más negociados en las bolsas de valores de EE.UU.

BUSINESS

Spiders and Diamonds and Cubes

'Exchange-Traded Funds' Let Investors Track Stock Indexes by the Share

By Jerry Morgan

February 5, 2000 at 7:00 p.m. EST

Con el tiempo, los ETFs se convirtieron en una alternativa a los fondos indexados tradicionales, lo que llevó a sus principales competidores, como Vanguard o Fidelity, a reducir sus comisiones.

Para finales de 2002, había 113 ETFs en EE.UU. con aproximadamente $102,14 mil millones en activos bajo gestión.

A finales de abril de 2006, el mercado de ETFs consistía en cuatro bolsas de valores que listaban 216 ETFs con $335 mil millones en activos.

La siguiente etapa de la industria fue la aparición de los ETFs de gestión activa, es decir, productos que no replican un índice sino que intentan batirlos o realizar su propia estrategia de inversión.

En 2024 existían más de 13.000 productos cotizados y la industria no para de crecer a ritmos de doble dígito.

Asset growth in the global ETFs industry as of the end of December

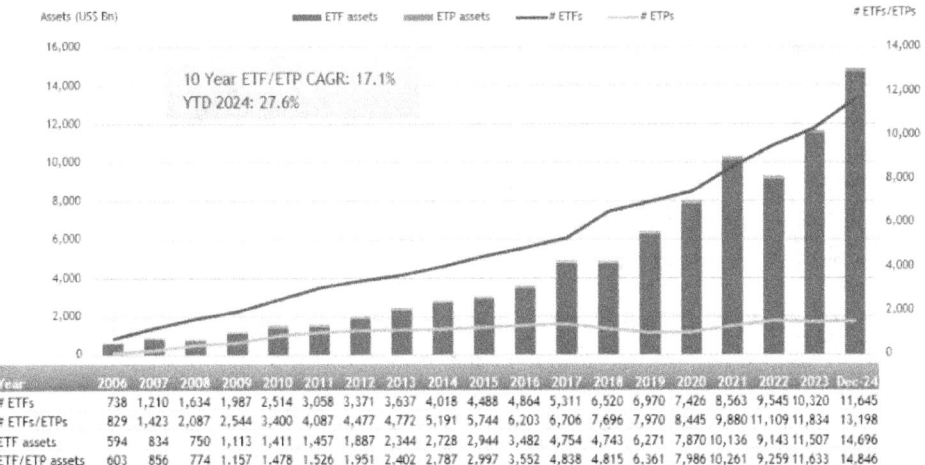

Year	2006	2007	2008	2009	2010	2011	2012	2013	2014	2015	2016	2017	2018	2019	2020	2021	2022	2023	Dec-24
# ETFs	738	1,210	1,634	1,987	2,514	3,058	3,371	3,637	4,018	4,488	4,864	5,311	6,520	6,970	7,426	8,563	9,545	10,320	11,645
# ETFs/ETPs	829	1,423	2,087	2,544	3,400	4,087	4,477	4,772	5,191	5,744	6,203	6,706	7,696	7,970	8,445	9,880	11,109	11,834	13,198
ETF assets	594	834	750	1,113	1,411	1,457	1,887	2,344	2,728	2,944	3,482	4,754	4,743	6,271	7,870	10,136	9,143	11,507	14,696
ETF/ETP assets	603	856	774	1,157	1,478	1,526	1,951	2,402	2,787	2,997	3,552	4,838	4,815	6,361	7,986	10,261	9,259	11,633	14,846

Source: ETFGI data sourced from ETF/ETP sponsors, exchanges, regulatory filings, Thomson Reuters/Lipper, Bloomberg, publicly available sources and data generated in-house.Note: This report is based on the most recent data available at the time of publication. Asset and flow data may change slightly as additional data becomes available.

¿Qué es un ETF?: Características y Tipos

Un ETF (Exchange-Traded Fund) es un tipo de fondo de inversión cuyas participaciones se negocian en las bolsas de valores, similar a como se comercian las acciones.

Combina características tanto de los fondos de inversión tradicionales como de las acciones, ofreciendo a los inversores un producto financiero muy versátil para gestionar sus carteras.

Características de los ETFs

Negociación en Bolsa: A diferencia de los fondos de inversión tradicionales, que se compran o venden al final del día a su valor liquidativo, las participaciones de un ETF se pueden comprar y vender en tiempo real durante el horario que las bolsas están abiertas.

Cada ETF puede negociarse en una o varias bolsas, y a través de un bróker podemos decidir en qué mercados comprarlos.

Recuerda que en Europa solo los inversores profesionales pueden comprar ETFs listados en Bolsas Norteamericanas, por lo que debes invertir en un ETF similar listado en alguna bolsa europea o utilizar algún truco que más adelante te comentaré.

Diversificación: Los ETFs permiten a los inversores obtener exposición a una amplia gama de activos, índices, sectores o incluso estrategias de inversión, a través de una única transacción.

Ten presente que las nuevas modas han hecho que ya existan hasta ETFs sobre una acción, tanto para invertir al alza como a la baja.

Además existen productos que están muy concentrados en pocas empresas o activos por lo que siempre te recomiendo revisar su composición para no caer en la falsa creencia de que estás diversificado.

Costes Reducidos: Generalmente, los ETFs tienen costes más bajos en comparación con los fondos de inversión tradicionales, debido a su estructura de gestión pasiva y menores gastos operativos.

Esta regla también tiene su excepción: mientras más exótico sea en lo que invierte el ETF más caro será.

Por ejemplo, los ETP de criptomonedas llegan a tener hasta un 2% de comisión.

Nombre del fondo ↑↓	Carta de 4 sem.	Patrimonio (in m €) ↑↓	Gastos corrientes (p.a.) ↓⇌	52 sem. bajo/alto
☐ 21Shares Algorand ETP		6	2,50%	
☐ 21Shares Avalanche Staking ETP		13	2,50%	
☐ 21Shares Binance BNB ETP		13	2,50%	
☐ 21Shares Bitcoin Cash ETP		6	2,50%	
☐ 21Shares Cardano ETP		48	2,50%	
☐ 21Shares Chainlink ETP		16	2,50%	
☐ 21Shares Crypto Basket Equal Weight ETP		12	2,50%	
☐ 21Shares Crypto Basket Index ETP		129	2,50%	
☐ 21Shares Polkadot ETP		17	2,50%	
☐ 21Shares Polygon ETP		5	2,50%	

Transparencia: Los ETFs ofrecen una alta transparencia en sus inversiones, ya que la composición del fondo se publica diariamente.

En un fondo de inversión o hedge fund las carteras solo se publican cada tres o seis meses e incluso pueden decidir ocultar una parte de las inversiones que realizan.

Accesibilidad: Los ETFs suelen tener importes mínimos de inversión reducidos, lo que los hace accesibles para una amplia gama de inversores.

Generalmente, comprando una participación del ETF ya puedes invertir, mientras que hay fondos de inversión con límites de entrada de varios miles de euros.

Incluso algunos brokers permiten la compra fraccionada de participaciones de ETFs, lo que ha reducido bastante la inversión inicial mínima para este tipo de productos.

Fiscalidad: La fiscalidad de los ETFs es similar a la de las acciones.

Dependiendo del país, tienen un gravamen u otro. En algunos es más favorable que los fondos de inversión y en otros ocurre todo lo contrario.

Como norma general, al año siguiente de cualquier venta o de cualquier cobro de dividendos de un ETF tendrás que tributar por la ganancia obtenida, una vez descontadas las comisiones.

ETF, ETP, ETC, ETN ¿Cuál es la diferencia entre cada uno?

Los términos ETF, ETP, ETC y ETN se refieren a diferentes tipos de productos de inversión que se negocian en bolsa. Aunque a menudo se utilizan de manera intercambiable, hay diferencias clave entre ellos que es importante entender.

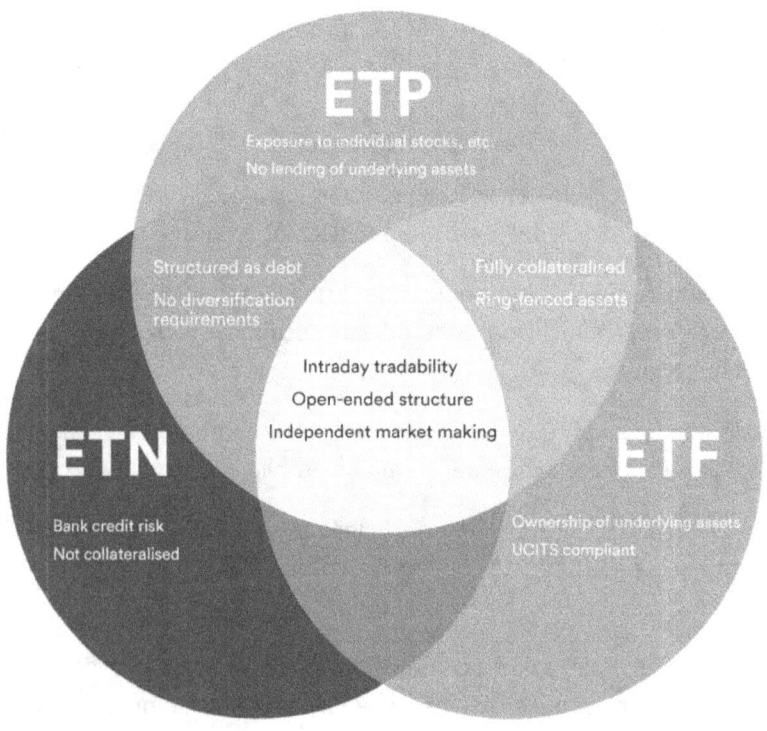

Por ejemplo en Europa el término ETFs solo puede emplearse para productos que cumplan con la normativa UCITS.

Esta regla europea busca proteger a los inversores y obliga a los vehículos que quieran utilizar sus ventajas a cumplir con unas normas de diversificación.

Una de las limitaciones es que en los ETFs UCITs ninguna inversión puede exceder el 5% del patrimonio total del fondo.

Sin embargo, este límite puede incrementarse al 10% para ciertos emisores, siempre y cuando el total de inversiones que sobrepasan el 5% no exceda el 40% del patrimonio del fondo.

En el caso de los ETFs se amplía el peso máximo de una posición hasta el 20% e incluso puede llegar al 35% en condiciones excepcionales del mercado.

Otro impacto de esta normativa en Europa, es que no pueden existir ETFs que el 100% esté invertido en un solo activo o en productos no cotizados.

Esto impide que existan ETFs europeos de materias primas, criptomonedas o estrategias con derivados financieros complejos.

Por tanto si escuchas hablar de ETFs de oro, de Bitcoin, ya sabes que es un error técnico al menos en Europa.

Para poder invertir en este tipo de activos se debe utilizar otros tipos de productos cotizados, que tienen características similares pero no son exactamente lo mismo.

ETC (Exchange-Traded Commodity)

Los ETCs son productos que permiten a los inversores ganar exposición a la rentabilidad de las commodities (materias primas) sin tener que negociar contratos futuros o poseer físicamente la misma.

Los ETCs pueden ser respaldados por activos físicos (como oro almacenado en una bóveda) o utilizar contratos derivados para replicar el rendimiento de los commodities.

Características Principales:

- Se centran exclusivamente en materias primas.

- A diferencia de los contratos de futuros, no tienen una fecha de vencimiento.

- **No sufren tracking error** ya que el inversor recibe el rendimiento del activo subyacente menos comisiones.

A continuación veamos algunos riesgos específicos de los ETC

1. Riesgo de Mercado: Los precios de las materias primas pueden ser extremadamente volátiles debido a factores como cambios en la oferta y demanda, condiciones climáticas, políticas gubernamentales y fluctuaciones del mercado global.

2. Riesgo de Liquidez: pueden tener volúmenes de negociación bajos, lo que dificulta la compra o venta de grandes cantidades sin afectar el precio.

La falta de liquidez puede aumentar el coste de las transacciones y afectar la capacidad de los inversores para entrar o salir de posiciones rápidamente.

3. Riesgo de Contango y Backwardation: Los ETCs que invierten en contratos de futuros pueden verse afectados por el contango y la backwardation.

El contango ocurre cuando los precios futuros son más altos que los precios actuales, lo que puede llevar a pérdidas cuando los contratos se renuevan a precios más altos.

La backwardation es el fenómeno opuesto y puede beneficiar a los ETCs, aunque es menos común.

4. Riesgo de Crédito del Emisor: estos productos pueden estar respaldados por contratos con instituciones financieras, lo que introduce un riesgo de crédito.

Si el emisor enfrenta dificultades financieras, podría impactar el valor del ETC.

6.Costes: los ETCs no suelen tener bajas comisiones si lo comparamos con los productos de renta variable equivalentes en formato ETF.

Fund name		Chart 4 w	Fund size (in m €)	TER p.a.
☐ Xtrackers Physical Rhodium ETC			49	0.95%
☐ Xtrackers Physical Platinum EUR Hedged ETC			50	0.75%
☐ Xtrackers Physical Silver EUR Hedged ETC			142	0.75%
☐ Xtrackers IE Physical Platinum EUR Hedged ETC Securities			8	0.73%
☐ Xtrackers IE Physical Silver EUR Hedged ETC Securities			34	0.73%
☐ Xtrackers Physical Gold GBP Hedged ETC			38	0.69%
☐ Xtrackers Physical Gold EUR Hedged ETC			1,294	0.59%
☐ WisdomTree Gold			79	0.49%
☐ WisdomTree Gold - EUR Daily Hedged			19	0.49%
☐ WisdomTree Physical Palladium			98	0.49%

ETN (Exchange-Traded Note)

Los ETNs son productos de deuda no garantizada, emitidos por instituciones financieras. A diferencia de los ETFs y ETCs, los ETNs no compran los
activos subyacentes.

En cambio, replican el rendimiento de índices de mercado o estrategias
de inversión, y prometen pagar a los tenedores del ETN una rentabilidad
vinculada a dicho índice o estrategia al vencimiento del ETN.

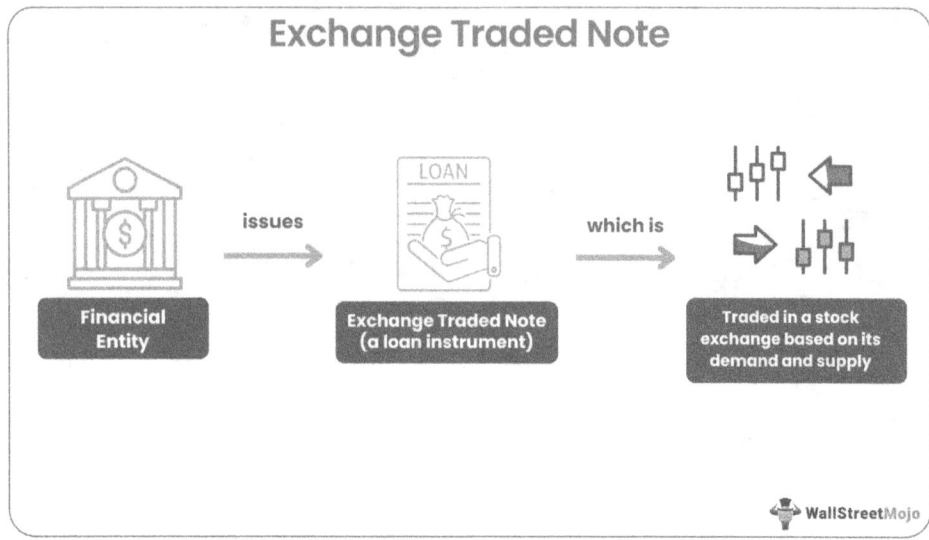

Características Principales

- Al ser obligaciones de deuda, su seguridad depende de la solvencia del emisor.

- Pueden replicar estrategias de inversión complejas, incluyendo aquellas que buscan resultados inversos y apalancados.

- Al igual que los ETC, elimina el riesgo de una mala réplica del índice bursátil al entregar el rendimiento del subyacente.

A continuación veamos algunos riesgos específicos de los ETN.

Riesgo de Crédito del Emisor: los ETNs son obligaciones de deuda no garantizadas emitidas por instituciones financieras. Si el emisor enfrenta problemas financieros o quiebra, los inversores podrían perder parte o la totalidad de su inversión, independientemente del rendimiento del índice o activo subyacente que el ETN busca replicar.

Riesgo de Volatilidad: algunos productos están diseñados para replicar índices de volatilidad o emplear estrategias que pueden ser extremadamente volátiles. Esto puede llevar a grandes pérdidas en períodos cortos.

ETP (Exchange-Traded Product)

Los ETPs son una categoría amplia que incluye a los ETFs, ETCs, y ETNs. Son productos financieros que se negocian en una bolsa de valores y que buscan replicar el rendimiento de activos subyacentes.

Los ETPs pueden basarse en una amplia gama de activos subyacentes, desde índices bursátiles hasta materias primas.

Es la categoría utilizada para la estructuración de productos inversos y apalancados por lo cual debemos entender muy bien cómo funcionan y los riesgos que se asumen con los mismos.

Característica	Beneficios
Inversión pasiva	Modo efectivo en términos de costes y transparencia para obtener la exposición a un índice de referencia o activo, ya que generalmente, las comisiones de gestión son más reducidas que los fondos mutuos sobre activos e índices
Siguen un activo subyacente	Tienen como objetivo proporcionar el mismo rendimiento que un índice de referencia o activo subyacente, ofreciendo una inversión diversificada en una sola transacción
Sin límite	Las acciones se pueden crear según sea necesario para satisfacer a la demanda
Listados en bolsa	El acceso a los precios en vivo permite en el intradía acceder al rendimiento de la inversión
Operables como las acciones	Tan simple de comprar y vender como las acciones en cualquier momento en que el mercado esté abierto
Activos líquidos	Son activos líquidos que están respaldados por un grupo de participantes autorizados y market makers[3]

El riesgo más desconocido de un producto cotizado son los triggers.

¿Qué es un "Trigger"?

Un "trigger" se refiere a un evento específico definido en los términos del producto que activa una acción particular.

Estos eventos pueden variar según el producto y el emisor, pero general-mente están relacionados con cambios significativos en el valor del activo subyacente o índice que el ETN o ETC busca replicar.

Los triggers son importantes porque pueden tener un impacto directo en el valor del ETN o ETC y, por lo tanto, en la inversión del tenedor.

Algunos ETNs tienen cláusulas de aceleración que permiten al emisor redi-mir anticipadamente el ETN bajo ciertas condiciones, como si el valor del índice subyacente cae por debajo de un nivel específico.

Esto protege al emisor de riesgos excesivos, pero puede resultar en pérdi-das para los inversores **si el ETN se redime a un valor menor del esperado.**

Otros pueden incluir triggers relacionados con la salud financiera del emisor.

Si la calificación crediticia del emisor cae por debajo de cierto nivel, podría activarse un evento de redención.

Over just a few days, investors in XIV (which was forced to liquidate), SVXY, and other short VIX investment funds lost pretty much everything (meanwhile SPY, a fund that tracks the S&P 500, lost a mere 5.5%). In today's post we will explore why funds like XIV flamed out so spectacularly and how it offers a cautionary tale for not putting all your eggs in one strategy (especially if you don't understand all the risks involved).

It Works Until It Doesn't Work: The Death Of XIV Shows The Folly Of Gaming Market Volatility

By **Jim Collins**, Former Contributor. ⓘ

Feb 06, 2018, 01:48pm EST

⤳ Share   🖫 Save

⏱ This article is more than 7 years old.

XIV is dead. Credit Suisse announced this morning the "event acceleration" of XIV, effectively calling those securities for redemption on February 21. While some news outlets are describing XIV as an "obscure" security, the market value of XIV was nearly $2 billion last week, so it is clearly a meaningful name to professional traders. Traders say "name" to indicate an individual security, but remember that XIV is an exchange-traded note (ETN,) not an ETF or a stock. Please read this post at FINRA.org if you would like a detailed explanation of the workings of an exchange-traded note. ETNs are very different from ETFs, and I am not sure even professional investors always know the difference.

XIV holds no assets; the value of the notes is determined by an underlying index that represents the inverse of futures linked to the VIX volatility index. So when the market correction finally began after Friday's payroll report, the VIX spiked and XIV traded down through a predetermined level (an 80% decline in one day) at which the notes would be called for redemption. In two trading days XIV went from hedge fund darling to effectively a defunct security.

LOADING VIDEO PLAYER...

FORBES' FEATURED VIDEO

ETFs vs Fondos Indexados

Los ETFs (Exchange-Traded Funds) y los fondos indexados son activos de inversión muy populares que permiten a los inversores obtener exposición a una amplia gama de activos, índices y sectores.

Te explico las similitudes y diferencias entre estos dos tipos de productos de inversión:

Similitudes

Tanto los ETFs de gestión pasiva como los fondos indexados buscan replicar el rendimiento de un índice específico, como el S&P 500, proporcionando una forma de intentar igualar, en lugar de superar, el rendimiento del mercado.

Ambos ofrecen diversificación instantánea al permitir a los inversores poseer una cartera de acciones, bonos u otros activos subyacentes con una sola transacción.

En comparación con los fondos de inversión de gestión activa, tanto los ETFs como los fondos indexados suelen tener ratios de gastos más bajos, lo que los hace atractivos para los inversores conscientes de los costos.

Diferencias

1. Los ETFs se negocian como acciones en las bolsas de valores y su precio varía a lo largo del día según la oferta y la demanda del mercado.

Los fondos indexados se compran y venden directamente con la compañía de fondos al final del día al precio del valor liquidativo (NAV), que se calcula después del cierre del mercado.

2. Los ETFs pueden ser comprados y vendidos a través de un broker, permitiendo operaciones intradía, órdenes limitadas y, a veces, el uso de apalancamiento.

Los fondos indexados se adquieren directamente en comercializadoras de fondos, sin la posibilidad de realizar operaciones intradía.

3. Los ETFs no suelen tener un mínimo de inversión; los inversores pueden comprar incluso una sola participación de un ETF.

Los fondos indexados pueden requerir un mínimo de inversión elevado, que varía según el fondo y la gestora de fondos

4. La fiscalidad de ambos productos puede variar según el país.

Por ejemplo en España los ETFs tienen la misma fiscalidad que las acciones y no cuentan con la ventaja fiscal del diferimiento de tributación con que cuentan los fondos de inversión.

Tipos de Réplica en un ETFs

El objetivo de un ETFs de gestión indexada no es dar la mayor rentabilidad o reducir el riesgo. El objetivo de un ETFs es replicar lo mejor posible el comportamiento de un índice.

Si el S&P 500 tiene una rentabilidad del 10% en un año, un buen ETF debería dar una rentabilidad del 10% - comisiones del producto.

Un buen emisor de ETF es el que encuentra un método de réplica adecuado para lograr el objetivo de ofrecer la rentabilidad más similar al índice.

Veamos los dos tipos de réplica que se utilizan para la creación de ETFs y sus características.

Réplica Física

La réplica física implica que el ETF posee directamente los activos que componen el índice subyacente. Este método puede ser de dos tipos: réplica total y réplica parcial o por muestreo.

Réplica Total: El ETF invierte en todos los activos del índice subyacente en las mismas proporciones, replicando exactamente su composición y rendimiento.

Un ETF que sigue el S&P 500 y posee las 500 acciones que componen el índice en las proporciones exactas.

Réplica Parcial (Muestreo): El ETF invierte en una selección de activos del índice subyacente, no en todos ellos. Esta selección está diseñada para imitar el rendimiento general del índice.

Un ETF que sigue el MSCI Emerging Markets Index puede no invertir en todas las acciones del índice debido a restricciones de inversión en ciertos países o debido a la iliquidez de algunas acciones. En su lugar, selecciona una muestra representativa.

Réplica Parcial por Optimización: Mediante algoritmos y técnicas estadísticas, el gestor del ETF selecciona un subconjunto de activos del índice que cree que proporcionará un rendimiento similar al del índice completo.

Esta selección se basa en factores como la capitalización de mercado, el sector, la liquidez y la correlación con el índice.

El objetivo es reducir los costes operativos y de transacción asociados con la compra y venta de una gran cantidad de activos, especialmente en índices con muchos componentes, manteniendo al mismo tiempo un error de seguimiento bajo.

La réplica física no está exenta de riesgos.

Comprar acciones, bonos que tengan poca liquidez puede elevar los costes de la réplica.

Según la forma de ponderación del índice adicionalmente los costes de transacción pueden dispararse, como es el caso de los productos equiponderados.

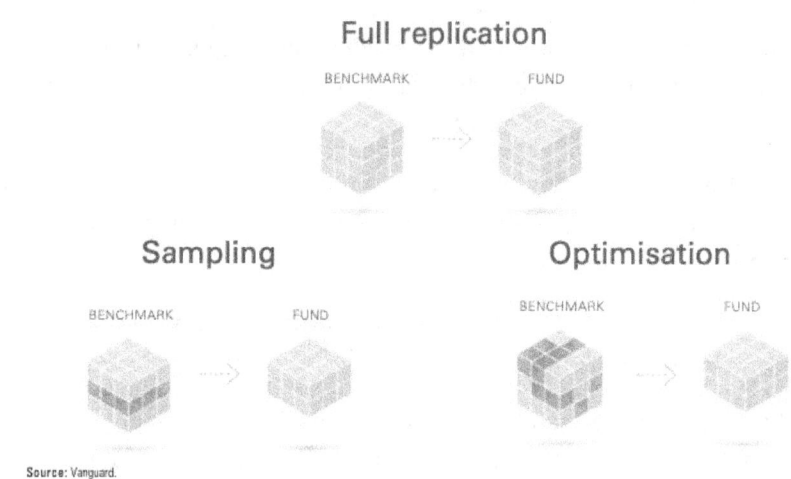

Source: Vanguard.

Réplica Sintética o Swap

La réplica sintética implica que el ETF utiliza derivados, como swaps, para replicar el rendimiento del índice subyacente.

El ETF entra en un **acuerdo de swap o intercambio** con una contraparte (generalmente un banco de inversión) que se compromete a pagar el rendimiento del índice a cambio de la rentabilidad de una cartera de activos que posee el ETF.

Por ejemplo, un banco europeo detecta interés en sus clientes por invertir en India y analiza cómo darles exposición a esta región al mejor coste posible. El banco llega a un acuerdo con una entidad local y lanza un ETF en Europa que promete pagar a quienes inviertan la rentabilidad del principal índice de India.

El banco llega a un acuerdo de swap con una entidad que se compromete a pagarle al banco la rentabilidad de dicho índice y el banco la traslada a sus clientes descontando una comisión.

Así se ahorra el coste de tener que comprar y rebalancear acciones de un mercado lejano y en el que no es especialista y el inversor final consigue acceso a un coste más bajo.

Esta es la principal ventaja pero no la única de la réplica sintética. También a nivel fiscal puede ser interesante, por ejemplo los **ETFs sintéticos de renta variable no sufren la pérdida de las retenciones de los dividendos no recuperables de acciones extranjeras**.

La réplica sintética no está exenta de riesgos ya que la contraparte puede incumplir con sus acuerdos de swap en caso de quiebras.

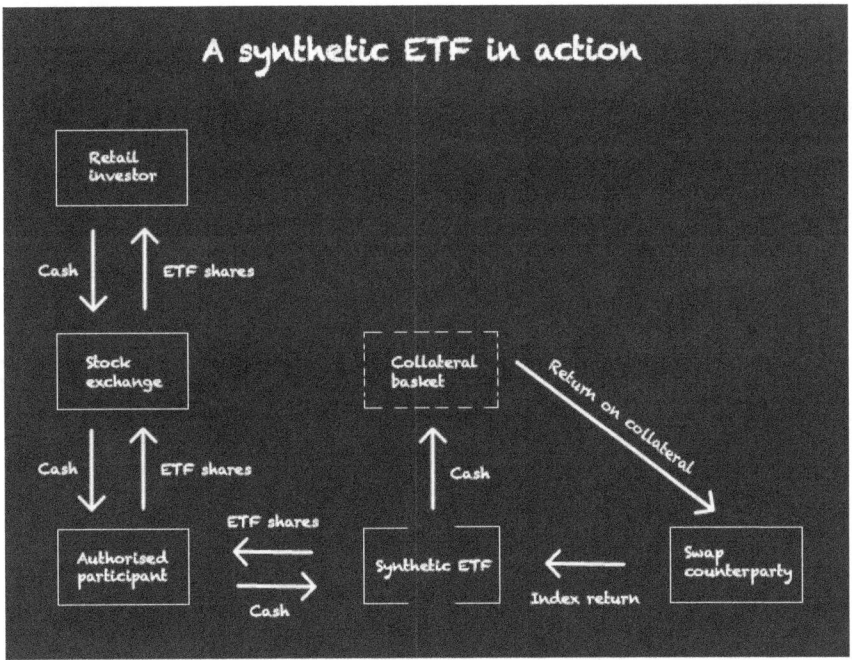

¿Dónde se puede consultar que tipo de réplica utiliza mi ETF?

En el folleto y en la web del producto se puede consultar el tipo de réplica que utiliza un ETF. Es un elemento esencial del producto por lo que no puede cambiarse sin notificar a los partícipes.

Para saber si un ETFs de gestión indexada está bien construido y realiza una buena réplica y por tanto cumple su función, no debemos mirar su rentabilidad, sino si obtiene la misma rentabilidad de un índice con similar volatilidad.

Esto se mide a través del tracking error.

¿Qué es el Tracking Error en un ETFs?

El "tracking error" o error de seguimiento es una medida de cómo de preciso un ETF sigue el rendimiento de su índice subyacente.

Se calcula como la desviación estándar de la diferencia entre el rendimiento del ETF y el rendimiento del índice.

$$TE = \sqrt{\frac{\sum_{i=1}^{n}(R_P - R_B)^2}{N-1}}$$

Where:

TE = Tracking Error

R_P = Return of Manager or Fund

R_B = Return of Benchmark

N = Number of Return Periods

Un tracking error bajo indica que el ETF está replicando de cerca el rendimiento del índice, mientras que un tracking error alto sugiere una mayor discrepancia entre el rendimiento del ETF y el del índice.

El tracking error es una métrica crucial para evaluar la eficiencia de un ETF en replicar el rendimiento de su índice objetivo.

El Tracking error es un dato que se puede obtener fácilmente tanto en la web del emisor, webs especializadas o Folleto y te servirá para elegir entre productos similares.

Te comparto los productos de réplica sintética más grandes de Europa:

Nombre del fondo ↑↓	Carta de 4 sem.	Patrimonio (in m €) ↓⤒	Gastos corrientes (p.a.) ↑↓
☐ Invesco S&P 500 UCITS ETF		24.892	0,05%
☐ Xtrackers II EUR Overnight Rate Swap UCITS ETF 1C		15.741	0,10%
☐ Amundi S&P 500 II UCITS ETF Acc		9.987	0,05%
☐ iShares S&P 500 Swap UCITS ETF USD (Acc)		7.479	0,05%
☐ Amundi MSCI World II UCITS ETF Dist		6.808	0,30%
☐ Invesco MSCI World UCITS ETF Acc		5.172	0,19%
☐ Xtrackers S&P 500 Swap UCITS ETF 1D		5.064	0,07%
☐ Invesco S&P 500 UCITS ETF Dist		4.968	0,05%
☐ Invesco MSCI USA UCITS ETF		4.498	0,05%
☐ Amundi MSCI World III UCITS ETF Dist		4.286	0,20%

Capítulo 4:

PARTICIPANTES EN EL MERCADO DE ETFS

Para invertir en ETFs y que tu dinero termine comprando una acción o bono de la cesta hacen falta varios participantes que aseguren que el sistema funcione bien.

Emisores de ETFs: son entidades, generalmente compañías de inversión o bancos, que crean y gestionan ETFs.

Son responsables de seleccionar el índice que el ETF seguirá, estructurar el fondo para replicar el rendimiento de ese índice, y asegurar el cumplimiento regulatorio.

Los emisores también trabajan en estrecha colaboración con los participantes autorizados, para facilitar la creación y redención de acciones del ETF.

Proveedores de Índices: crean y calculan los índices que los ETFs buscan replicar.

Estos índices pueden abarcar desde amplios mercados de acciones hasta sectores específicos, estilos de inversión o clases de activos.

Participantes Autorizados (APs): son grandes instituciones financieras con acuerdos con los emisores de ETFs para facilitar la creación y redención de acciones del ETF.

Los APs pueden comprar o vender grandes bloques de acciones del ETF directamente con el emisor, generalmente a cambio de la entrega o recepción del portafolio de activos subyacente.

Formadores de Mercado: son entidades que proporcionan liquidez en el mercado secundario comprando y vendiendo acciones de ETFs.

Aseguran que haya suficiente oferta y demanda para que los inversores puedan ejecutar sus operaciones eficientemente.

Bolsas de Valores: las plataformas de negociación, como el NYSE, NASDAQ, etc, son donde se compran y venden las acciones de los ETFs. Proporcionan el entorno y la infraestructura necesarios para la negociación diaria.

Veamos más en profundidad las características de algunos de estos participantes

Emisores de ETFs

Los emisores juegan un papel fundamental en el ecosistema de ETFs, ya que son los responsables de diseñar y gestionar estos productos.

Al crear un ETF, el emisor decide la estrategia de inversión del fondo, selecciona el índice de referencia, y determina la estructura operativa y fiscal del ETF.

Además, los emisores deben asegurar que el ETF cumpla con todas las regulaciones aplicables y proporcionar información transparente y actualizada a los inversores.

Los emisores también están involucrados en el marketing y la distribución de ETFs, educando a los inversores sobre las características y beneficios de sus productos.

Un punto importante a conocer es que los ETFs **no se compran en la web del emisor**, sino que tienes que acudir a una bolsa donde estén listados dichos productos.

El emisor puede llegar acuerdos con ciertos brokers para que sus ETFs tengan comisiones más bajas o algunas ventajas al contratarse.

La elección del emisor puede ser tan importante como la elección del ETF específico, ya que la reputación, la experiencia y la solidez financiera del emisor pueden influir en el éxito y la estabilidad del ETF.

Lo ideal es que si estás buscando la réplica de un índice utilices los productos de los emisores más conocidos del mercado y con más patrimonio.

Es una industria competitiva y los ETFs que no alcanzan un volumen bajo gestión mínimo suelen cerrarse y generarte pérdidas.

Desde el año 2000 han sido cerrados cerca de 3000 ETFs por lo que la cifra no es insignificante. Evita los ETFs con muy poco patrimonio o aquellas estrategias tan nicho.

Closures By Morningstar Category

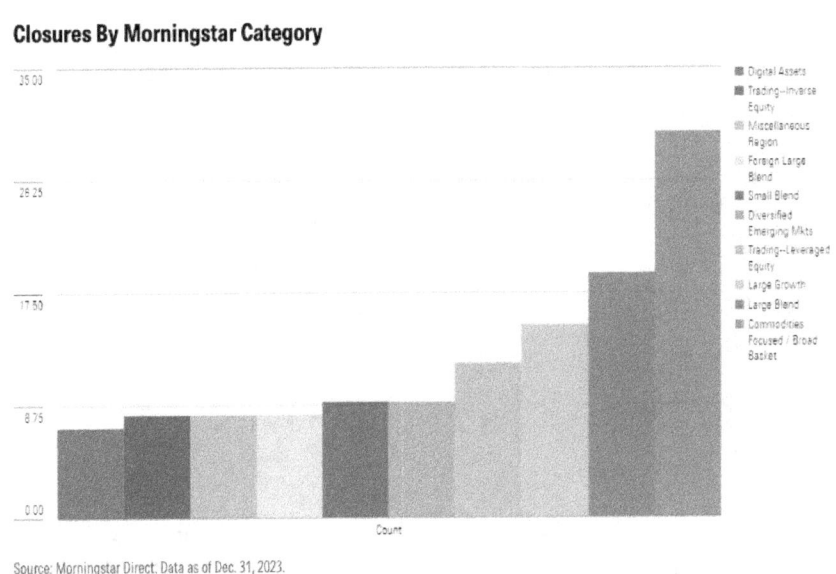

Source: Morningstar Direct. Data as of Dec. 31, 2023.

Diferencia entre Emisores Europeos y Americanos de ETFs

La gestión de activos de ETFs está dominada por empresas norteamericanas. La diferencia aún es abismal entre los mercados y activos bajo gestión a los dos lados del Atlántico

Muchas gestoras de fondos europeas están intentando lanzar su propia oferta de ETFs para competir y a su vez casas de gestión de Estados Unidos se lanzan a comprar emisores en Europa para ganar cuota de mercado.

En Estados Unidos existen más de 100 emisores de ETFs y como curiosidad la lista de Europa no sobrepasa los 35.

1. 21Shares
2. AmundiETF
3. BNP Paribas Easy
4. CoinSHares
5. Credit Suisse Index Funds (CSIF)
6. Deutsche Digital Assets
7. ETC Group
8. Fidelity
9. First Trust
10. Franklin Templeton
11. HANetf
12. HSBC ETF
13. Invesco
14. iShares
15. J.P Morgan
16. LGIM
17. Rize ETF
18. Ossiam
19. SPDR
20. UBS
21. VanECK
22. Vanguard
23. WisdomTree
24. XTrackers
25. Leverage Shares
26. Global X
27. AXA IM
28. GoldmanSachs
29. KraneShares
30. Pimco
31. Tabula
32. Xtrackers

Recordar que, por normativa comunitaria, desde Europa **sólo podemos comprar ETFs que tengan su folleto en Español y, por tanto, ETFs que estén listados en Bolsas Europeas**.

Solo podrás acceder a los ETFs americanos desde España si demuestras ser un inversor profesional, utilizas derivados o logras abrir cuenta con brókers norteamericanos o fuera de MIFID II como Exante por ejemplo.

Por suerte, muchos de los productos más populares de Estados Unidos se han comenzado a listar en bolsas europeas.

Depositarios

Son instituciones financieras responsables de custodiar los activos que componen el ETF.

Su papel es salvaguardar los títulos y efectivo del fondo, asegurando que estén seguros y correctamente contabilizados.

- Mantienen la posesión segura de las acciones, bonos y otros activos del ETF.

- Ejecutan las compras y ventas de activos según las instrucciones del emisor del ETF.

- Recogen los dividendos y los intereses generados por los activos del ETF y los pasan al emisor del producto para su distribución.

- Llevan un registro detallado de todas las transacciones y cambios en la tenencia de activos del ETF.

Market Makers (Formadores de Mercado)

Los market makers son firmas que facilitan la negociación de ETFs proporcionando liquidez en el mercado.

Se comprometen a comprar y vender participaciones de los ETFs en las bolsas, asegurando que siempre haya un contraparte para los inversores que deseen comprar o vender.

- Ofrecen cotizaciones de compra y venta (bid/ask) durante el horario de mercado, facilitando la ejecución de órdenes.

- Ayudan a determinar el precio de mercado de los ETFs basándose en el valor subyacente de los activos y la dinámica del mercado.

- Participan en operaciones de arbitraje para corregir las discrepancias entre el precio de mercado del ETF y su valor neto de activos (NAV), ayudando a mantener los precios alineados.

Agentes Autorizados (Participantes Autorizados)

Los agentes autorizados son grandes instituciones financieras con el objetivo y la capacidad de crear y redimir directamente acciones del ETF con el emisor.

Estas transacciones se realizan en grandes bloques denominados "cestas de creación" y "cestas de redención".

- Crean nuevas acciones del ETF entregando al fondo una cesta de activos que replica el índice subyacente (creación) o redimen acciones del ETF a cambio de una cesta de activos del fondo (redención).

- Al poder ajustar la oferta de acciones del ETF en el mercado, ayudan a asegurar que el precio de mercado se mantenga cercano al NAV del ETF.

¿Cómo se crea un ETF?

A continuación entramos en un **tema de complejidad alta pero poca utilidad práctica**.

A diferencia de un fondo indexado, donde el número de participaciones se crean y se destruyen cada vez que un inversor realiza una aportación o un retiro, en los ETFs no funciona así.

Los ETFs se distinguen por un mecanismo especial que permite mantener el precio de mercado de sus participaciones muy cercano al valor de los activos que lo componen (su NAV).

Esto se consigue mediante dos procesos clave: la creación y la redención de "cestas" o bloques de acciones, que se realizan entre el emisor del ETF (la entidad que gestiona el fondo) y unos participantes autorizados (AP), que son generalmente grandes instituciones financieras

Veamos el paso a paso del proceso de creación de un ETF y de cómo se crean estas cestas

Proceso de creación de un ETFs

Un emisor de ETF (generalmente una gestora de fondos) decide crear un nuevo ETF basado en un índice específico o una estrategia de inversión. Este índice puede abarcar desde acciones, bonos, commodities, hasta otros activos.

El emisor debe obtener la aprobación de los reguladores financieros para ofrecer el ETF al público, asegurando que cumple con todas las normativas aplicables.

Una vez aprobado, el ETF se lanza y se lista en una o más bolsas de valores, permitiendo a los inversores comprar y vender acciones del ETF como si fueran acciones de empresas.

Proceso de creación y redención de las Cestas de un ETF

Proceso de Creación

Cuando hay una alta demanda en el mercado de un ETF y el número de participaciones existentes resulta insuficiente, se necesita crear más acciones para satisfacer esa demanda.

El participante autorizado (AP) reúne exactamente la misma proporción de acciones (u otros activos) que conforman la cartera subyacente del ETF. Esta "cesta" está diseñada para replicar el índice o la estrategia que el ETF sigue.

El AP entrega esa cesta de acciones al emisor del ETF. A cambio, el emisor crea y entrega un bloque (o "unidad de creación") de nuevas participaciones del ETF al AP.

Una vez en poder del AP, estas nuevas acciones del ETF pueden ser vendidas en el mercado bursátil a los inversores. Este mecanismo ayuda a ampliar la oferta y a que el precio del ETF se mantenga alineado con el valor de la cesta subyacente

Proceso de Redención

Cuando la demanda disminuye o para ajustar la oferta, el AP decide redimir (retirar) algunas participaciones del ETF.

El AP adquiere en el mercado (o ya las tiene) las participaciones del ETF que desea redimir y entrega esas participaciones al emisor del ETF. A cambio, el emisor le devuelve la cesta de acciones subyacentes que originalmente se utilizó para crear esas participaciones.

El AP puede vender la cesta de acciones en el mercado.

De este modo, se reduce el número de participaciones en circulación, manteniendo el precio del ETF en línea con el valor de los activos que lo respaldan.

Solo los participantes autorizados tienen el derecho de crear o redimir grandes bloques de ETF. Los inversores particulares no realizan este proceso; simplemente compran o venden acciones del ETF en la bolsa.

Gracias a estos mecanismos, si el precio del ETF se desvía del valor real de sus activos, el AP puede aprovechar la diferencia (a través del arbitraje) creando o redimiendo participaciones, lo que ayuda a que el precio se ajuste y permanezca cercano al NAV.

Este sistema permite que los ETFs sean muy líquidos y eficientes en costes, ya que no es necesario que el emisor compre o venda activos constantemente en el mercado, sino que el intercambio se hace mediante estas cestas de acciones.

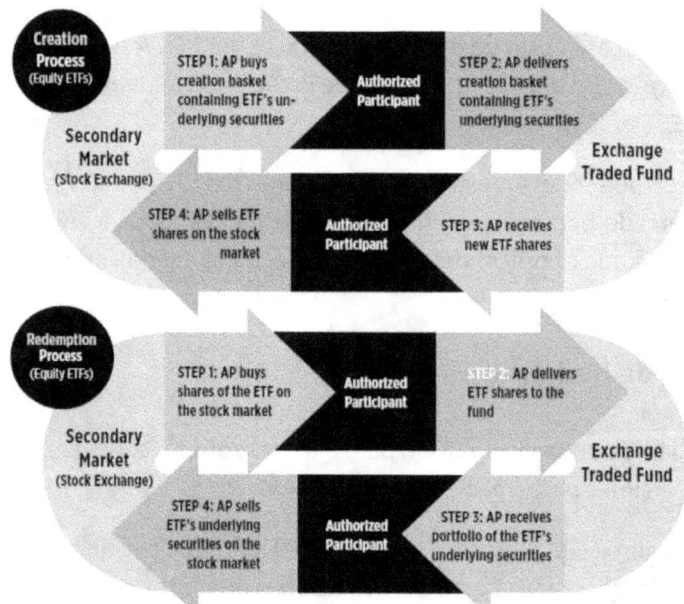

Capítulo 5:

¿CÓMO SE NEGOCIA UN ETF?

Como comenté anteriormente, el precio de un ETF se negocia por oferta y demanda durante el horario en el que las bolsas están abiertas.

Entonces, ¿el precio de un ETF es igual al valor de un ETF?

La respuesta es que la mayoría de veces NO y aquí va la explicación.

¿Cómo se compra y se vende un ETF?

La compra de un ETF (Exchange-Traded Fund) generalmente se realiza de dos maneras: **al precio de mercado** o **al NAV** (valor neto de los activos).

Compra a Precio de Mercado

El precio de mercado de un ETF es el precio al que se compra o vende el ETF en la bolsa de valores. Este precio fluctúa a lo largo del día de negociación, influenciado por la oferta y la demanda de los inversores interesados en ese ETF.

Los inversores compran y venden acciones de ETFs a otros inversores a través de la bolsa, similar a la compra de acciones de empresas. El precio al que se realiza la transacción es el precio de mercado en ese momento.

En tu bróker podrás ver el número de órdenes y el volumen que hay a un precio determinado en cada momento. Evita comprar si ves que la diferencia entre el precio de compra y venta (spread) es superior al 1% o si no hay volumen disponible.

Si el **precio de mercado se desvía significativamente del NAV del ETF**, los participantes autorizados pueden intervenir para crear o redimir acciones del ETF, ayudando a que el precio de mercado se alinee nuevamente con el NAV.

Compra a NAV (Valor Neto de los Activos)

El NAV de un ETF es el valor por acción de los activos netos del fondo, calculado al final del día de negociación.

Representa el valor por acción de todas las inversiones del fondo menos sus pasivos, dividido por el número total de acciones en circulación.

A diferencia de las acciones individuales y los ETFs en el mercado secundario, los inversores individuales **generalmente no compran ETFs directamente al NAV**.

Sin embargo, los participantes autorizados (APs) interactúan directamente con el emisor del ETF para crear o redimir cestas de acciones del ETF al NAV.

Quizás te haya venido una idea a la cabeza como esta.

Si un ETF invierte en una cesta de acciones que cotizan en bolsa, cada minuto cambiará el valor de todos sus activos.

Ese valor puede no verse reflejado en el precio al que se están intercambiado las órdenes y puede ser muy distinto del valor de los activos al final del día.

Aquí es donde aparece el concepto de iNAV

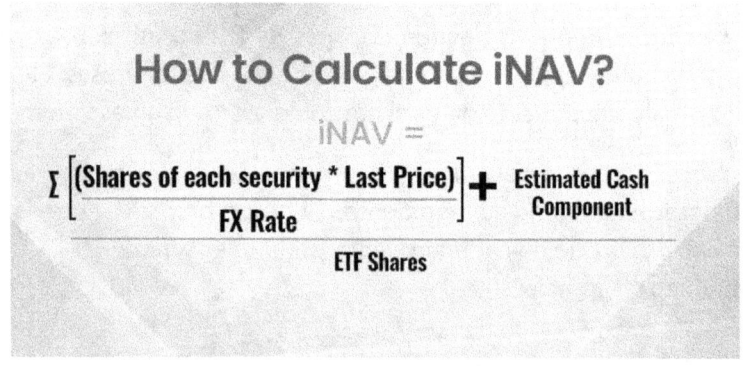

Cada 15 segundos se calcula el valor indicativo de los activos y se comunica a los participantes del mercado, que así pueden durante la sesión tener una referencia del descuento o prima al que se está negociando el ETF.

Otro caso curioso es el de los ETFs negociados en una bolsa, pero que invierte en productos listados en otro mercado que ya se encuentra cerrado.

Pensemos en un ETF de acciones japonesas negociado en el Nasdaq. Cuando abre la bolsa norteamericana el mercado japonés ya cerró por lo que el NAV puede ser calculado y solo varía por el movimiento del tipo de cambio dólar/yen que sigue fluctuando.

Si llega una noticia importante al mercado impactará al precio al que se negocia el ETF pero no habrá tenido impacto aún en el NAV de los subyacentes.

Es por este motivo que cuando el mercado está cerrado se utiliza más como referencia el contrato de futuro sobre el índice que el precio del ETF.

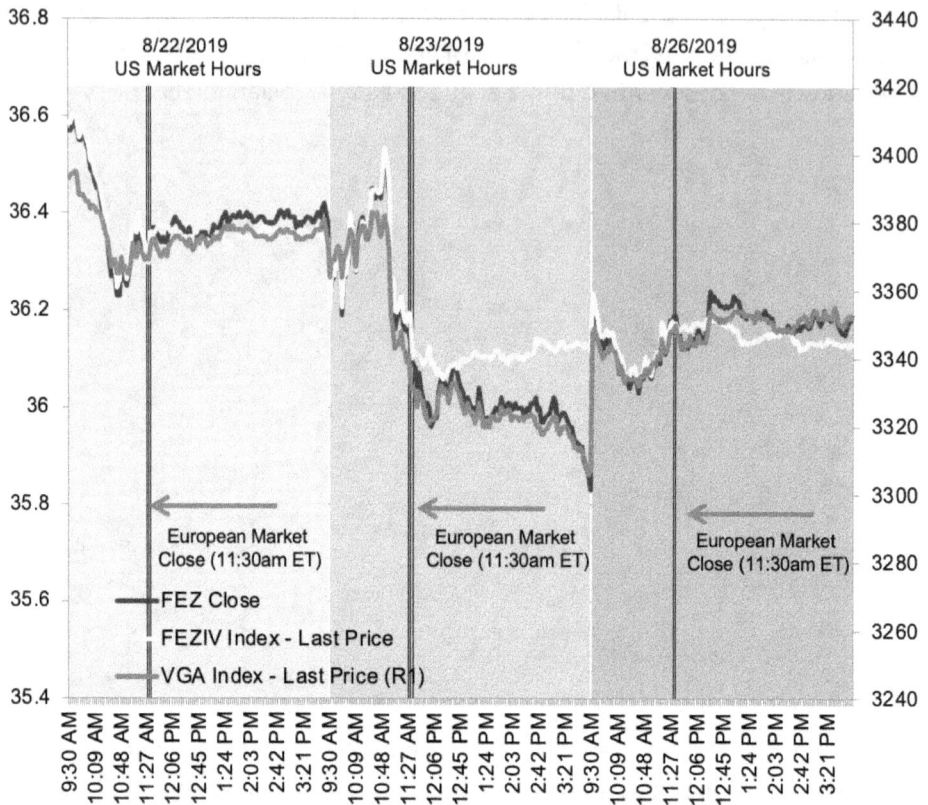

Source: Bloomberg Finance, L.P., as of September 30, 2019.
The information contained above is for illustrative purposes only.

Estas diferencias se acentúan aún más, en momentos de alta volatilidad en el mercado de divisas o de los activos subyacentes.

En el mercado de ETFs de renta fija también pueden suceder estas variaciones debido a que no todos los bonos son negociados cada día, por lo que es difícil asignarle un valor actualizado. En estos casos se usa el precio medio entre el bid y el ask (mejor precio de compra y mejor precio de venta).

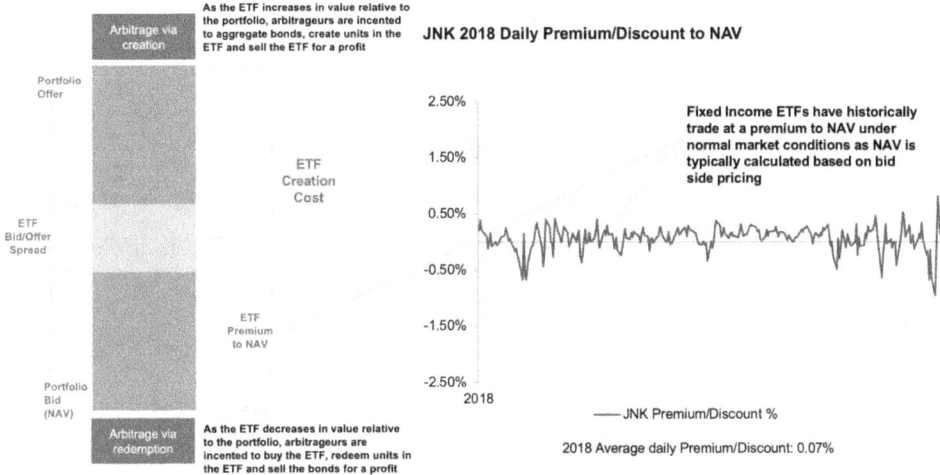

Source: Bloomberg Finance, L.P., as of September 30, 2019. The information contained above is for illustrative purposes only. **Past performance is not indicative of future results.**

Pasos para invertir en un ETFs

La simplicidad de comprar un ETF y sus bajos costes son la causa de la popularidad de los últimos años de este producto de inversión.

Pero no cometas el error de elegir los ETFs que formarán tu cartera por modas, por FOMO o porque lo recomienda un divulgador financiero que sigues.

La selección del producto en sí es la última fase que deberías pensar dentro de tu proceso de planificación financiera.

Tu proceso debería seguir los siguientes pasos:

#1: Definir tus objetivos de inversión

Incluye determinar tus objetivos y conocimientos financieros, horizonte de inversión y tolerancia al riesgo.

#2 Determina el Asset Allocation

- ¿Cuánto invertiré en Renta Variable y cuánto en Renta Fija?

- ¿Cuánto invertiré en determinados países o sectores?

- ¿Qué tipos de activos utilizaré para descorrelacionar mi cartera?

- ¿Cada cuánto rebalancearé y que peso quiero que tenga cada activo en mi cartera?

Varios estudios muestran que la mayor parte de la rentabilidad de la cartera de los inversores dependen de las respuestas que le den a las preguntas anteriores y no de si compran y venden en un buen momento o de si seleccionaron un ETF u otro.

FIGURA 4
Los resultados de una inversión están determinados en gran medida por la combinación a largo plazo de activos en un portafolio de inversión.

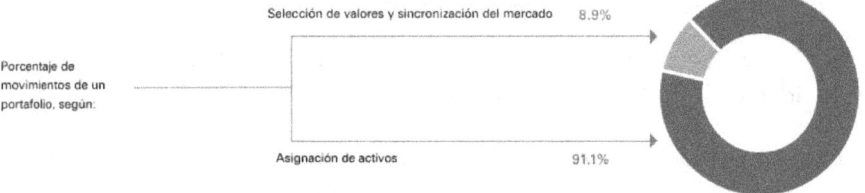

Nota: Los cálculos se basan en los rendimientos mensuales de 709 fondos estadounidenses de enero de 1990 a septiembre de 2015. Se presentan más detalles de la metodología en Scott et al. (2017).
Fuentes: cálculos de Vanguard, utilizando datos de Morningstar, Inc.

Fuente: Vanguard

#3 Investiga y compara los distintos ETFs

Investiga diferentes ETFs que se ajusten a tus objetivos.

Considera factores como el índice que replican, la estrategia de inversión, los costes (ratio de gastos), la antigüedad y la liquidez.

En esta etapa es fundamental la consulta a los principales screeners y herramientas que te permitan comparar entre las distintas alternativas.

También un análisis de si son los ETFs el producto más adecuado para tener exposición a esa clase de activos.

El libro va de ETFs pero no quiero imponerte un dogma, según donde vivas, tus conocimientos financieros, la fiscalidad y tu estrategia de inversión puede encajar mejor en otro producto.

#4 Elige una plataforma de inversión

Selecciona un broker que ofrezca acceso a las principales bolsas donde se negocian ETFs.

Ten en cuenta la regulación, las comisiones de negociación, la facilidad de uso de la plataforma y los servicios de atención al cliente.

Para abrir una cuenta generalmente te solicitan proporcionar información personal y financiera, y completar un cuestionario de inversión (KYC y Test de Conveniencia).

En algunos productos considerados complejos como los ETN, ETP y ETCs te pueden solicitar responder un pequeño examen para asegurarse de que dominas y conoces los riesgos de los mismos.

#5: Depositar Fondos

Para ingresar dinero a tu bróker se pueden utilizar las vías convencionales de Transferencia Bancaria, pago con tarjeta o Paypal.

Existen herramientas de Open Banking como Sofort que se conectan adicionalmente a tu cuenta y agilizan el depósito o retirada.

Algunos brokers te exigen que la cuenta desde la que se realiza la transferencia o la de destino de la retirada estén a tu nombre y no permiten ingresos desde cuentas de terceros. Revisa bien la existencia de comisiones de cada una de las opciones

#6: Órdenes de Compra y de Venta

El proceso de compra y de venta son similares.

Debes conocer el ISIN y el Ticker del ETF que quieres comprar.

Si el ETF cotiza en varias bolsas debes analizar cuál de ellas te conviene más según los costes de tu bróker

Una vez seleccionado lo anterior, si el mercado está abierto verás el último precio al que se ha comprado o vendido.

En algunos casos también nos aparecerá el libro de órdenes, donde veremos los mejores precios de compra y venta, así como el volumen de cada una de esas órdenes.

Seleccionas la cantidad de participaciones que quieres comprar a un determinado precio y eliges el tipo de orden que quieres lanzar.

Orden Limitada: señalas al broker que solo quieres comprar o vender al precio marcado o en su defecto a uno más favorable.

Orden a Mercado: señalas al broker que quieres comprar un número de participaciones lo más rápido posible.

!!!Alerta!!!

Por mi experiencia las órdenes a mercado no deberían usarse con frecuencia, excepto en casos donde el volumen de negociación del ETF sea muy alto.

Si en momentos de pánico utilizas una orden de mercado la ejecución puede ser un desastre y hacerte perder mucho dinero.

Libro de órdenes

❓	Vol. Demanda	Demanda (€)	Oferta (€)	Vol. Oferta	
4	23.501	38,07	38,09	14.183	3
1	4.300	38,065	38,095	4.300	1
2	4.760	38,06	38,11	2.779	1
1	1.612	38,05	38,115	7.490	4
1	1.612	38,045	38,12	1.612	1
1	1.612	38,04	38,125	2.775	1
2	2.735	38,035	38,13	1.612	1
1	46.006	38,03	38,135	1.612	1
2	4.387	38,025	38,14	3.423	2
2	3.423	38,02	38,15	7.206	3

Principales comisiones de los ETFs

Los ETFs son uno de los productos más baratos para invertir de forma diversificada, aún así es importante conocer todos los costes que puedes asumir al invertir en ellos e intentar reducirlo al mínimo posible.

Te detallaré las principales comisiones que se pagan al invertir en este producto y la forma de cobro de las mismas.

Comisiones de Compra/Venta

Al igual que con las acciones, al comprar o vender ETFs a través de un bróker, se puede incurrir en comisiones de transacción.

Estas varían según el bróker y en algunos casos pueden ser cero si el bróker ofrece ETFs "sin comisión", pero no piques el anzuelo por algún otro lado estarán generando ingresos de forma directa o indirecta.

Aunque debes revisar el resto de costes, te recomiendo elegir brókers que tengan menos de 5€/$ de comisión por operación.

La comisión se paga al momento que se ejecuta la orden y es un dinero adicional al que invertimos.

Ratio de Gastos Totales (TER o Expense Ratio):

Es un porcentaje anual del total de activos del fondo que se paga por concepto de administración y operación del ETF.

Este ratio incluye gastos de gestión, servicios administrativos y costos de auditoría, entre otros.

Los TERs varían ampliamente entre ETFs, desde muy bajos (pocos puntos básicos) para ETFs de índices amplios, hasta más altos para ETFs especializados o de nicho.

Es importante entender que cada día que el producto se negocia se cobra la parte proporcional de ese TER anual y se descuenta del valor liquidativo.

Tú no percibes que te han cobrado nada en tu cuenta, porque el dinero sale del patrimonio del ETF. Si el patrimonio disminuye y las participaciones se mantienen constantes, el valor de cada participación se reduce un poco cada día. Es por ello que es fundamental no invertir en productos que tengan costes elevados.

Cómo regla general los ETFs de índices de países o activos muy negociados suelen ser más baratos que los de productos complejos.

Hay ETP de criptomonedas o materias primas que tienen unos costes bastante elevados, así que no te confíes y siempre comprueba que sea un coste razonable.

Intenta comprar solo ETFs con coste inferior a 0,5% anual.

Diferencial de Compra/Venta (Bid-Ask Spread)

Es la diferencia entre el precio de oferta (venta) más bajo y el precio de demanda (compra) más alto en el mercado.

Los ETFs que tienen mayor liquidez generalmente presentan diferenciales más estrechos, mientras que los ETFs con menor volumen de negociación pueden tener diferenciales más amplios, aumentando el coste implícito de la transacción.

Este coste puede dispararse en momentos de alta volatilidad e incertidumbre. En la crisis de 2008 hubo ETFs que tuvieron más de un 50% de spread en determinadas sesiones.

En la imagen podrás comprobar dos productos con costes implícitos por spread muy dispares. El primero es un ETP de criptomonedas y el segundo un ETF de acciones que replica al MSCI World.

EUR 3,47   +0,02 | +0,58%

06/02/2025 10:10:51 (gettex)   Cambio diario

Compra | Venta 3,48 | 3,46   3,09 ▊▬▬ 13,57

Diferencial 0,02 | 0,58%   52 semanas bajo/alto

EUR 108,21   +0,69 | +0,64%

06/02/2025 10:11:19 (gettex)   Cambio diario

Compra | Venta 108,21 | 108,20   85,95 ▬▬▊ 108,28

Diferencial 0,01 | 0,01%   52 semanas bajo/alto

Comisión por Cambio de Divisa

Si inviertes en ETFs denominados en una divisa diferente a la de tu cuenta de inversión, podrías incurrir en costes de conversión de divisa.

Por ejemplo, si tu cuenta está en euros, tienes 1000€ y quieres comprar un ETF listado en dólares, el bróker convierte tus 1000€ a dólares al tipo de cambio establecido en el día y luego cobran un % entre el 0,1% y el 1% de la cantidad.

Imaginemos un tipo de cambio 1:1 entre el dólar y el euro, además una comisión del 1% por cambio de divisa.

Los 1000€ se convertirían a 1000$ y se aplicaría una comisión del 1% con lo que el saldo disponible para comprar sería de 990$ (1000-10).

Evita operar con brokers con más de un 0,25% de cambio de divisa y si puedes contrata siempre productos que estén listados en tu moneda, siempre que la misma tenga un poder adquisitivo estable.

Otras Comisiones

Dependiendo del bróker, pueden aplicarse tarifas adicionales por el mantenimiento de la cuenta, acceso a plataformas de trading o servicios de asesoramiento.

Impuestos

Las ganancias de capital y los dividendos generados por la inversión en ETFs pueden estar sujetos a impuestos, variando según la jurisdicción y la situación fiscal del inversor.

En España la fiscalidad va desde el 19 al 30% según el importe de las ganancias generadas. Es importante conocer que las comisiones de compra-venta y administración son las únicas que son deducibles.

Capítulo 6:

BRÓKERS PARA INVERTIR EN ETFS

Para invertir en ETFs es imprescindible utilizar un bróker.

En este módulo nos centraremos en analizar los brókers más utilizados para invertir en este producto y las principales características que debes tener en cuenta de cada uno.

Solo nos centraremos en la compra del ETF y no de derivados sobre ETFs (Opciones, ETFs y CFDs) ya que no son productos que recomiende utilizar para principiantes.

Mejores Brokers para invertir en ETFs desde Europa

Reseña de DEGIRO

DEGIRO es un bróker de bolsa neerlandés fundado en 2013 que ha ganado popularidad en Europa gracias a su plataforma de negociación en línea de bajo coste y su amplia gama de instrumentos financieros disponibles para minoristas.

A continuación, se destacan algunas de las principales características de DEGIRO:

- Se destaca por sus tarifas competitivas. Ofrece comisiones bajas en comparación con muchos otros brókers tradicionales.

- Ofrece acceso a una amplia gama de instrumentos financieros, incluyendo acciones, ETFs, bonos, opciones y futuros, entre otros.

- Está regulado por la Autoridad Neerlandesa de los Mercados Financieros (AFM) y su matriz FlatexBank regulada por BAFIN (Regulador Alemán).

En cuanto a los ETFs, ofrece los principales mercados europeos donde están listados estos productos. Al ser miembro de Euronext, podrás acceder al libro de órdenes de cada producto y comprobar la liquidez de cada uno.

Además, para fomentar la compra de ETFs tiene una lista de productos en los que no cobra comisión de compra-venta.

Por 1€ por operación puedes comprar casi 700 ETFs.

Cada operación debe ser mayor de 1000€ y solo tiene esa comisión una operación por mes.

El resto de operaciones con ETFs tiene una comisión de 3€ por operación (2€ compra-venta+1€ tramitación).

En cuanto a otras consideraciones, es importante que tengas en cuenta lo siguiente:

Al no estar en España no se conecta con la Agencia Tributaria, por lo que las operaciones que cierres o los dividendos que cobres debes añadirlo manualmente en tu declaración de la renta del año siguiente.

1. Tienen un acuerdo con TaxDown para facilitar a sus clientes la gestión de la fiscalidad.

2. En caso de que tengas más de 50.000€ debes presentar el Modelo 720.

3. El dinero en efectivo que tengas en el bróker está protegido hasta 100.000€.

4. Los activos financieros están a nombre del cliente por lo que no corren riesgo en caso de insolvencia.

Reseña de Scalable Capital

Scalable Capital es un bróker alemán multiproducto que opera en España desde el año 2020. En Alemania es adicionalmente uno de los gestores automatizados (roboadvisors) más grandes del país y de Europa.

Ofrece todos los emisores que operan en Europa, como puedes apreciar en la siguiente imagen, pero tiene acuerdo con tres emisoras (Invesco, iShares, Xtrackers).

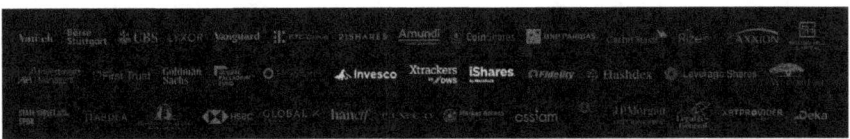

Todos los productos de estas emisoras Prime no tienen comisión de compra-venta siempre que la orden sea mayor de 250€.

El resto de los 1900 ETP (ETF, ETN, ETC) tienen una comisión de 0,99€/operación.

Otros detalles:

- El sistema de comisiones de este bróker es singular, ofreciendo un servicio de suscripción o tarifa plana.

- Está regulado en Alemania y cuenta con protección de 100.000€ del dinero en efectivo al cual remunera a tasas cercanas a las del Banco Central Europeo

- Al tener sede fuera de España debes presentar el modelo 720 si tienes más de 50.000€ y debes rellenar al año siguiente manualmente las ganancias patrimoniales en la declaración de la Renta.

- En este bróker puedes elegir dónde ejecutar tus operaciones, dando como opción estos dos mercados: Gettex o Xetra.

  - Debes analizar la liquidez, los costes y la oferta de cada uno para elegir dónde te conviene comprar cada ETFs.

- Puedes crear adicionalmente planes de inversión automatizados en ETFs, acciones o Fondos con lo que puedes simplificar tu inversión periódica o realizar estrategias de DCA (Dollar Cost Average).

Reseña de Trade Republic

Trade Republic es un neobanco alemán especializado en la negociación de acciones, ETFs, y Bonos.

Es una de las fintech de mayor crecimiento de Europa y en su accionariado se encuentran grandes inversores. Ha saltado a la popularidad porque ofrece el tipo de interés del Banco Central Europeo al dinero que tengas en efectivo, además de vincularlo a una tarjeta de débito.

Tiene más de 7 millones de usuarios en toda Europa, se encuentra regulado por BaFIN y se encuentra adscrito al fondo de garantía de depósitos alemán. En cuanto a ETFs, ofrece cerca de 2000 productos listados en Europa que se negocian a través del MTF en el que operan llamado Lang&Schwarz.

Revisa la liquidez y el spread de tu ETF antes de operar, ya que la liquidez y el libro de órdenes de esta bolsa alternativa difiere de las bolsas tradicionales y lo barato en algunos casos termina saliendo caro.

En cuanto a comisiones, tiene una tarifa de 1€ por operación y todos sus productos están listados en euros al operar con el MTF antes señalado, por lo que no hay comisión por cambio de divisa.

También dispone de la posibilidad de realizar un plan de inversión automatizado para tener una inversión periódica en acciones, ETFs o criptomonedas.

En estos planes se permite la compra fraccionada de acciones y ETFs, y se cobra 1€ por cada transacción asociada al plan de inversión.

Los traspasos de cartera de entrada son gratuitos y los de salida también, a excepción de alguna tasa. En ninguno de los dos casos es posible hacer traspasos de importes fraccionados de acciones o ETFs.

En cuanto a seguridad, el dinero en efectivo está protegido hasta 100.000€ por titular y los activos se encuentran depositados en el banco custodio a nombre del cliente.

Tarjeta

Comisión Mensual de Tarjeta	gratis
Retiradas de efectivo en todo el mundo	gratis gratis retiradas de efectivo <100 €, 1,00 € de comisión

Inversiones

Comision de orden	sin cargo
Plan de inversión en acciones, ETF o criptomonedas	sin cargo
Dividendos o acciones corporativas	sin cargo
Coste de liquidación externa por operación	1,00 €
Registro para la junta de accionistas en UE	10,00 €

Reseña de XTB

XTB se estableció en 2002 y ha crecido hasta convertirse en un bróker global con oficinas en más de 10 países.

Está regulado por varias autoridades financieras de alto nivel, incluyendo la Financial Conduct Authority (FCA) en el Reino Unido, la Cyprus Securities and Exchange Commission (CySEC), la Polish Financial Supervision Authority (KNF) en Polonia, la Comisión Nacional del Mercado de Valores (CNMV) en España, y la Dubai Financial Services Authority (DFSA), entre otros.

A pesar de que su sede central está en Polonia, su sucursal en España está regulada y supervisada por la CNMV. Además la empresa se encuentra cotizada en Bolsa y sus cuentas son públicas.

XTB atiende a más de 500.000 clientes a nivel mundial, siendo especialmente fuertes en Europa del Este, Latinoamérica y España. Durante muchos años, sólo ofrecía CFDs, pero desde finales de la década pasada añadió a su oferta la compra de acciones y ETFs.

Recientemente ha lanzado planes de inversión automatizadas y tiene acuerdos con iShares para la promoción de sus productos. Ofrece cerca de 350 ETFs de los principales emisores europeos. También ofrece una remuneración por el saldo que tengas en liquidez en el bróker.

En cuanto a comisiones, esta es la estructura:

- Operaciones de acciones y ETFs sin comisiones hasta un volumen mensual de 100.000€. Por encima de este límite, se aplica una comisión del 0.2%.

- Existe una comisión de conversión de 0,5% para depósitos en divisas no base.

- Tiene una tarifa de inactividad de 10€ mensuales después de un año sin operaciones.

Si tienes activos (Acciones o ETFs) no europeos por valor superior a los 50.000€ deberás presentar el Modelo 720.

Reseña de Trading 212

Trading 212, fundada en 2004, es una plataforma regulada por la FCA en el Reino Unido y la FSC en Bulgaria.

Los clientes españoles están sujetos a la regulación búlgara que sólo protege 20.000€ por cuenta y titular. Han contratado un seguro adicional de hasta 1 millón de euros por clientes con Lloyd.

Estuvo especializado al igual que XTB en CFDs, pero desde hace algunos años ha lanzado acciones y ETFs.

No tiene oficinas en España ni equipo especializado en nuestro país. Acepta clientes de todo el mundo.

No aplica comisiones de depósito, retiro ni por inactividad, aunque cobra **0,15% por conversión de divisa.**

Operaciones y custodia

Comisión de operación	Gratis
Tasa de custodia	Gratis
Coste FX	0,15 %

Se aplica siempre que conviertas fondos de una divisa a otra y en las operaciones que impliquen una conversión de divisas. Utilizamos el tipo de cambio interbancario en tiempo real, el mismo que usan los bancos para convertir divisas. No hay costes FX adicionales. Nunca pagarás más del 0,15 %, ni siquiera durante los fines de semana.

El depósito mínimo es de $10.

En cuanto a ETFs, si quieres operar al contado tiene todos los productos listados en las bolsas europeas.

No he podido determinar dónde ejecuta las órdenes, pero todo parece indicar que se realiza a través de un MTF.

Afirman tener más de 400.000 clientes.

Reseña de Interactive Brokers

Interactive Brokers es uno de los brokers más grandes del mundo. Destaca por ser uno de los *"prime brokers"* que acepta todo tipo de clientes.

Tiene la mayor oferta de mercados y bolsas del mundo disponible en España, pero su principal impedimento es la dificultad de la plataforma y la atención al cliente.

Seguramente es el mejor broker si eres un inversor profesional, pero para inversores principiantes puede ser complejo entender su plataforma.

Además, recientemente el traslado de su sede a Irlanda ha ocasionado problemas con la gestión de las testamentarias de herencias de sus clientes.

Está cotizado en bolsa y tiene varios millones de clientes por todo el mundo.

Los clientes de España quedan bajo la regulación irlandesa, que cubre hasta 20.000€ por titular.

Ofrece todos los ETFs negociados en Bolsas Europeas, pero además tiene 150 ETFs en los cuáles no cobran comisión de compra-venta.

Emisoras que tienen descuento en comisiones

- WisdomTree
- GlobalX
- KraneShares
- Pimco
- Rareview Capital

Emisoras sin comisiones

- Hull Tactical
- Reality Shares
- Cambria
- ACSI Funds
- Franklin Templeton

La estructura de comisiones puede ser por volumen (0,05% por ejemplo de órdenes de hasta 50 millones) o de tarifa fija del 0,1%.

Aunque te recomiendo consultar en cada una de los mercados la comisión en particular que se aplica.

Reseña de MyInvestor

MyInvestor es un neobanco propiedad de Andbank y el Corte Inglés, que ha lanzado en 2023 su oferta de bróker.

Tiene sede en España y está supervisado por la CNMV y adscrito al fondo de garantía. No tienes necesidad de presentar el modelo 720 y se conecta a la

Agencia Tributaria, por lo que todos los valores que vendas y los dividendos que recibas te aparecerán reflejados en tu declaración del año siguiente.

Tiene una oferta de 1.300 ETFs de todos los mercados europeos, además puedes ver la profundidad de mercado de cada uno de ellos.

En cuanto a las comisiones, son más altas que sus rivales online internacionales pero más baratas que los principales bancos de España.

Comisión de mantenimiento	Comisión depositaria	Comisión custodia de valores	Comisión inactividad	Comisión cobro de dividendos	Comisión de cambio de divisa	Comisión de compraventa	Comisión por traspaso de valores
0 EUR	0 EUR	0 EUR	0 EUR	0 EUR	0,30 %	0,12 %	0 EUR

Interesante si quieres usar un solo lugar desde dónde realizar toda la operativa, ya que ofrecen fondos de gestión activa, fondos indexado, roboadvisor, ETFs, acciones, depósitos e hipotecas.

Aunque sus constantes caídas y fallos de la aplicación hacen que para algunos clientes sea un dolor de cabeza operar con ellos.

Reseña de HeyTrade

HeyTrade es un bróker que actúa como agente de la sociedad de Valores Beka Finance. Nació como una fintech que ofrecía operar en acciones de Estados Unidos a bajo coste.

Está regulada por la CNMV y protegida por el FOGAIN.

Su principal atractivo, además de unas comisiones bajas comparadas con los brokers bancarios españoles, es que no tienes que presentar el modelo 720 y que se conecta a la Agencia tributaria, por lo que no debes introducir manualmente tus operaciones.

Las comisiones dependen del tipo de cuenta que tengas y el depósito mínimo es de 100€.

Coste por operación

	Lite	Pro
Valores europeos y de EE.UU.	10 puntos básicos (0,1%) con un mínimo de 2€	5 puntos básicos (0,05%) con un mínimo de 2€
ETFs (lista 25 gratuitos)	Gratis	Gratis
Resto de ETFs	10 puntos básicos (0,1%) con un mínimo de 2€	5 puntos básicos (0,05%) con un mínimo de 2€

Servicios de ejecución y mantenimiento

Cambio de divisas	0,25%	0,10%
Custodia	Gratis	Gratis
Cobro de dividendos	Gratis	Gratis
Mantenimiento	Gratis	Gratis
Acceso al equipo de atención al cliente	Gratis	Gratis

Ingresos y retiradas de saldo

Transferencias SEPA	Gratis	Gratis
Transferencia vía conexión bancaria	Gratis (depósito mínimo 100€)	Gratis (depósito mínimo 100€)
Recargas con tarjeta de crédito o débito	1% (recarga mínima 100€)	1% (recarga mínima 100€)
Retiradas de saldo	Gratis	Gratis

Traspasos de cartera

Traspasos de entrada	Gratis	Gratis
Traspasos de salida	15€ + IVA por valor	15€ + IVA por valor

Tiene un acuerdo con Blackrock para ofrecer a bajo coste los ETFs multiactivos. El catálogo de ETFs **no es tan amplio**, pero tiene los principales productos de Vanguard, iShares, WisdomTree, JP Morgan, Vaneck y SPDR negociados en Xetra, Londres y Milán.

Capítulo 7:

SCREENERS DE ETFS

Cada semana salen a cotizar o son deslistados varias decenas de ETFs a nivel mundial. Recuerda que un mismo ETF puede estar listado en varios mercados a la vez, siendo diferentes sus comisiones, moneda, liquidez y ticker.

Además, no todos los brokers ofrecen la totalidad de los productos negociados en una determinada bolsa.

Es por ello que, herramientas que nos permitan encontrar todo el universo de productos negociados facilitan mucho la selección de los ETFs que puedo utilizar y sus principales características.

Por razones regulatorias, vamos a dividir las herramientas entre las que nos permiten analizar los ETFs listados en Europa, de las que se especializan en productos listados en Estados Unidos.

Para encontrar un ETF en uno de los screener puedes utilizar varios métodos:

- Por emisor
- Por su nombre
- Por su ISIN
- Por su Ticker

Te explico a continuación que es el Ticker y el ISIN de un ETF y sus características.

El ISIN (International Securities Identification Number) es un **código único que identifica de manera específica** a los valores financieros, incluidos los ETFs a nivel global.

El Ticker, por otro lado, es un **código abreviado que identifica de manera única** a los valores en una bolsa de valores específica, facilitando su seguimiento y operación.

Mientras el **ISIN es un identificador global y fijo, el Ticker puede variar según la bolsa donde se cotiza el ETF.**

Listado	Divisa	Ticker	Bloomberg / iNAV Bloomberg Code	Reuters RIC / iNAV Reuters
Bolsa Italiana	EUR	MWRD	-	-
			-	-
Euronext Amsterdam	USD	WRDU		
Euronext París	EUR	MWRD		
XETRA	GBP	MWRD	MWRD GY	MWRD.DE

Veamos los principales screeners o webs especializadas en ETFs.

Morningstar

Morningstar, Inc., fundada en 1984 por Joe Mansueto en Chicago, es una firma líder en análisis de inversiones, conocida por su amplia base de datos y herramientas sobre fondos de inversión y ETFs.

Ofrece herramientas y datos financieros para inversores y profesionales, destacándose por su calificación de cinco estrellas, que mide el rendimiento ajustado al riesgo de fondos.

Se puede acceder a la mayoría de las funcionalidades básicas solo registrándote y es la principal fuente de muchas otras webs que se conectan a su base de datos y herramientas.

Su base de datos en ETFs cuenta listados de unos 14.000 productos (recordar que un mismo ETF puede tener varias versiones según la moneda y la bolsa en que se negocien).

Podrás consultar todos los datos de los ETFs, construir tus carteras simuladas y comparar productos entre sí.

Además, tienes acceso a una newsletter mensual de ETFs escrita por uno de sus analistas especializados en la materia.

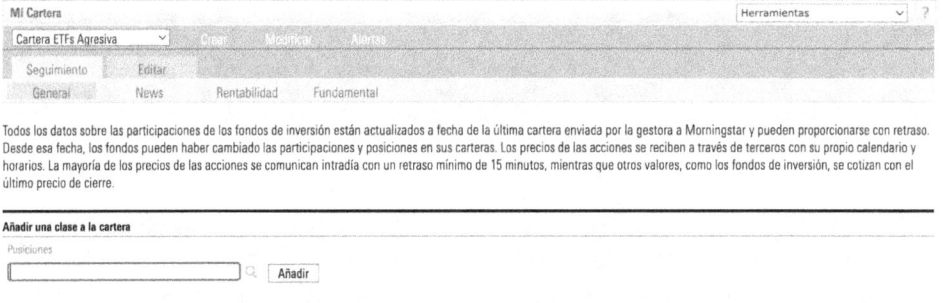

Desde hace algún tiempo la funcionalidad de X-Ray no está disponible para la versión española porque deberás acudir a plataformas que si te ofrezcan este servicio (R4, Myinvestor) o utilizar las plantillas que te puedo compartir si me escribes y que han creado usuarios particulares conectándose a la API de Morningstar.

JustETF

JustETF es una plataforma online y app que ofrece información detallada y herramientas para invertir en ETFs.

Fue fundada en Alemania en 2011 y sería adquirida en 2021 por Scalable Capital.

Proporciona guías, análisis y comparativas de ETFs para ayudar a los inversores a tomar decisiones informadas. La plataforma incluye un buscador de ETFs, herramientas de planificación de carteras y acceso a datos sobre rendimientos, costes, y distribuciones de dividendos, entre otros.

A su favor, podemos señalar la calidad de su buscador y usabilidad del mismo para encontrar y comprar. Adicionalmente, cuando te registras de forma gratuita puedes crearte tu propia cartera de ETFs, aunque las funciones avanzadas están en la versión premium de la plataforma.

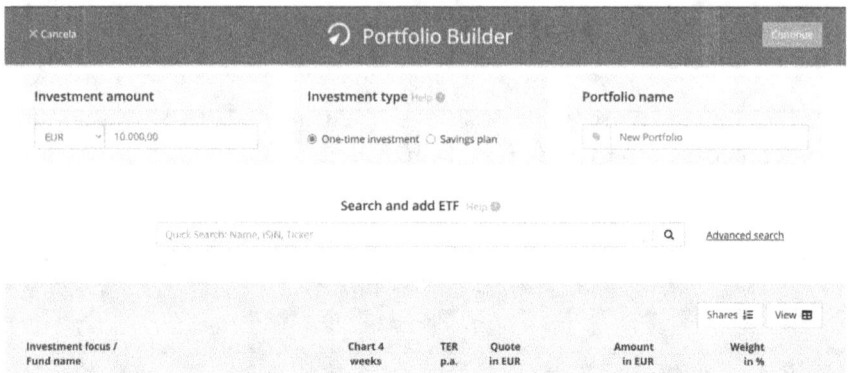

Cómo crítica, podría señalar que la traducción de la web al español todavía es mejorable, ya que al navegar te encuentras varios errores o contenidos que solo están en inglés o alemán.

Además, no podemos olvidar que casi todas las funcionalidades están diseñadas para que operes con el broker matriz de la empresa que es Scalable Capital, que es uno de los más baratos pero no la única opción para invertir en ETFs.

extraETF

extraETF es una plataforma en línea que ofrece información, análisis y herramientas para inversores interesados en ETFs.

Proporciona recursos educativos para ayudar a los usuarios a comprender mejor los ETFs y cómo pueden encajar en sus estrategias de inversión. La plataforma incluye guías para principiantes, análisis de mercado, comparativas de ETFs, y herramientas para construir y gestionar carteras.

Es el principal competidor de JustETF y se encuentra en fase de expansión al mercado español.

Su principal ventaja es la herramienta de comparativa de ETFs que ofrece una profundidad muy alta y un número de métricas importantes.

Además cuenta con una newsletter especializada en ETFs y varios artículos. Al ser independiente ofrece un mayor número de alternativas de brokers para operar en ETFs.

Selección: 2 Productos	Vanguard S&P 500 UCITS ETF (Dist)	iShares Core S&P 500 UCITS ETF (Acc)
Ratio de Sharpe	1,61	1,02
Ratio de Treynor	23,83 %	17,14 %
Ratio de información	-0,31 %	0,91 %
Correlación con el índice de referencia	98,62 %	98,58 %
Ratio de captura al alza	99,35	104,09
Ratio de captura a la baja	103,57	94,95
Promedio de aciertos	75,00 %	83,33 %
Beta	0,99	0,99
R2	97,25 %	97,17 %
Stand	29 feb 2024	31 ene 2024

Su proveedor de datos es Morningstar y la bolsa alternativa que utiliza Trade Republic L&S.

Como puntos de mejora, no cuenta con App ni tampoco con herramienta de creación de carteras. Al igual que JustETF tiene algunas lagunas en la traducción de partes de la web.

Finect

Finect es una plataforma española enfocada en la inversión que ofrece diversos servicios y recursos. Nació como un foro pero luego de una fusión se convirtió en una web de educación financiera.

Han intentado varias líneas de negocio:

- Acuerdos con asesores financieros para derivarles perfiles interesados.
- Artículos informativos sobre bolsa y mercados financieros.
- Herramienta de comparativa de fondos.
- Herramienta de comparativa de ETFs.

A favor, pondría que sus comparadores son más usables y visuales que los de Morningstar

Datos básicos ∨

ETF	HSBC MSCI ✕ World UCITS ETF	Invesco MSCI ✕ World UCITS ETF	SPDR® MSCI ✕ World UCITS ETF
ISIN	IE00B4X9L533	IE00B60SX394	IE00BFY0GT14
Distribuido por:	EVO renta4banco	EVO renta4banco	renta4banco
Valoración	☆☆☆☆☆	☆☆☆☆☆	☆☆☆☆☆
Rating de sostenibilidad	⊕⊕⊕⊕⊕	⊕⊕⊕⊕⊕	⊕⊕⊕⊕⊕
Valor liquidativo	33,34$	102,59$	35,16$
SRRI	6	6	6

En cuanto a mejorar, ninguno de los miembros de su equipo es especialista en inversiones o ETFs, por lo que todo el contenido de la web carece de profundidad técnica en algunos aspectos.

Vamos ahora a analizar los dos principales screeners de ETFs listados en Estados Unidos.

ETFdb.com (VettaFi)

ETFdb.com es un sitio web dedicado a proporcionar información detallada, herramientas y análisis sobre el mercado de fondos cotizados en bolsa (ETFs, por sus siglas en inglés).

Pertenece al grupo VettaFi que fusionó los equipos de ETF Trends, ETF Database, Alerian y S-Network Global Indexes se fusionaron para formar VettaFi.

Este grupo fue adquirido en 2024 por el conglomerado TMX Group que es el holding de las bolsas de valores de Canadá.

Las principales herramientas de la web son:

Ofrece herramientas analíticas avanzadas que ayudan a los inversores a evaluar el rendimiento de los ETFs, analizar su composición y entender su posicionamiento en el mercado.

Proporciona noticias actualizadas sobre el mercado de ETFs, incluyendo lanzamientos de nuevos productos, cambios regulatorios y tendencias del mercado. Además, ofrece análisis en profundidad sobre estrategias de inversión con ETFs y perspectivas sobre el comportamiento del mercado.

Para aquellos que son nuevos en la inversión en ETFs o buscan profundizar su conocimiento, el sitio cuenta con una sección educativa que cubre los fundamentos de los ETFs, cómo invertir en ellos y estrategias de inversión.

Ofrece rankings de ETFs basados en varios factores como rendimiento, volumen de negociación y eficiencia en costes, lo que puede ser útil para los inversores al momento de tomar decisiones de inversión.

Tienen un potente screener que permite a los usuarios filtrar ETFs según criterios específicos, para encontrar aquellos que mejor se ajusten a sus necesidades de inversión.

Su principal ventaja es la cantidad de vídeos, podcast y recursos que tienes para aprender sobre la materia. En cambio la mayoría de herramientas avanzadas son de pago.

ETF.com

ETF.com es un sitio web dedicado a proporcionar las últimas noticias, análisis y herramientas de inversión específicamente creadas para inversores y asesores, centradas en los fondos cotizados en bolsa.

Es una de las webs dónde más conocimiento y actualidad vas a encontrar. Además si te registras de forma gratuita puedes tener acceso a varios tipos de newsletter semanales sobre el sector.

De sus herramientas, además del screener destacaría la posibilidad de conocer las posiciones de cada ETF, así como los flujos de salidas y entradas de los mismos.

Su proveedor de información es Factset y MSCI.

La herramienta de Portfolio Builder también es muy interesante ya que incluirá la optimización de los mismos y la emisión de mejoras

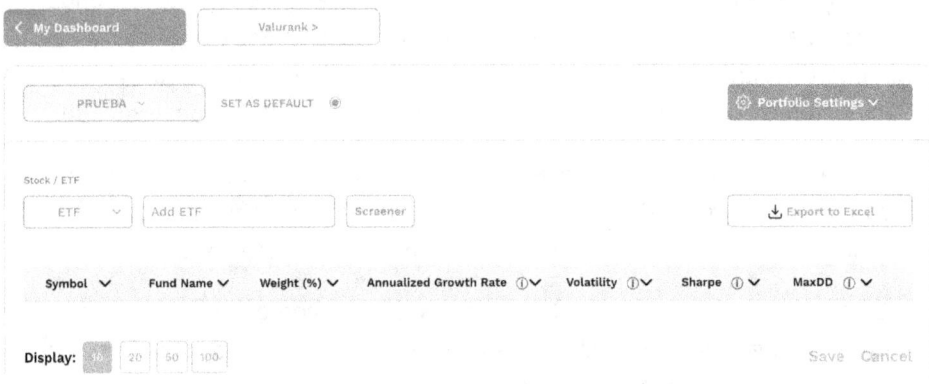

Capítulo 8:

¿CÓMO CREAR MI PRIMERA CARTERA CON ETFS?

No hay una cartera de ETFs para todo el mundo, así que huye de quien te diga lo contrario.

Son muchos los factores que pueden influir en la confección de la misma, pero los más importantes son los siguientes:

- Edad
- Perfil de Riesgo
- Horizonte temporal
- Activos disponibles
- Mínimo de inversión y Patrimonio disponible
- Objetivos de Rentabilidad
- Brókers y Comisiones
- Regulación
- Fiscalidad
- Asignación de activos y Diversificación

En las siguientes páginas analizaremos cada uno de estos factores y cómo optimizarlos

Factores para crear una Cartera

Edad

La edad mínima para invertir de forma directa suele estar en la mayoría de edad, con 18 años. Esto no impide que los padres puedan crear una cartera para sus hijos y empezar a invertir lo más pronto posible.

Cuanto antes comiences a invertir mayor será el efecto del interés compuesto.

The effect of compounding

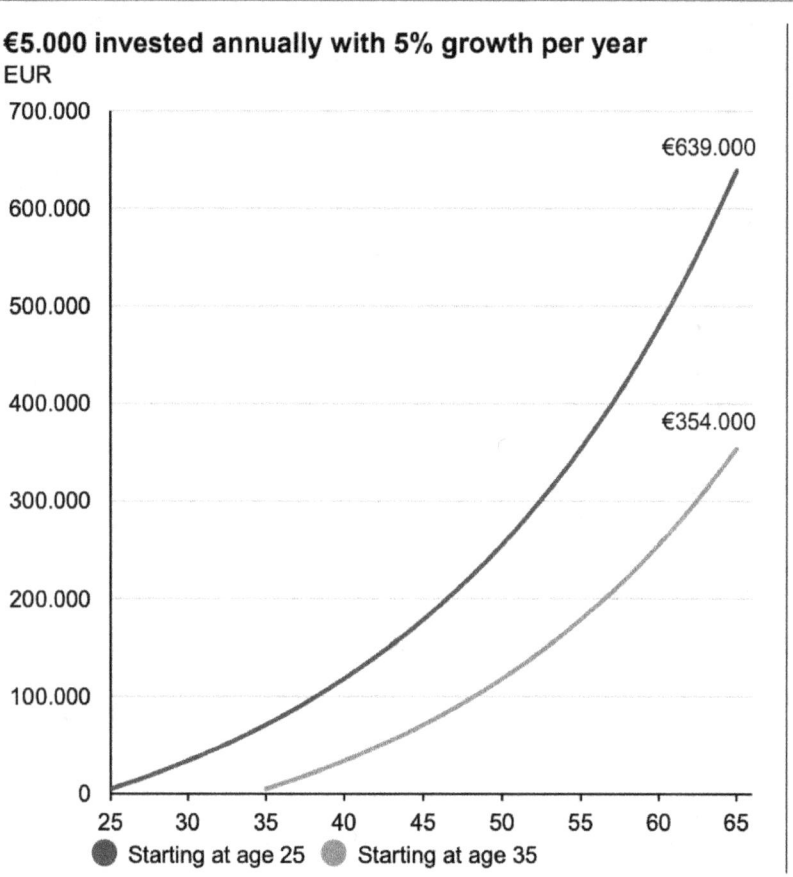

€5.000 invested annually with 5% growth per year
EUR

Starting at age 25 ● Starting at age 35

La esperanza de vida cada vez es mayor, por lo nunca es tarde para comenzar a invertir.

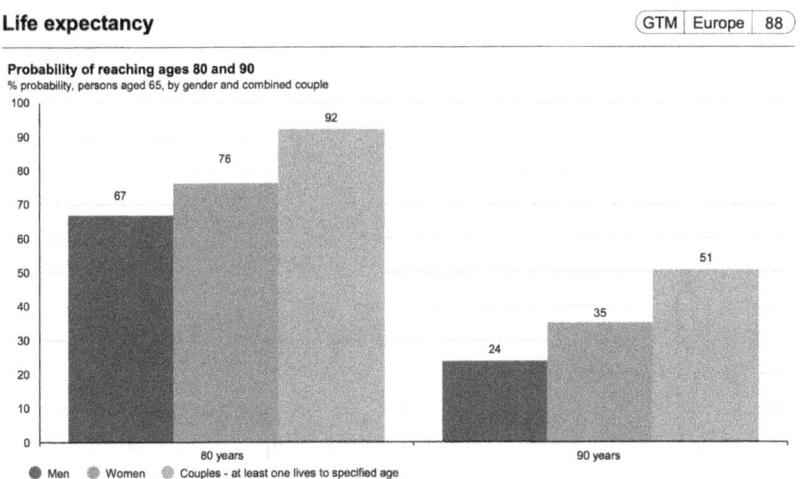

Ahora bien, tenemos que tener presente que según nuestra edad y horizonte temporal tendremos menos tiempo para recuperarnos de las posibles caídas que nuestra cartera de inversión sufra. Ese es el verdadero riesgo y no la volatilidad.

Por tanto, a no ser que nuestro objetivo sea legar nuestro patrimonio a nuestros herederos, deberíamos tener una cartera balanceada, no apalancada y con la menor concentración posible.

¿Y cómo debería invertir según mi edad?

Aquí hay auténticos tratados y estudios acerca de cuál es la estrategia de asignación de activos adecuada según la edad.

El consenso afirma que mientras más joven eres, más peso en renta variable deberías tener al ser el activo con mayor binomio rentabilidad/riesgo.

Pero..

Esto es una generalización. Hay personas de 30 años que por sus objetivos financieros no deberían asumir riesgos y personas de 60 que sí pueden hacerlo.

Por ejemplo, imagina que estás ahorrando para tu primera casa, la cual quieres comprar en los próximos tres años y tus ingresos son inestables. Por mucho tiempo que tengas por delante no deberías invertir en un activo tan volátil como la renta variable.

En cambio imagina que estás cerca de la jubilación y has decidido que un 50% de tu patrimonio lo dejarás en herencia y el otro 50% lo utilizarás para complementar tu pensión.

El horizonte temporal del primer objetivo es tan amplio que no invertir en renta variable sería un coste de oportunidad muy alto para ese patrimonio.

¿Qué peso en particular debo darle a la renta variable en mi cartera según mi edad?

Aquí hay varias reglas conocidas en la planificación financiera.

Estas reglas sirven como punto de partida para ajustar la mezcla de inversiones de una persona en función de su edad, asumiendo que la tolerancia al riesgo disminuye a medida que uno se acerca a la jubilación.

Regla del 100 menos tu edad

La versión original de esta regla sugiere que el porcentaje de tu cartera invertido en acciones (u otros activos de mayor riesgo y rendimiento) debería ser igual a 100 menos tu edad actual.

Por ejemplo, si tienes 30 años, según esta regla, deberías tener el 70% (100 - 30 = 70) de tu cartera en acciones y el 30% restante en bonos u otros activos más seguros y menos volátiles.

Regla del 120 menos tu edad

Con el aumento de la esperanza de vida y los períodos de jubilación más largos, algunos asesores financieros han ajustado esta regla a *"120 menos tu edad"* para reflejar la necesidad de un mayor crecimiento a largo plazo, lo que significa asumir más riesgo a través de una mayor exposición a acciones.

Siguiendo el mismo ejemplo, si tienes 30 años, según esta regla actualizada, deberías tener el 90% (120 - 30 = 90) de tu cartera en acciones.

La crítica que se les puede hacer a estas reglas es que no tienen en cuenta los otros factores u horizontes temporales no genéricos.

Veamos ahora otro modelo muy tradicional de incluir la edad en la planificación financiera.

¿Qué es el Modelo de Ciclo de Vida?

El Modelo de Ciclo de Vida es un concepto utilizado en la planificación financiera y la gestión de inversiones, que se basa en la idea de que las necesidades de inversión de una persona cambian a lo largo de su vida.

Este modelo sugiere **ajustar la asignación de activos en la cartera de inversiones de acuerdo con la etapa de vida** en la que se encuentra el inversor, su capacidad de asumir riesgos, sus objetivos financieros y el horizonte temporal hasta que necesite liquidez.

Fases del Modelo de Ciclo de Vida

El Modelo de Ciclo de Vida generalmente se divide en tres fases principales:

Fase de Acumulación: Esta fase ocurre generalmente en los primeros años de la vida laboral de una persona, cuando está comenzando a ahorrar e invertir para el futuro.

Los inversores en esta etapa suelen tener una mayor tolerancia al riesgo porque tienen más tiempo para recuperarse de las posibles pérdidas.

Por lo tanto, pueden preferir inversiones con mayor volatilidad pero con el potencial de rendimientos más altos, como las acciones.

Fase de Consolidación: A medida que los inversores se acercan a la mediana edad, pueden comenzar a centrarse más en la preservación del capital y menos en la obtención de altos rendimientos.

Esto se debe a que su horizonte de inversión se acorta y pueden necesitar acceder a sus ahorros en el futuro cercano, por ejemplo, para la educación de sus hijos o para comprar una vivienda.

La asignación de activos puede comenzar a incluir una mayor proporción de inversiones más seguras, como bonos y fondos de renta fija.

Fase de Gasto o Retiro: En esta etapa, el individuo ha dejado de trabajar y necesita comenzar a retirar dinero de su cartera para cubrir sus gastos de vida.

La prioridad se desplaza hacia la generación de ingresos y la preservación del capital.

Los activos en los que se invierte durante esta fase suelen ser de bajo riesgo y generan ingresos estables, como bonos, dividendos de acciones de empresas consolidadas y fondos de renta fija.

Horizonte temporal

El horizonte temporal, es el período durante el cual se espera mantener una inversión antes de necesitar acceso a los fondos, es un factor determinante en la planificación de inversiones.

Aquí detallo los puntos clave a la hora de establecer el tuyo:

- **Identifica tus objetivos a corto, mediano y largo plazo**: compra de una vivienda, la educación de los hijos, o la jubilación son objetivos que deben tener un horizonte temporal distinto.

- **Prioriza tus objetivos financieros** en función de su importancia y urgencia.

  - Generalmente, un horizonte temporal más largo permite una mayor tolerancia al riesgo, ya que hay más tiempo para recuperarse de las fluctuaciones del mercado.

  - La tolerancia al riesgo puede cambiar debido a modificaciones en la situación financiera, familiar o laboral, lo que podría requerir ajustes en el horizonte temporal.

- **Elige los tipos de activos que se correspondan con tu horizonte temporal**, como acciones para objetivos a largo plazo y bonos o inversiones más líquidas para objetivos a corto plazo.

- Construye una cartera diversificada que tenga en cuenta el horizonte temporal y la tolerancia al riesgo, para mitigar los riesgos y aprovechar diferentes oportunidades de inversión.

¿Qué estrategias usar según tu horizonte temporal?

- **Estrategias de acumulación**: Para objetivos a largo plazo, considerar estrategias que reinviertan dividendos y capitalicen el interés compuesto.

- **Estrategias de conservación**: Para objetivos a corto plazo, enfocarse en preservar el capital y mantener la liquidez.

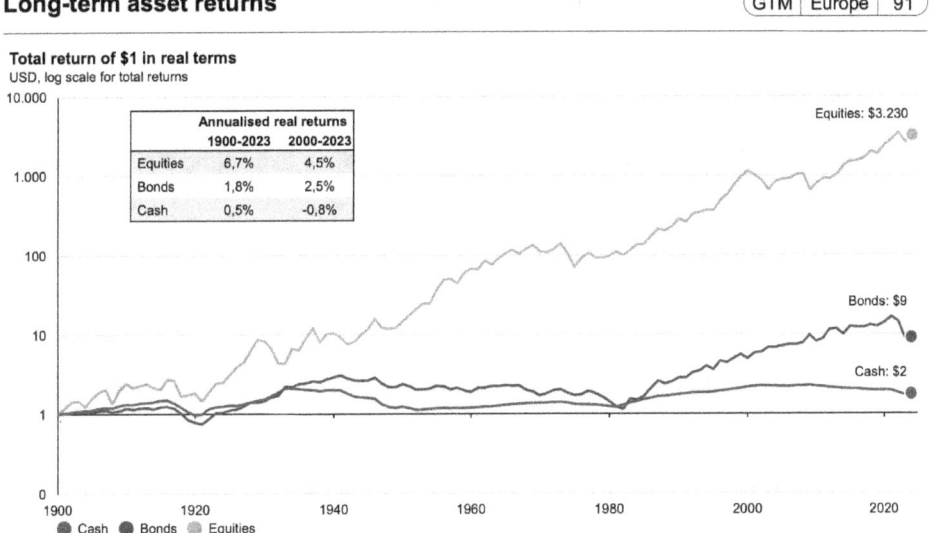

Long-term asset returns

GTM | Europe | 91

Total return of $1 in real terms
USD, log scale for total returns

Annualised real returns		
	1900-2023	2000-2023
Equities	6,7%	4,5%
Bonds	1,8%	2,5%
Cash	0,5%	-0,8%

Equities: $3.230
Bonds: $9
Cash: $2

● Cash ● Bonds ● Equities

Perfil de Inversor o de Riesgo

El Perfil del Inversor o Perfil de Riesgo es una evaluación que determina la tolerancia al riesgo, objetivos financieros, horizonte de inversión, y otras consideraciones financieras personales de un individuo o entidad.

Este perfil es fundamental para desarrollar una estrategia de inversión que se alinee con las necesidades, expectativas y capacidad de asumir riesgos del inversor.

Identificar correctamente el perfil del inversor ayuda a evitar inversiones inadecuadas que podrían causar ansiedad o pérdidas financieras al inversor.

Componentes del Perfil del Inversor

Tolerancia al Riesgo: La capacidad y disposición del inversor para soportar fluctuaciones en el valor de sus inversiones.

Objetivos de Inversión: Lo que el inversor espera lograr como crecimiento del capital, ingresos, preservación del capital o una combinación de estos.

Horizonte Temporal: El tiempo que el inversor planea mantener sus inversiones antes de necesitar acceso a su capital.

Situación Financiera: Incluye ingresos, deudas, patrimonio neto y liquidez.

Experiencia de Inversión: El nivel de conocimiento y experiencia previa del inversor con diferentes tipos de inversiones.

Test de Preguntas para Definir el Perfil del Inversor

La gran pregunta que te estarás haciendo es cómo definir tu perfil de inversor. Para ello muchas empresas han desarrollado su propio test de perfilados.

Te muestro un ejemplo de preguntas que podrían formar parte de un test para definir el perfil de riesgo de un inversor:

¿Cuál es su objetivo principal al invertir?

- A. Preservación del capital.
- B. Generación de ingresos.
- C. Crecimiento del capital a largo plazo.
- D. Especulación y altos retornos.

¿Cuánto tiempo planea mantener sus inversiones?

- A. Menos de 1 año.
- B. De 1 a 3 años.
- C. De 3 a 5 años.
- D. Más de 5 años.

Si sus inversiones disminuyeran un 10% en un corto período, ¿qué haría?

- A. Vendería todas mis inversiones para evitar más pérdidas.
- B. Vendería parte de mis inversiones.
- C. Mantendría mis inversiones esperando una recuperación.
- D. Invertiría más para aprovechar los precios bajos.

¿Cuál es su nivel de experiencia con inversiones?

- A. Ninguna.
- B. Básica (solo cuentas de ahorro o depósitos a plazo).
- C. Moderada (acciones, bonos, fondos mutuos).
- D. Avanzada (opciones, futuros, inversiones alternativas).

¿Cómo describiría su situación financiera actual?

- A. No tengo ahorros y tengo deudas.
- B. Tengo algunos ahorros y poca o ninguna deuda.
- C. Tengo ahorros sustanciales y estoy cómodo financieramente.
- D. Tengo ahorros significativos y busco maximizar mis inversiones.

¿Cuál de las siguientes afirmaciones describe mejor su actitud hacia el riesgo?

- A. Evito el riesgo a toda costa.

- B. Soy cauteloso con el riesgo; prefiero inversiones seguras.

- C. Estoy dispuesto a tomar riesgos moderados para obtener mejores retornos.

- D. Busco activamente oportunidades de alto riesgo para altos retornos.

Interpretación de las Respuestas

- **Mayoría de A y B:** Inversor conservador o de bajo riesgo.

- **Mixto entre B y C:** Inversor moderado.

- **Mayoría de C y D:** Inversor agresivo o de alto riesgo.

Estos test tienen muchos críticos, porque muchos inversores mienten en las respuestas o su situación cambia con el tiempo y hay que adecuar la cartera a las nuevas circunstancias.

También la falta de cultura financiera puede hacer que te sitúes en un perfil inadecuado a tus características. Es normal que luego de épocas muy alcistas en los mercados creas que puedes asumir mucho más riesgo del que crees.

Cuando toco cae y las bolsas abren telediarios es cuando más allá de un test, conocerás qué tipo de inversor eres y cuánta caída estás dispuesto a asumir.

Asignación y Clases de Activos

Este apartado es el más IMPORTANTE de todos los vistos en el libro.

Si en el año 2000 hubieras decidido invertir tu cartera en Japón, Materias Primas y Oro tendrías una rentabilidad muchísimo inferior que si hubieras invertido en Estados Unidos, REITs y Emergentes.

Ni escogiendo al mejor gestor de fondos de gestión activa que invirtiera en la primera cartera podría ganarle al peor gestor de fondos que invirtió solo en la segunda.

Aquí radica la importancia de la asignación de activos.

De nada vale que entre todas las opciones de ETFs que existen para invertir en una clase de activos escojas la mejor, si los retornos de esa clase de activos son malos.

También hay que destacar que no es lo mismo invertir con 10.000€ o con un millón o más. El universo de inversión al que tienes acceso con altos patrimonios hace que puedas acceder a clases de activos muy exclusivos e inaccesibles al común de los inversores.

Por ejemplo te recomiendo que leas acerca de la asignación de activos de dos tipos de entidades

Fondos Soberanos: Son fondos de inversión propiedad de gobiernos de países con excedentes significativos de ingresos, generalmente provenientes de recursos naturales como el petróleo.

Estos fondos invierten los excedentes en una variedad de activos, como acciones, bonos, bienes raíces, y otros, con el objetivo de generar ingresos a largo plazo y estabilizar la economía del país.

Estos son los más grandes del mundo:

- Fondo de Inversión de Pensiones del Gobierno de Noruega
- Fondo de Inversión de la República de Singapur (GIC)
- Fondo de Inversión de la República de China (Taiwán)
- Fondo Soberano de Inversión de Abu Dabi

Endowments: Son fondos de inversión gestionados por instituciones educativas, organizaciones sin fines de lucro u otros entes, con el fin de financiar sus operaciones a largo plazo.

Los endowments invierten los fondos en una cartera diversificada de activos, incluyendo acciones, bonos, bienes raíces, y a menudo, inversiones alternativas como capital privado y hedge funds.

Los ingresos generados por estas inversiones se utilizan para apoyar las actividades y programas de la institución o la organización.

Los 5 principales endowments de universidades de Estados Unidos son:

- Universidad de Harvard
- Universidad de Yale
- Universidad de Stanford
- Universidad de Princeton
- Universidad de Texas

Veamos a continuación un poco de literatura financiera sobre la asignación de activos

Estudio de Brinson, Hood y Beebower (1986)

El estudio titulado "Determinants of Portfolio Performance" (Factores Determinantes del Rendimiento de la Cartera) fue publicado por Gary P. Brinson, L. Randolph Hood y Gilbert L. Beebower en el "Financial Analysts Journal" en 1986.

Este estudio analizó las carteras de pensiones de 91 grandes corporaciones estadounidenses durante el período de 1974 a 1983 y concluyó que la política de asignación de activos explicaba en promedio el 93.6% de la variabilidad del rendimiento total de las carteras de fondos de pensiones.

Los hallazgos del estudio BHB enfatizaron la importancia de la decisión de asignación de activos sobre las tácticas de selección de valores individuales y el momento de mercado (market timing).

Específicamente, el estudio sugirió que la **elección de cuánto invertir en acciones, bonos y efectivo tenía un impacto mucho mayor en el rendimiento a largo plazo de la cartera que la selección de valores individuales o la decisión de cuándo entrar o salir del mercado.**

Estudio de Ibbotson y Kaplan (2000)

Roger G. Ibbotson y Paul D. Kaplan realizaron un estudio titulado "**Does Asset Allocation Policy Explain 40, 90, or 100 Percent of Performance?**" que revisó y amplió el trabajo de BHB.

Este estudio confirmó la importancia de la asignación de activos, pero también señaló que la variación en los resultados entre diferentes estudios se debía a diferencias en la metodología, incluyendo cómo se definía la *"varianza del rendimiento"* y cómo se medía el tiempo.

Ibbotson y Kaplan encontraron que la asignación de activos explicaba una gran parte de la variabilidad del rendimiento de las carteras a lo largo del tiempo, aunque no necesariamente tanto como el 93,6% sugerido por BHB.

Asset class risk-return trade-off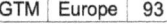

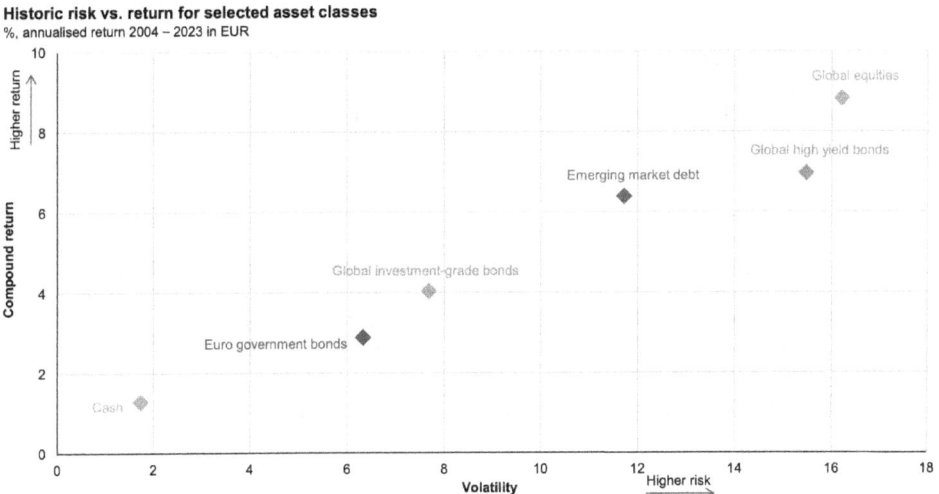

Historic risk vs. return for selected asset classes
%, annualised return 2004 – 2023 in EUR

Antes de que llenes tu cartera de productos que inviertan en oro y Estados Unidos porque han subido mucho en los últimos 25 años, permíteme una reflexión.

El futuro no lo conoce nadie.

A veces diversificar parece una pérdida de rentabilidad porque no todos los elementos de tu cartera subirán al mismo tiempo y tendrás alguno que dirías "si hubiese invertido todo aquí mira el dinero que habría hecho".

Pero cuando te equivocas o el mercado se pone a caer agradecerás no haber tenido todos los huevos en la misma cesta.

Veamos a continuación las principales clases de activos entre las que podemos repartir nuestro capital.

Clases de activos

Renta Variable

- **Según la capitalización de las empresas:** grandes compañías, medianas compañías, pequeñas.

- **Según el área geográfica**: países desarrollados, emergentes, frontera.

- **Según el estilo de las empresa:** value, growth, momentum.

- **Según el sector**: consumo, tecnología, salud, etc.

Renta Fija

- **Según el Emisor:** Corporativos, Gubernamentales, Municipales.

- **Según la calidad del emisor**: Investment Grade, High Yield, Bonos Basura.

- **Otros activos:** Titulaciones, Cédulas hipotecarias, Subordinadas, Floating Notes

Efectivo y Equivalentes

- Depósitos, Repos, Simultáneas.

Inmobiliario

- **Según el tipo de Activo en el que invierten:** Propiedades residenciales, comerciales, industriales, hoteles, torres de telefonía, etc.

- **Según la estructura jurídica**: REITs, SOCIMIs.

Materias primas

- Metales preciosos, energía, productos agrícolas, y metales industriales.

Inversiones alternativas

- Fondos de Capital Riesgo, Hedge Funds, Criptomonedas.
- Arte y Coleccionables.

Asset class returns (EUR)

2015	2016	2017	2018	2019	2020	2021	2022	2023	1Q '23	10-year ann. return	Vol.
REITs 13,9%	HY bonds 18,2%	EM equities 21,0%	Govt bonds 4,6%	DM equities 30,8%	EM equities 8,9%	REITs 50,5%	Cmdty 23,7%	DM equities 25,2%	REITs 12,7%	DM equities 11,6%	REITs 22,4%
EMD 12,7%	Cmdty 15,1%	DM equities 8,1%	HY bonds 1,5%	REITs 30,4%	DM equities 6,9%	Cmdty 36,8%	Hedge funds 1,9%	DM equities 6,9%	REITs 10,1%	REITs 10,1%	Cmdty 16,9%
DM equities 11,0%	EM equities 14,9%	Portfolio 1,7%	IG bonds 1,3%	EM equities 21,1%	Portfolio 1,6%	DM equities 31,6%	Cash 0,0%	Portfolio 8,7%	EMD 4,6%	Portfolio 6,8%	DM equities 13,2%
Govt bonds 7,7%	EMD 13,4%	Cash -0,3%	REITs 0,7%	Portfolio 18,9%	IG bonds 1,3%	Portfolio 16,6%	HY bonds -7,6%	REITs 7,7%	IG bonds 4,3%	HY bonds 8,0%	EM equities 11,7%
IG bonds 7,4%	REITs 12,6%	EMD -3,2%	EMD 0,6%	EMD 17,2%	Govt bonds 0,5%	Hedge funds 11,5%	Portfolio -9,3%	EMD 7,3%	Portfolio 4,1%	EMD 5,5%	EMD 10,2%
Hedge funds 7,3%	DM equities 11,4%	HY bonds -3,2%	Cash -0,3%	HY bonds 15,8%	Cash -0,3%	HY bonds 8,1%	IG bonds -11,3%	Govt bonds 3,6%	EM equities 3,4%	EM equities 5,3%	Portfolio 8,5%
HY bonds 6,7%	Portfolio 10,3%	REITs 4,0%	Portfolio -1,8%	IG bonds 13,5%	HY bonds -0,9%	EMD 5,7%	Govt bonds -12,1%	IG bonds 5,9%	EM equities 3,4%	IG bonds 4,0%	HY bonds 8,1%
Portfolio 6,3%	IG bonds 7,4%	IG bonds -4,2%	Hedge funds -2,0%	Hedge funds 10,6%	EM equities 5,2%	DM equities 12,3%	DM equities -12,3%	Cash 3,3%	HY bonds 3,2%	Hedge funds 3,7%	IG bonds 7,8%
Cash 0,1%	Hedge funds 5,6%	Govt bonds -5,8%	DM equities -3,5%	Cmdty 9,7%	EMD -3,4%	IG bonds 5,5%	EMD -12,4%	Govt bonds 0,7%	Cash 3,0%	Govt bonds 1,9%	Govt bonds 6,8%
EM equities -4,9%	Govt bonds 4,7%	Hedge funds	Cmdty -6,8%	Govt bonds 7,5%	Cmdty -11,1%	Govt bonds 0,9%	EM equities -14,5%	Hedge funds -0,4%	Hedge funds -2,5%	Cmdty 1,1%	Hedge funds 6,4%
Cmdty -16,1%	Cash -0,2%	Cmdty -10,7%	EM equities -9,9%	Cash -0,3%	REITs -13,6%	Cash -0,5%	REITs -20,2%	Cmdty -11,0%	Cmdty -8,6%	Cash 0,2%	Cash 1,1%

Podéis ver en la anterior imagen las rentabilidades de las diferentes clases de activos y alguna de sus subcategorías en los últimos años.

También la rentabilidad media de una cartera diversificada.

El siguiente paso es la construcción de carteras, que implica tres etapas:

Determinar los pesos en cada clase y subclase de activos.

Elegir los instrumentos financieros específicos para alcanzar esos pesos.

Determinar las reglas de rebalanceo y revisión de la cartera.

Aunque parezcan tres pasos sencillos, existen miles de libros sobre cada una de esas etapas. Las decisiones que tomes en cada una de ellas hará que tu cartera sea totalmente distinta de la que pueda tener alguien con unas características similares.

En las siguientes páginas encontrarás algunas de las estrategias más populares y de las que seguramente has escuchado o leído.

Una advertencia, no te ciegues.

Ninguna estrategia es perfecta o infalible.

Todas tienen escenarios donde se comportan bien y escenarios donde pueden no hacerlo como se esperaba.

No confíes en backtest o simulaciones.

Generalmente están hechos incluyendo justo los activos o estrategias que lo hicieron bien y no tienen en cuenta los costes, impacto de la divisa y otras variables relevantes.

Ejemplos de Carteras de ETFs

Veamos varios ejemplos de carteras y estrategias populares que nos sirvan para definir la asignación de activos que más se adecúe a la nuestra.

Te recomiendo consultar la web Lazy Portfolios y ExtraETF para consultar una multitud de estrategias, carteras modelo y posibles asignaciones de activos.

Asignación de Activos Cartera 60-40

La cartera 60-40 es una estrategia de inversión clásica que se basa en una asignación de activos de 60% en renta variable (acciones) y 40% en renta fija (bonos).

Esta estrategia busca un equilibrio entre el potencial de crecimiento de las acciones y la estabilidad y los ingresos regulares proporcionados por los bonos. La idea es que la combinación de estos dos tipos de activos puede ofrecer un buen compromiso entre riesgo y retorno.

Puedes crearte tú mismo la cartera o invertir en algún ETF que replique esa estrategia, como el Vanguard LifeStrategy 60% ETF.

O construirla tú usando la siguiente imagen con productos de Blackrock.

Current Allocation

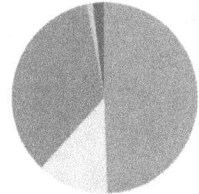

Allocations – As of 1/25/2024	%
U.S. Equity	49.5%
International Equity	12.5%
U.S. Fixed Income	35.0%
International Fixed Income	1.0%
Cash	2.0%

Holdings – As of 1/25/2024	Portfolio Weight (%)
U.S. Equity	
iShares Core S&P 500 ETF	34.00%
iShares S&P 500 Value ETF	4.50%
iShares U.S. Technology ETF	3.00%
iShares Edge MSCI USA Quality Factor ETF	3.00%
BlackRock U.S. Equity Factor Rotation ETF	3.00%
iShares Global Energy ETF	1.00%
iShares US Infrastructure ETF	1.00%
International Equity	
iShares MSCI EAFE Value ETF	5.50%
iShares MSCI EAFE Growth ETF	4.00%
iShares Core MSCI Emerging Markets ETF	2.00%
iShares MSCI Emerging Markets ex China ETF	1.00%
U.S. Fixed Income	
iShares Core Total USD Bond Market ETF	22.00%
iShares MBS ETF	6.00%
iShares 20+ Year Treasury Bond ETF	3.00%
iShares Treasury Floating Rate Bond ETF	2.50%
BlackRock Flexible Income ETF	1.50%
International Fixed Income	
iShares J.P. Morgan USD Emerging Markets Bond ETF	1.00%
Cash	
United States Dollar	2.00%

Actual client accounts may hold up to 2% in cash.

Asignación de Activos Cartera Permanente

La Cartera Permanente es una estrategia de inversión creada por Harry Browne en la década de 1980.

Su objetivo es proporcionar una estructura de inversión que sea capaz de realizar bien en cualquier entorno económico: **inflación, deflación, crecimiento económico o recesión.**

La simplicidad y la búsqueda de una protección contra los ciclos económicos son las piedras angulares de esta estrategia.

La Cartera Permanente divide la inversión de manera equitativa entre cuatro clases de activos, con un 25% asignado a cada una:

- **Renta Variable (25%)**: Para proporcionar crecimiento a largo plazo y protección contra la inflación. Las acciones pueden ser nacionales o internacionales, pero Browne originalmente se centró en acciones de empresas grandes y estables de EE.UU.

- **Bonos de Largo Plazo (25%)**: Para ofrecer ingresos estables y protección en tiempos de deflación o recesión económica. Los bonos del Tesoro de EE. UU. a largo plazo (20-30 años) son comúnmente recomendados para esta parte de la cartera.

- **Efectivo o Equivalentes de Efectivo (25%)**: Para proporcionar liquidez y seguridad en tiempos de turbulencia del mercado. Esto puede incluir cuentas de ahorro, certificados de depósito o fondos del mercado monetario.

- **Oro (25%)**: Para servir como cobertura contra la inflación severa y la devaluación de la moneda. El oro puede ser mantenido físicamente o a través de fondos cotizados en bolsa (ETFs) o fondos que invierten en oro o empresas mineras de oro.

Por ejemplo, puedes construir la cartera permanente con estos ETFs o similares

- **Renta Variable:** SPDR S&P 500 ETF Trust (SPY) o Vanguard Total Stock Market ETF (VTI)

- **Bonos de Largo Plazo**: iShares 20+ Year Treasury Bond ETF (TLT) o Vanguard Long-Term Treasury ETF (VGLT) para bonos del Tesoro de EE. UU. a largo plazo.

- **Efectivo o Equivalentes de Efectivo**: SPDR Bloomberg Barclays 1-3 Month T-Bill ETF (BIL) para representar inversiones en efectivo o equivalentes de efectivo.

- **Oro**: SPDR Gold Shares (GLD) o iShares Gold Trust (IAU) para la exposición al oro.

Asignación de Activos Cartera All-Weather de Ray Dalio

La Cartera All-Weather es una estrategia de inversión diseñada por Ray Dalio, fundador de Bridgewater Associates, uno de los fondos de cobertura más grandes del mundo.

La filosofía detrás de la Cartera All-Weather es crear una cartera que pueda rendir bien en cualquier entorno económico, ya sea en tiempos de crecimiento o recesión, inflación o deflación.

La estrategia busca equilibrar los riesgos en lugar de maximizar los retornos, utilizando una asignación de activos que pueda soportar diferentes condiciones económicas sin la necesidad de predecir el mercado.

Asignación de Activos de la Cartera All-Weather

La asignación específica puede variar según las interpretaciones y ajustes personales, pero una versión comúnmente citada de la Cartera All-Weather incluye aproximadamente:

- **40% en bonos de largo plazo**: Por ejemplo, bonos del Tesoro de EE. UU. a 20 o 30 años. Estos proporcionan protección durante períodos de baja inflación y desaceleración económica.

- **30% en acciones**: Para crecimiento a largo plazo y protección contra la inflación. Las acciones pueden ser de mercados amplios, como un índice S&P 500.

- **15% en bonos intermedios:** Por ejemplo, bonos del Tesoro de EE. UU. con vencimientos de 7 a 10 años. Ofrecen estabilidad y rendimientos moderados.

- **7,5% en oro**: Como cobertura contra la inflación y la devaluación de la moneda.

- **7,5% en materias primas**: Para protección adicional contra la inflación y para beneficiarse de los ciclos económicos en los que las materias primas pueden superar a otros activos.

Implementación con ETFs

Aunque no hay un único ETF que replique directamente la Cartera All-Weather, los inversores pueden construir una cartera similar utilizando una combinación de ETFs.

Aquí hay ejemplos de cómo podrías hacerlo:

- **Bonos de Largo Plazo**: iShares 20+ Year Treasury Bond ETF (TLT) o Vanguard Long-Term Treasury ETF (VGLT).

- **Acciones**: Vanguard Total Stock Market ETF (VTI) o SPDR S&P 500 ETF Trust (SPY) para una amplia exposición al mercado de acciones de EE. UU.

- **Bonos Intermedios:** iShares 7-10 Year Treasury Bond ETF (IEF) o Vanguard Intermediate-Term Treasury ETF (VGIT).

- **Oro:** SPDR Gold Shares (GLD) o iShares Gold Trust (IAU) para la exposición al oro.

- **Materias Primas:** PowerShares DB Commodity Index Tracking Fund (DBC) o United States Commodity Index Fund (USCI) para una diversificación en materias primas.

Asignación de Activos de una Estrategia Golden Butterfly

La estrategia Golden Butterfly es una cartera de inversión diseñada para ofrecer estabilidad en diferentes condiciones económicas mientras mantiene un potencial de crecimiento moderado.

Combina elementos de la Cartera Permanente de Harry Browne con un enfoque en acciones de pequeña capitalización y valor, lo que la hace más propensa a prosperar en entornos económicos favorables.

Su teoría se basa en que como en la historia los períodos alcistas han sido más frecuentes que los periodos bajistas se podría optimizar la asignación de activos con más peso en renta variable.

1. Composición de la Cartera Golden Butterfly

La asignación de activos se divide en cinco partes iguales (20% cada una):

Acciones de gran capitalización (Large Cap): Exposición al mercado bursátil general (ej. S&P 500 o MSCI World)

Acciones de pequeña capitalización y valor (Small Cap Value): Empresas más pequeñas con características de valor, históricamente con mayor potencial de crecimiento

Bonos del Tesoro a largo plazo: Protegen durante deflación o recesión, aunque son sensibles a cambios en las tasas de interés

Bonos del Tesoro a corto plazo: Ofrecen liquidez y estabilidad, con menor volatilidad que los bonos a largo plazo.

Oro: Actúa como cobertura contra inflación y crisis económicas

Ventajas:

- Ofrece diversificación estructural. Ha funcionado en épocas de prosperidad, recesión, inflación y deflación.

- Históricamente, sus pérdidas máximas son menores que las del S&P 500 (ej. -20% vs. -53% en 2008).

- Tiene un enfoque "perezoso". Requiere poco mantenimiento, ideal para inversores pasivos.

- Rendimientos anualizados del 5-7% después de inflación, con menor volatilidad que carteras 60/40.

2. ¿Cómo replicar la Golden Butterfly con ETFs?

Para inversores en ETFs de Estados Unidos:

- **Acciones Large Cap**: Vanguard Total Stock Market ETF (VTI) o SPDR S&P 500 ETF (SPY).

- **Acciones Small Cap Value**: iShares S&P Small-Cap 600 Value ETF.

- **Bonos Largo Plazo**: iShares 20+ Year Treasury Bond ETF

- **Bonos Corto Plazo**: iShares 1-3 Year Treasury Bond ETF

- **Oro:** SPDR Gold Shares

Para inversores en Europa:

- **Acciones Globales**: iShares Core MSCI World UCITS ETF (IE00B4L5Y983).

- **Acciones Small Cap**: iShares MSCI World Small Cap UCITS ETF (IE00BF4RFH31).

- **Bonos Largo Plazo (EUR)**: iShares € Govt Bond 20yr Target Duration UCITS ETF (IE00BSKRJX20).

- **Bonos Corto Plazo (EUR)**: Lyxor EuroMTS Highest Rated Govt Bond 1-3Y UCITS ETF (LU1829219556).

- **Oro:** WisdomTree Physical Swiss Gold ETC (SGLD) o iShares Physical Gold ETC (IE00B4ND3602).

En este tipo de estrategias equiponderadas el rebalanceo es vital para conseguir los objetivos propuestos.

FIGURA 14

La importancia de mantener la disciplina: la falta de reequilibrio puede aumentar la exposición de un inversionista al riesgo

Cambios en la exposición a acciones para un portafolio reequilibrada y un "portafolio a la deriva", 2003-2019

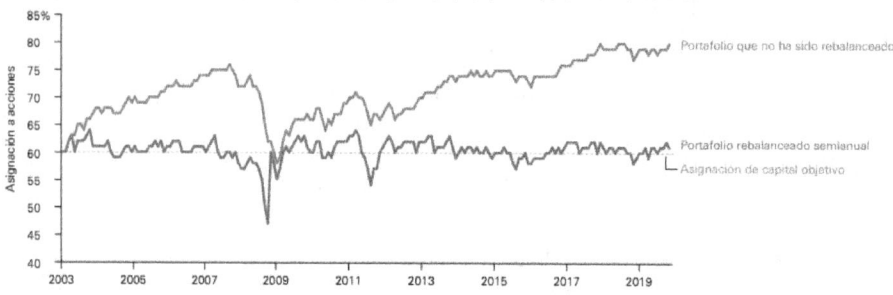

Notas: La asignación inicial para ambos portafolios es de 42% de acciones estadounidenses, 18% de acciones internacionales y 40% de bonos estadounidenses. El portafolio reequilibrado se devuelve a esta asignación al final de cada junio y diciembre. Los rendimientos de la asignación de acciones de EE. UU. se basan en el índice del mercado de valores total de EE. UU. Dow Jones. Los rendimientos de la asignación de acciones internacionales se basan en el índice MSCI All Country World sin EE. UU., y los rendimientos de la asignación de bonos se basan en el índice de bonos agregados de EE. UU. de Bloomberg.
Fuentes: Cálculos de Vanguard, utilizando datos de Morningstar, Inc

Asignación de Activos Fija de Vanguard LifeStrategy

Vanguard es la entidad decana en la gestión indexada y tiene una gama de productos que simplifica la toma de decisiones una vez determinada la asignación de activos.

Con un solo ETF podrías tener una cartera diversificada a muy bajo coste que podrían ser una alternativa a los roboadvisors.

Según tu perfil de inversión tienes varias alternativas según el porcentaje de renta variable y renta fija:

- **Vanguard Life Strategy 20% Equity ETF** → 20% acciones / 80% bonos (muy conservador).

- **Vanguard Life Strategy 40% Equity ETF** → 40% acciones / 60% bonos (conservador).

- **Vanguard Life Strategy 60% Equity ETF** → 60% acciones / 40% bonos (moderado).

- **Vanguard Life Strategy 80% Equity ETF** → 80% acciones / 20% bonos (agresivo).

Allocation to underlying Vanguard funds

	Percentage
Global Aggregate Bond UCITS ETF EUR Hedged Accumulating	19.22%
USD Treasury Bond UCITS ETF EUR Hedged Accumulating	19.21%
FTSE All-World UCITS ETF (USD) Accumulating	19.21%
USD Corporate Bond UCITS ETF EUR Hedged Accumulating	16.70%
EUR Eurozone Government Bond UCITS ETF (EUR) Accumulating	16.18%
EUR Corporate Bond UCITS ETF (EUR) Accumulating	5.80%
U.K. Gilt UCITS ETF EUR Hedged Accumulating	2.67%
FTSE Developed World UCITS ETF (USD) Accumulating	0.77%
FTSE Emerging Markets UCITS ETF (USD) Accumulating	0.12%

Asignación de Activos Cartera de Indexa Capital

Veamos un ejemplo de la asignación de activos que según el perfil de riesgo realiza el gestor automatizado más grande de España Indexa Capital.

Estos robo advisors tienen un comité que define la asignación de activos, la política de rebalanceos y los productos que utilizarán para componer las carteras y pueden ser una muy buena fuente de ideas

En el caso de Indexa la cartera 0 representa la de menor riesgo y la 10 la de mayor riesgo.

CLASE DE ACTIVO \ PLAN	#0	#1	#2	#3	#4	#5	#6	#7	#8	#9	#10
Total acciones (%)	0	9	18	27	36	45	54	63	72	81	90
Acciones Europa (%)	0	4	7	7	9	10	12	14	16	19	23
Acciones Estados Unidos (%)	0	5	8	11	16	20	25	29	33	35	35
Acciones economías emergentes (%)	0	0	3	3	3	5	6	8	9	11	13
Acciones Japón (%)	0	0	0	3	4	5	6	6	7	8	10
Acciones globales pequeña capitalización (%)	0	0	0	3	4	5	5	6	7	8	9
Total bonos (%)	100	91	82	73	64	55	46	37	28	19	10
Bonos empresas europeas (%)	0	18	15	13	12	10	8	7	5	3	3
Bonos gobiernos europeos (%)	0	25	22	20	17	15	12	10	8	5	4
Bonos europeos ligados a la inflación (%)	0	9	8	7	6	5	5	4	3	3	3
Bonos gobierno EEUU cubierto a Euro (%)	0	25	22	20	17	15	13	10	7	5	0
Bonos empresas EEUU cubierto a Euro (%)	0	14	15	13	12	10	8	6	5	3	0
Monetario (%)	100	0	0	0	0	0	0	0	0	0	0

Por ejemplo, si quieres ver con qué ETFs replican esa asignación de activos para sus carteras de planes de pensiones podemos consultarlo en las siguientes imágenes.

Indexa Más Rentabilidad Acciones

NOMBRE	CÓDIGO ISIN	CLASE DE ACTIVO	ÍNDICE	DIVISA	TAMAÑO (M€)	GASTOS	TRACKING ERROR	PESO
Vanguard FTSE Developed ETF	US9219438580	Acciones Global	FTSE Dev AlCpexStTxTrans	USD	61.380	0,05 %	0,05 %	10.0 %
SPDR S&P 500 ETF Trust	US78462F1030	Acciones EEUU	S&P 500 TR	USD	219.351	0,09 %	0,03 %	20.0 %
iShares Core S&P Total US Stock Market	US4642871507	Acciones EEUU	S&P Total Market TR	USD	14.409	0,03 %	0,56 %	20.0 %
Schwab U.S. Large-Cap Value ETF	US8085244098	Acciones EEUU	DJ U.S. Large-Cap Value Total Stock Market Index	USD	4.667	0,04 %	0,02 %	5.0 %
Amundi STOXX Europe 600	LU0908500753	Acciones Europa	STXE 600 € NRt	EUR	1.594	0,07 %	0,24 %	15.0 %
Xtrackers Euro Stoxx 50 ETF	LU0274211217	Acciones Europa	ESTX 50 € NRt	EUR	6.562	0,09 %	0,15 %	10.0 %
Nomura ETF – Topix	JP3027630007	Acciones Japón	TOPIX	JPY	59.980	0,06 %	0,18 %	10.0 %
Vanguard FTSE Emerging Market	US9220428588	Acciones Países Emergentes	FTSE Emerging Markets	USD	56.149	0.10 %	3,43 %	10.0 %

Indexa Más Rentabilidad Bonos

NOMBRE	CÓDIGO ISIN	CLASE DE ACTIVO	ÍNDICE	DIVISA	TAMAÑO (M€)	GASTOS	TRACKING ERROR	PESO
SPDR Bloomberg Global Aggregate Bond ETF	IE00BF1QPL78	Bonos Globales IG	Bloomberg Global Aggregate Corporate TR Hedged EUR	EUR	1.682	0,10 %	0,20 %	15.0 %
iShares Core Global Aggregate Bond ETF	IE00BDBRDM35	Bonos Globales IG	Bloomberg Global Aggregate Bond Index Eur Hedged	EUR	4.495	0,10 %	1,34 %	20.0 %
Xtrackers II Global Gov 1C EUR Hgd	LU0378818131	Bonos Gobiernos Global	FTSE World Gov Bond Index - Developed Markets	EUR	2.136	0,25 %	0,04 %	5.0 %
Lyxor ETF Eurmts Inv Grade DR	LU1650490474	Bonos Gobiernos EUR	FTSE MTS Eurozone Govt Bond IG	EUR •	919	0,14 %	0,03 %	10.0 %
Amundi Prime Euro Govt Ucits DR	LU1931975152	Bonos Gobiernos EUR	Solactive Eurozone Gov Bond Index	EUR	1.112	0,05 %	0,02 %	10.0 %
Amundi Prime Euro Corporate ETF DR	LU2089238625	Bonos Empresas EUR	Solactive Euro IG Corporate Total Return Index	EUR	1.338	0,05 %	0,03 %	10.0 %
Vanguard Total Bond Market	US9219378356	Bonos EEUU	Bloomberg US Aggregate Float Adj TR Unhedged	USD	64.874	0,03 %	0,39 %	20.0 %
SPDR Bloomberg US High Yield Bond	US78468R6229	Bonos Empresas EEUU HY	Bloomberg VLI: High Yield TR Value Unhedged USD	USD	7.938	0,40 %	0,16 %	5.0 %
Vaneck Vectors JP Morgan EM LC Bond ETF	US92189H3003	Bonos Gobiernos Países Emergentes	J.P. Morgan Government Bond Index Emerging Markets Global Core	USD	2.962	0,30 %	0,48 %	5.0 %

Asignación de Activos Cartera ETFs Inbestme

Veamos a continuación el caso de Inbestme, que es otro gestor automatizado español que nos servirá para comparar la asignación de activos si añadimos el factor sostenibilidad (ESG) a nuestras inversiones.

Cartera Plan de Pensión InbestMe Renta Variable

Nombre fondos	ISIN	Peso %	TER
UBS ETF (IE) MSCI ACWI SF UCITS ETF (hedged to EUR) A-acc	IE00BYM11K57	10%	0,21%
Invesco S&P 500 EUR Hedged UCITS ETF	IE00BRKWGL70	20%	0,05%
iShares Core S&P500	IE00B5MR087	11%	0,07%
Schwab US US Small Cap ETF	US8085246077	4%	0,04%
Fidelity MSCI Real Estate Index ETF	US3160928574	3%	0,12%
Vanguard Value ETF	US9229087443	5%	0,04%
Lyxor Core Stoxx Europe 600 (DR) UCITS ETF	LU0908500753	20%	0,07%
HSBC EURO STOXX 50 UCITS ETF	IE00B4K6B022	12%	0,05%
X MSCI Emerging Markets	IE00BTJRMP35	10%	0,18%
iShares Core MSCI Pacific ETF	US46434V696	5%	0,09%
TER Total			0,087%

Cartera InbestMe Renta Fija

Nombre fondos	ISIN	Peso %	TER
Xtrackers Eurozone Government Bond 1-3 UCITS ETF 1C	LU0290356871	11%	0.15%
Amundi Index Euro Corporate SRI 0-3 Y UCITS ETF DR (C)	LU2037748774	13,5%	0.12%
iShares Euro Ultrashort Bond ESG UCITS ETF (Dist)	IE00BJP26D89	18%	0.09%
UBS ETF (LU) Sustainable Development Bank Bonds UCITS ETF (hedged to EUR) A-acc	LU1852211991	5%	0.23%
Lyxor Euro Government Bond 3-5Y (DR) UCITS ETF - Acc	LU1650488494	10%	0.17%
Xtrackers Global Inflation-Linked Bond UCITS ETF 1C EUR hedged	LU0290357929	4%	0.25%
Lyxor Green Bond (DR) UCITS ETF - Monthly Hedged to EUR - Acc	LU1563454823	4%	0.30%
SPDR Barclays Euro High Yield Bond UCITS ETF	IE00B6YX5M31	8,5%	0.40%
UBS ETF (LU) J.P. Morgan USD EM IG ESG Diversified Bond UCITS ETF (hedged to EUR) A-acc	LU1974696418	7%	0.50%
VanEck Vectors J.P. Morgan EM Local Currency Bond ETF	US92189H3003	4%	0.47%
iShares ESG Aware U.S. Aggregate Bond ETF	US46435U5496	5%	0.04%
Vanguard Short-Term Treasury Index ETF	US92206C1027	5%	0.05%
UBS ETF (LU) Bloomberg MSCI US Liquid Corporates Sustainable UCITS ETF (USD) A-dis	LU1215461085	5%	0.20%
TER Total			0,20%

Cartera Renta Variable ISR Inbestme

Nombre fondos	ISIN	Peso %	TER
UBS ETF (IE) MSCI ACWI Socially Responsible UCITS ETF (hedged to EUR) A-acc	IE00BDR55927	10%	0,33%
Amundi Index MSCI Europe SRI UCITS ETF DR (C)	LU1861137484	15%	0,18%
Lyxor MSCI Europe ESG Leaders (DR) UCITS ETF - Acc	LU1940199711	8%	0,20%
Lyxor Net Zero 2050 S&P Eurozone Climate PAB (DR) UCITS ETF	LU2195226068	8%	0,20%
iShares MSCI USA SRI UCITS ETF EUR Hedged (Dist)	IE00BZ173V67	15%	0,23%
CSIF (IE) MSCI USA ESG Leaders Blue UCITS ETF B USD	IE00BJBYDP94	16%	0,1%
UBS ETF (LU) MSCI Emerging Markets Socially Responsible UCITS ETF (USD) A-dis	LU1048313891	10%	0,27%
Xtrackers MSCI Japan ESG UCITS ETF	IE00BG36TC12	8%	0,20%
iShares MSCI Global Impact ETF	US46435G5320	5%	0,49%
Amundi Index MSCI Global Climate Change UCITS ETF DR EUR (C)	LU1602144229	5%	0,25%
TER Total			0,22%

Asignación de Activos de una Estrategia Core-Satélite

La estrategia de inversión Core-Satélite es un **enfoque híbrido** que combina elementos de inversión pasiva y activa, con el objetivo de obtener un equilibrio entre el control del riesgo y el potencial de obtener rendimientos superiores al mercado.

Esta estrategia permite a los inversores mantener una base sólida (core) de inversiones estables y de bajo costo, complementada por inversiones más pequeñas y específicas (satélites) que buscan capitalizar oportunidades de mercado específicas o sectores con potencial de alto crecimiento.

Core (Núcleo)

70-80% del Portafolio: La parte central suele estar compuesta por inversiones de bajo costo y bajo riesgo, como fondos indexados o ETFs, que replican el rendimiento de índices de mercado amplios.

El objetivo del core es proporcionar estabilidad y reflejar el rendimiento general del mercado.

- **Acciones**: Fondos indexados o ETFs que siguen índices como el S&P 500, MSCI World o MSCI ACWI.

- **Bonos**: Fondos de bonos indexados o ETFs que replican índices de bonos del gobierno o corporativos.

Satélites

20-30% del Portafolio: Las posiciones satélite son inversiones seleccionadas que buscan superar al mercado o proporcionar ingresos, diversificación o protección contra la inflación.

Estas pueden ser más arriesgadas y pueden requerir una gestión más activa.

- **Fondos de Gestión Activa**: Fondos que buscan superar a los índices de referencia en sectores específicos, regiones geográficas o clases de activos.

- **Inversiones Temáticas o Sectoriales:** ETFs o fondos que se centran en sectores específicos (tecnología, energía renovable), tendencias (inteligencia artificial, sostenibilidad) o regiones (mercados emergentes).

- **Inversiones Alternativas**: Incluyen materias primas, bienes raíces (a través de REITs), inversiones en capital privado o hedge funds, que pueden ofrecer diversificación y protección contra la inflación.

- **Estrategias de ingresos sostenibles**: ETFs que se centran en generar ingresos, dividendos altos o de bonos de alto rendimiento.

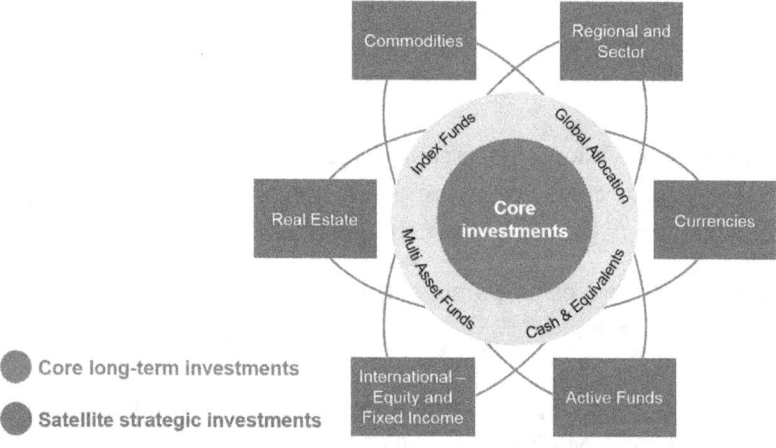

Capítulo 9:

CATEGORÍAS DE ETFS Y NUEVAS TENDENCIAS

El siguiente paso en la construcción de cartera será la elección de los ETFs en particular.

Por esto veamos un poco más sobre la variedad de ETFs disponibles y sus principales categorías o subcategorías.

ETFs de Renta Variable

Los ETFs de renta variable, también conocidos como ETFs de acciones, son fondos cotizados en bolsa que invierten en acciones de empresas, ofreciendo a los inversores una forma eficiente y diversificada de acceder a los mercados de valores.

Aquí te detallo sus principales características, emisoras y costes medios.

Tipos de ETFs de Renta Variable

- **ETFs que replican a Índices globales o nacionales**: Invierten en acciones que representan un índice de mercado completo, como el S&P 500, el MSCI World o el FTSE 100.
  - **ETFs Geográficos**: Se centran en regiones específicas, países o grupos de países, como Europa, Asia-Pacífico, China o Latinoamérica.

- **ETFs Sectoriales**: Se enfocan en sectores específicos de la economía, como tecnología, salud, energía o finanzas.

- **ETFs de Factor o Estilo de Inversión**: Se basan en factores específicos como el valor, el crecimiento, el tamaño de la empresa (pequeña, mediana, grande capitalización) o la calidad.

Los costes de los ETFs de renta variable pueden variar ampliamente dependiendo del proveedor y la complejidad de la estrategia. Los ETFs que siguen índices de mercado amplios suelen tener ratios de gastos bajos, a menudo por debajo del 0,10% anual.

Los ETFs sectoriales o especializados pueden tener costes más altos, con ratios de gastos que pueden ir del 0,30% al 1,00% o más.

Principales ETFs de Renta Variable disponibles en Europa

Estos ETFs son sin duda los más grandes en cuanto a patrimonio y los más populares en las carteras y planes de inversión de los ahorradores.

Suelen estar enfocados a la réplica de los principales índices, aunque cada vez más aparecen productos de gestión activa en los principales puestos.

Aquí van algunos de los productos más contratados y con los que podrás crear una cartera que incluya buena parte del mercado de acciones mundial.

1. iShares Core S&P 500 UCITS ETF
2. iShares Core MSCI World UCITS ETF
3. Vanguard S&P 500 UCITS ETF
4. Invesco S&P 500 UCITS ETF
5. iShares Core MSCI Emerging Markets IMI UCITS ETF
6. iShares Nasdaq 100 UCITS ETF
7. iShares Core FTSE 100 UCITS ETF
8. iShares MSCI ACWI UCITS ETF
9. SPDR S&P US Dividend Aristocrats UCITS ETF
10. Vanguard FTSE All-World High Dividend Yield UCITS ETF
11. Xtrackers S&P 500 Equal Weight UCITS ETF 1C

12. Xtrackers MSCI Europe UCITS ETF 1C

13. iShares Core MSCI Japan IMI UCITS ETF

14. iShares MSCI India UCITS ETF USD

15. iShares MSCI EM Asia UCITS ETF

16. iShares Core MSCI Pacific ex Japan UCITS ETF

17. iShares MSCI China UCITS ETF USD

18. iShares MSCI China UCITS ETF USD

19. Global X U.S. Infrastructure Development UCITS

20. VanEck Gold Miners UCITS ETF

ETFs de Renta Fija

Los ETFs de Renta Fija son fondos cotizados en bolsa que invierten en bonos o deudas emitidas por gobiernos, municipios o corporaciones.

Estos ETFs ofrecen a los inversores una forma de ganar exposición a diferentes tipos de deuda, plazos de vencimiento y perfiles de riesgo, todo ello mientras disfrutan de la liquidez y flexibilidad de negociar acciones en una bolsa de valores.

Características Principales

Los ETFs de Renta Fija permiten a los inversores diversificar sus carteras más allá de las acciones, incluyendo una amplia gama de bonos en una sola transacción.

El nivel de riesgo varía según el tipo de bono en el que invierte el ETF.

Los bonos gubernamentales suelen ser menos arriesgados que los bonos corporativos, y los bonos de alta calidad crediticia ofrecen menos riesgo que los bonos de alto rendimiento.

El rendimiento de un ETF de Renta Fija depende de los intereses que pagan los bonos en su cartera y del precio al que se adquieren estos bonos y la rentabilidad a vencimiento.

Tipos de ETFs de Renta Fija

- **Bonos Gubernamentales**: Invierten en deudas emitidas por gobiernos nacionales. Ejemplos incluyen bonos del Tesoro de EE.UU., bonos gubernamentales alemanes (Bunds), o bonos del gobierno japonés (JGBs).

- **Bonos Corporativos:** Invierten en deudas emitidas por corporaciones. Pueden variar desde inversiones de grado de inversión hasta bonos de alto rendimiento.

- **Bonos Municipales:** Invierten en deudas emitidas por estados, ciudades u otras entidades municipales. Son populares entre los inversores estadounidenses por sus ventajas fiscales.

- **Bonos de Mercados Emergentes:** Invierten en deudas de países en desarrollo, ofreciendo potencialmente mayores rendimientos pero con mayor riesgo.

- **Deuda de Corto Plazo**: Invierten en bonos con vencimientos cortos, ofreciendo menor riesgo y menor rendimiento.

- **Deuda de Largo Plazo:** Invierten en bonos con vencimientos más largos, normalmente con mayor riesgo y mayor rendimiento potencial.

Los ETFs de Renta Fija suelen tener comisiones más bajas que los fondos de bonos, pero varían según la complejidad y el tipo de bono.

Pueden ir desde tan solo 0,03% hasta más de 0,50% anualmente.

Principales ETFs de Renta Fija disponibles en Europa

Veamos algunos de los productos más populares de esta clase de activos y que pueden servirte para añadir a tus carteras.

1. iShares Core EUR Corporate Bond
2. iShares USD Treasury Bond 0-1yr
3. SPDR Bloomberg SASB U.S. Corporate ESG
4. iShares EUR High Yield Corporate Bond

5. iShares J.P. Morgan EM Local Government

6. iShares EUR Corporate Bond ESG

7. iShares USD Corporate Bond

8. iShares USD Treasury Bond 3-7yr

9. iShares Core Euro Government Bond

10. iShares J.P. Morgan USD Emerging Markets Bond

11. iShares USD Short Duration Corporate Bond

12. iShares Core Global Aggregate Bond

13. Vanguard Global Aggregate Bond

14. iShares Core UK Gilts

15. iShares EUR High Yield Corporate Bond ESG SRI

16. iShares USD Floating Rate Bond

17. iShares USD TIPS

18. iShares Euro Covered Bond

19. iShares USD Treasury Bond 20+yr

20. iShares US Mortgage Backed Securities

Aprovecho esta sección para aclarar un concepto importante. Cada ETF puede tener varias variantes, según si reparte dividendos o no y la divisa que utilice.

Si te aparece la palabra *"Distributing"* o equivalentes en el nombre del producto implica que repartirá periódicamente dividendos. El reparto puede ser mensual, trimestral, semestral o anual y no está garantizado sino que fluctúa según los dividendos o cupones que reciba el ETF en ese período.

En cambio sí aparece la palabra *Accumulating*, implica que el producto no repartirá dividendos sino que todos los ingresos adicionales que reciba serán reinvertidos en el mismo producto.

Que utilices un ETF de acumulación no significa que no puedas generar rentas periódicas. Simplemente vendiendo el importe que quieras en cualquier momento puedes hacerlo sin tener que esperar al reparto o descapitalizarte en caso de que durante algunos meses no necesites esos ingresos.

Que no te engañen, el dividendo se descuenta de la cotización del ETF así que no hay una ventaja entre una opción u otra y será dependiendo de la estrategia que sigas y la optimización fiscal que una te convenga más que otra.

ETC de Materias Primas

Los ETC (Exchange-Traded Commodities) de materias primas son instrumentos financieros que ofrecen a los inversores exposición a los precios de las materias primas sin la necesidad de poseer físicamente el activo.

A diferencia de los ETFs (Exchange-Traded Funds), que pueden incluir una variedad de activos financieros como acciones y bonos, los ETC se centran exclusivamente en materias primas y, por lo general, replican el rendimiento de índices de materias primas o el precio de una materia prima específica.

- Los ETC permiten a los inversores ganar exposición a los precios de las materias primas, como metales preciosos, energía y productos agrícolas, sin la necesidad de negociar contratos futuros o poseer el activo físico.

- Invertir en materias primas puede ofrecer diversificación para una cartera de inversión, ya que los precios de las materias primas a menudo tienen una baja correlación con los mercados de acciones y bonos.

- Las materias primas pueden actuar como una cobertura contra la inflación, ya que sus precios pueden aumentar con el nivel general de precios en la economía.

Los costes de los ETC de materias primas pueden variar dependiendo del emisor y del tipo de materia prima.

Los ETC típicamente tienen un TER que puede variar desde tan bajo como 0,19% hasta más de 0,60% anualmente, dependiendo de la complejidad del producto, los costes de almacenamiento y la materia prima subyacente.

Principales ETC de Materias Primas listados en Europa

Veamos algunos de los productos más populares bajo este formato.

No he incluido productos apalancados 2X, 3X e inversos, ya que conllevan un riesgo alto y más aún en productos tan volátiles como las materias primas. En la siguiente sección te explico más en detalle el por qué de mi advertencias sobre estos productos.

Los ETC de materias primas con mayor patrimonio bajo gestión según la tipología son:

1. Invesco Bloomberg Commodity
2. WisdomTree Brent Crude Oil
3. WisdomTree WTI Crude Oil
4. WisdomTree Industrial Metals
5. WisdomTree Agriculture
6. L&G Multi-Strategy Enhanced Commodities
7. iShares Diversified Commodity Swap
8. WisdomTree Copper
9. iShares Bloomberg Roll Select Commodity Swap
10. WisdomTree Copper

11. Amundi Bloomberg Equal-Weight Commodity Ex-Agriculture

12. UBS ETF (IE) CMCI Composite SF

13. L&G All Commodities UCITS ETF

14. Invesco Physical Gold

15. iShares Physical Silver

ETPs Inversos y Apalancados

Los ETPs inversos y apalancados son instrumentos financieros complejos diseñados para inversores experimentados que buscan estrategias de inversión más especulativas.

Estos ETPs utilizan instrumentos derivados como futuros, opciones y swaps para lograr sus objetivos de inversión. A continuación, se detallan sus características principales, emisoras y costes medios.

- **ETPs Inversos:** buscan **proporcionar el opuesto del rendimiento diario** de su índice de referencia. Por ejemplo, un ETP inverso que sigue al S&P 500 busca generar ganancias cuando el índice cae.

- **ETPs Apalancados:** buscan **multiplicar el rendimiento diario** de su índice de referencia. Por ejemplo, un ETP apalancado 2x busca proporcionar el doble del rendimiento diario del índice al que sigue.

Tanto los ETPs inversos como los apalancados suelen rebalancear sus posiciones diariamente.

Esto significa que su objetivo es alcanzar el rendimiento opuesto o múltiple sólo durante el período de un día, lo que puede llevar a resultados impredecibles en periodos más largos debido al efecto de la volatilidad y el compounding.

Apalancados

Table 5 – The Index Lacks a Clear Trend

	Index			Bull Fund			Bear Fund		
	Value	Daily Performance	Cumulative Performance	NAV	Daily Performance	Cumulative Performance	NAV	DailyPerformance	Cumulative Performance
	100			$100.00			$100.00		
Day 1	105	5.00%	5.00%	$110.00	10.00%	10.00%	$ 90.00	-10.00%	-10.00%
Day 2	110	4.76%	10.00%	$120.48	9.52%	20.47%	$ 81.43	-9.52%	-18.57%
Day 3	100	-9.09%	0.00%	$ 98.57	-18.18%	-1.43%	$ 96.23	18.18%	-3.76%
Day 4	90	-10.00%	-10.00%	$ 78.86	-20.00%	-21.14%	$115.48	20.00%	15.48%
Day 5	85	-5.56%	-15.00%	$ 70.10	-11.12%	-29.91%	$128.31	11.12%	28.33%
Day 6	100	17.65%	0.00%	$ 94.83	35.30%	-5.17%	$ 83.03	-35.30%	-16.97%
Day 7	95	-5.00%	-5.00%	$ 85.35	-10.00%	-14.65%	$ 91.33	10.00%	-8.67%
Day 8	100	5.26%	0.00%	$ 94.34	10.52%	-5.68%	$ 81.71	-10.52%	-18.28%
Day 9	105	5.00%	5.00%	$103.77	10.00%	3.76%	$ 73.54	-10.00%	-26.45%
Day 10	100	-4.76%	0.00%	$ 93.89	-9.52%	-6.12%	$ 80.55	9.52%	-19.45%

Fuente: DIREXION SHARES ETF TRUST

Proceso Resultado

Los ETPs inversos y apalancados tienden a tener ratios de gastos más altos que los ETPs tradicionales, debido a los costes asociados con el uso de derivados y la gestión activa necesaria para mantener las exposiciones deseadas.

Veamos algunos ejemplos de este tipo de productos:

1. Xtrackers S&P 500 2x Leveraged Daily Swap

2. Xtrackers ShortDAX x2 Daily Swap

3. Amundi EURO STOXX 50 Daily (2x) Leveraged

4. Amundi Nasdaq-100 Daily (2x) Leveraged

5. WisdomTree NASDAQ 100 3x

6. Xtrackers S&P 500 Inverse Daily Swap

7. WisdomTree WTI Crude Oil 2x Daily Leveraged

8. WisdomTree Gold 3x Daily Leveraged

9. GraniteShares 3x Long MicroStrategy Daily ETP

10. Xtrackers EURO STOXX 50 Short Daily Swap UCITS

Los ETFs inversos y apalancados **son principalmente adecuados sólo para estrategias a corto plazo debido a su rebalanceo diario.**

ETFs/ETP Criptomonedas

Los ETFs y ETPs (Exchange-Traded Products) de criptomonedas son vehículos de inversión que ofrecen exposición a las criptomonedas sin la necesidad de poseer directamente los activos digitales.

Estos productos están diseñados para replicar el rendimiento de una o más criptomonedas, como Bitcoin, Ethereum, entre otras, permitiendo a los inversores comprar y vender acciones del ETF o ETP en bolsas de valores tradicionales y sin necesidad de abrir cuenta en un exchange.

Es importante destacar que los 11 ETFs listados en la bolsa americana no son negociables por inversores europeos. La única manera de tener exposición es vía los ETP, que sí están listados en las bolsas europeas.

Tipos de ETFs/ETPs de Criptomonedas

- **ETFs/ETPs de Bitcoin**: Estos productos buscan replicar el rendimiento del Bitcoin, la criptomoneda más grande y conocida.

- **ETFs/ETPs de Ethereum**: Rastrean el rendimiento de Ethereum, la segunda criptomoneda más grande por capitalización de mercado.

- **ETFs/ETPs Multicripto:** Ofrecen exposición a una cesta de varias criptomonedas.

- **ETFs/ETPs de Futuros de Criptomonedas**: En lugar de invertir directamente en criptomonedas, algunos productos invierten en contratos de futuros de criptomonedas.

Aunque estés tentado a invertir en el mercado ten presente los siguientes puntos:

- **Volatilidad**: El mercado de criptomonedas es conocido por su alta volatilidad, lo que puede llevar a grandes fluctuaciones en el valor de estos ETFs/ETPs.

- **Regulación**: La regulación en torno a los ETFs/ETPs de criptomonedas está en desarrollo, y las diferencias regulatorias entre jurisdicciones pueden afectar la disponibilidad y las características de estos productos.

- **Costes**: Los ETFs/ETPs de criptomonedas pueden tener costes más altos en comparación con los ETFs tradicionales debido a las complejidades de gestionar y asegurar activos digitales.

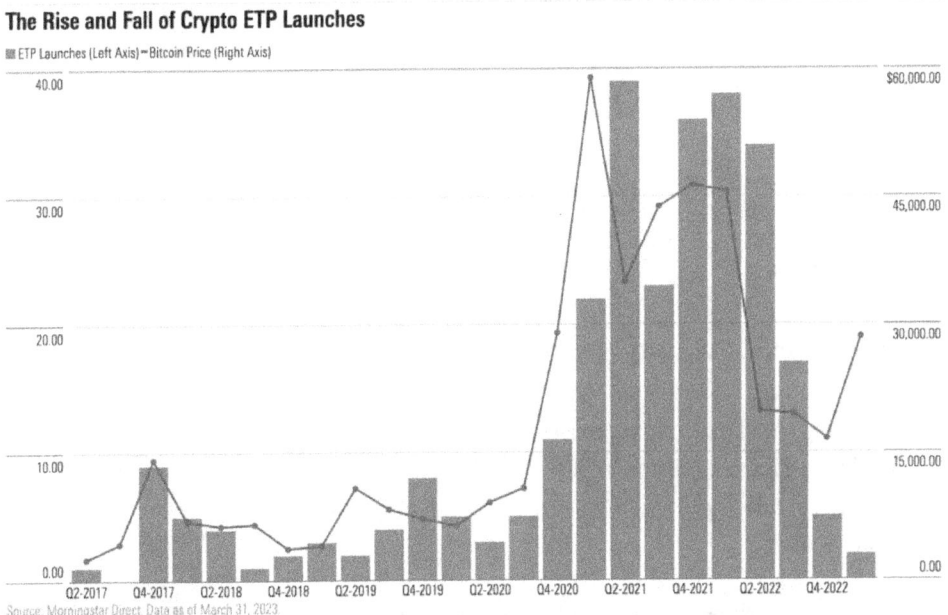

The Rise and Fall of Crypto ETP Launches

ETP Launches (Left Axis) — Bitcoin Price (Right Axis)

Source: Morningstar Direct. Data as of March 31, 2023

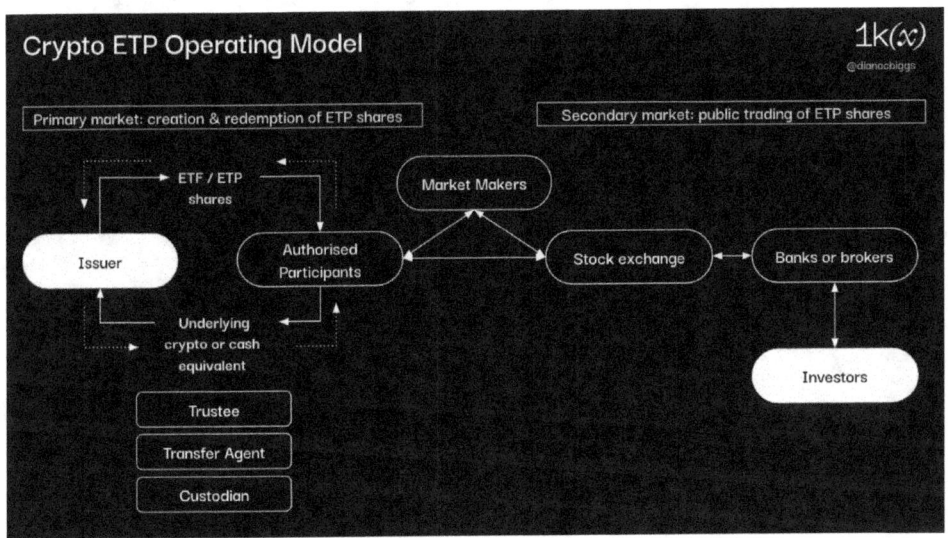

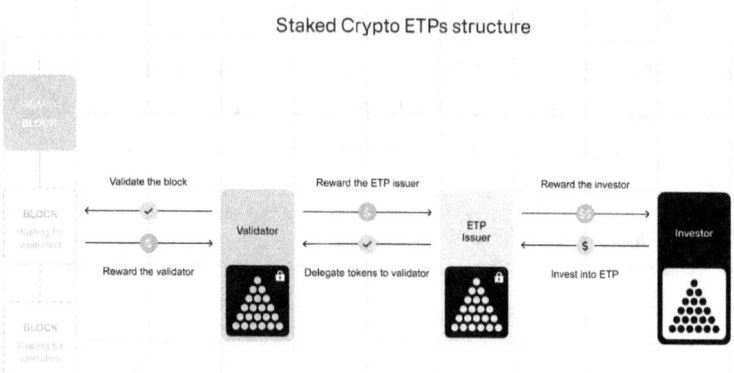

Staked Crypto ETPs structure

Listado de ETP de Criptomonedas disponibles en Europa

Te comparto algunos de los ETP más populares para invertir en criptomonedas. Recuerda comparar sus costes y el método de custodia del emisor ya que algunos aplican auténticos sablazos o pueden incurrir en riesgos adicionales.

1. CoinShares Physical Bitcoin
2. Bitwise Physical Bitcoin ETP
3. WisdomTree Physical Bitcoin
4. 21Shares Solana Staking ETP
5. 21Shares Bitcoin ETP
6. VanEck Bitcoin ETN
7. 21Shares XRP ETP
8. Hashdex Nasdaq Crypto Index Europe ETP
9. 21Shares Ethereum Staking ETP
10. 21Shares Crypto Basket Index ETP

ETFs de Gestión Activa

Los ETFs de gestión activa son una innovación relativamente reciente en el mundo de los fondos cotizados en bolsa, que combina la estructura eficiente y transparente de los ETFs con estrategias de inversión activas.

A diferencia de los ETFs tradicionales, que generalmente siguen un índice de referencia de manera pasiva, los ETFs de gestión activa son gestionados por equipos de inversión que toman decisiones discrecionales sobre la selección de activos, con el objetivo de superar a un índice de referencia o lograr un objetivo de inversión específico.

Los gestores de fondos seleccionan activos basándose en análisis fundamental, técnico o cuantitativo, buscando oportunidades de mercado para superar a los índices de referencia.

Comparado con sus homólogos indexados pueden adaptarse rápidamente a cambios en las condiciones del mercado, ajustando su cartera según las perspectivas de los gestores.

Los costes de los ETFs de gestión activa suelen ser más altos que los de los ETFs pasivos debido a los costos asociados con la gestión activa. Sin embargo, generalmente son más bajos que los de los fondos mutuos gestionados activamente.

Ejemplos de ETFs de Gestión Activa

- **ARK Innovation ETF (ARKK):** Gestionado por ARK Invest, se centra en empresas que se cree que ofrecen un potencial de crecimiento disruptivo.

- **PIMCO Active Bond ETF (BOND):** Un ETF de renta fija gestionado activamente que busca maximizar el rendimiento total de la inversión.

- **JPMorgan Equity Premium Income ETF** (JEPI): Utiliza una estrategia activa para generar ingresos a través de la venta de opciones put y la inversión en una cartera de acciones.

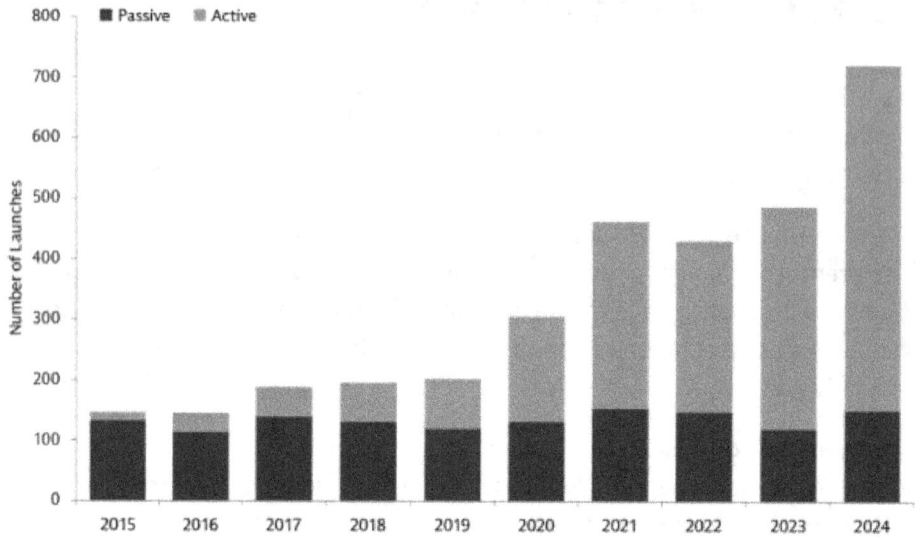

ETFs Smart Beta

Los ETFs de Smart Beta representan una evolución en la gestión de fondos cotizados que combina elementos de la inversión pasiva y estrategias de inversión activa.

A diferencia de los ETFs tradicionales que suelen seguir índices ponderados por capitalización de mercado, los ETFs de Smart Beta utilizan otras reglas o factores para la selección y ponderación de activos, con el objetivo de mejorar los rendimientos, reducir el riesgo o aumentar la diversificación.

- Los ETFs de Smart Beta aplican metodologías alternativas para seleccionar activos, que pueden basarse en factores como la volatilidad, el dividendo, el valor, el momentum, la calidad y el tamaño.

- En lugar de ponderar las acciones por su capitalización de mercado, los ETFs de Smart Beta pueden utilizar ponderaciones igualitarias, ponderaciones basadas en ingresos o estrategias de ponderación basadas en factores.

- Buscan superar los índices de referencia tradicionales a través de la gestión sistemática de factores de riesgo y retorno.

- Aunque generalmente tienen costes más altos que los ETFs pasivos tradicionales, los ETFs de Smart Beta suelen ser menos costosos que la gestión activa pura.

Los costes de los ETFs de Smart Beta varían según la complejidad de la estrategia y el proveedor, pero generalmente se encuentran en un rango medio entre los ETFs tradicionales de bajo costo y los fondos gestionados activamente más costosos.

El Ratio de Gastos Totales (TER) para los ETFs de Smart Beta puede variar desde aproximadamente 0,20% hasta 0,75% o más.

Ejemplos de ETFs Smart Beta

1. iShares Edge MSCI World Minimum Volatility UCITS ETF USD (Acc) (IE00B8FHGS14)

2. Amundi Russell 1000 Growth UCITS ETF Acc (FR0011119171)

3. SPDR S&P Euro Dividend Aristocrats UCITS ETF (Dist) (IE00B5M1WJ87)

4. Xtrackers S&P 500 Equal Weight UCITS ETF 1C (IE00BLNMYC90)

5. HSBC Multi-Factor Worldwide Equity UCITS (IE00BKZGB098)

6. iShares Edge MSCI World Quality Factor UCITS ETF (Acc) (IE00BP3QZ601)

7. iShares Edge MSCI World Momentum Factor UCITS ETF (Acc) (IE00BP3QZ825)

8. iShares Edge MSCI World Value Factor UCITS ETF (IE00BP3QZB59)

ETPs de acciones individuales

Los ETP (Exchange-Traded Products) de acciones individuales son una categoría relativamente nueva de productos financieros que permiten a los inversores obtener exposición a las acciones de una sola empresa a través de un instrumento que cotiza en bolsa, similar a un ETF.

A diferencia de los ETFs tradicionales, que generalmente ofrecen exposición a un amplio índice o sector, estos ETPs se centran en replicar el rendimiento de una sola acción, proporcionando una forma alternativa y flexible de invertir en empresas específicas sin tener que comprar directamente las acciones.

En 2023 y 2024 han proliferado productos que permiten la exposición al rendimiento apalancado de una acción, tanto a la baja como al alza.

El líder europeo de ETP sobre acciones individuales es Leverage Shares, que cuenta con productos muy populares como:

- 3x NVIDIA

- 3x Tesla

- 3x Alibaba

Curiosamente, este emisor tiene otra nueva tendencia dentro del mundo del ETP, que es la posibilidad de lanzar tu propio producto y elegir los subyacentes si reúnes el capital suficiente (5.000.000€).

Así han nacido productos curiosos como el primer ETP que replica a las FAANG+

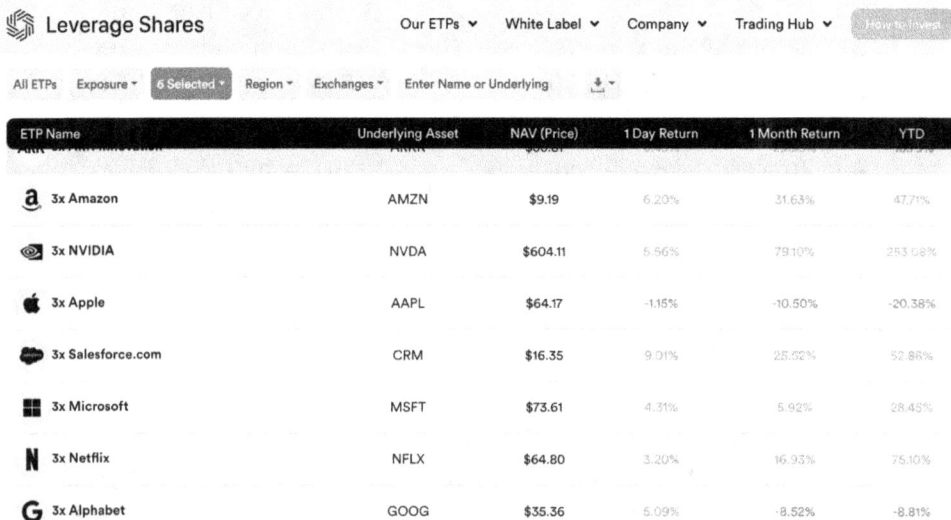

ETP Name	Underlying Asset	NAV (Price)	1 Day Return	1 Month Return	YTD
3x Amazon	AMZN	$9.19	6.20%	31.63%	47.71%
3x NVIDIA	NVDA	$604.11	5.56%	79.10%	253.08%
3x Apple	AAPL	$64.17	-1.15%	-10.50%	-20.38%
3x Salesforce.com	CRM	$16.35	9.01%	25.52%	52.86%
3x Microsoft	MSFT	$73.61	4.31%	5.92%	28.45%
3x Netflix	NFLX	$64.80	3.20%	16.93%	75.10%
3x Alphabet	GOOG	$35.36	5.09%	-8.52%	-8.81%

Capítulo 10:

FISCALIDAD DE LOS ETFS

¿Cuánto pago por invertir en ETFs desde España?

Los ingresos recibidos por la venta de ETFs tributan al año siguiente siempre que estés obligado a declarar siguiendo los tramos que a continuación te describo:

- Hasta 6.000 €: 19%

- De 6.000 € a 50.000 €: 21%

- De 50.000 € a 200.000 €: 23%

- De 200.000 € a 300.000 €: 27%

- Más de 300.000 €: 30%

Recuerda que el % aplicado de un tramo superior solo se aplica a los euros correspondientes a ese tramo.

Veamos un ejemplo. Si obtengo ganancias patrimoniales de 10.000€ por la venta de ETFs al año siguiente deberá pagar las siguientes cantidades

$$6000x0,19 + 4000x0,21= 1980€$$

Es importante destacar que si el broker es local te habrá aplicado una retención. Mi recomendación es que utilices el simulador de la Renta de la Agencia Tributaria y puedas tener controlado cuál va a ser aproximadamente el resultado de tu declaración.

Recuerda que los ETFs que reparten dividendos te generarán también una ganancia patrimonial a las que se le aplica los mismos tramos.

También debes saber que los ETFs en España **no tienen la ventaja fiscal de que los traspasos difieran el pago de impuestos**, por lo que cada vez que vendas un ETF al año siguiente tendrás que incluir su importe en la declaración.

¿Cómo incluir los ETFs en la declaración de la Renta?

Tienes dos formas:

Utilizar el programa Cartera de Valores con los datos de ISIN, precio, número de participaciones y comisión pagada. Luego esos datos se importan marcando el botón:

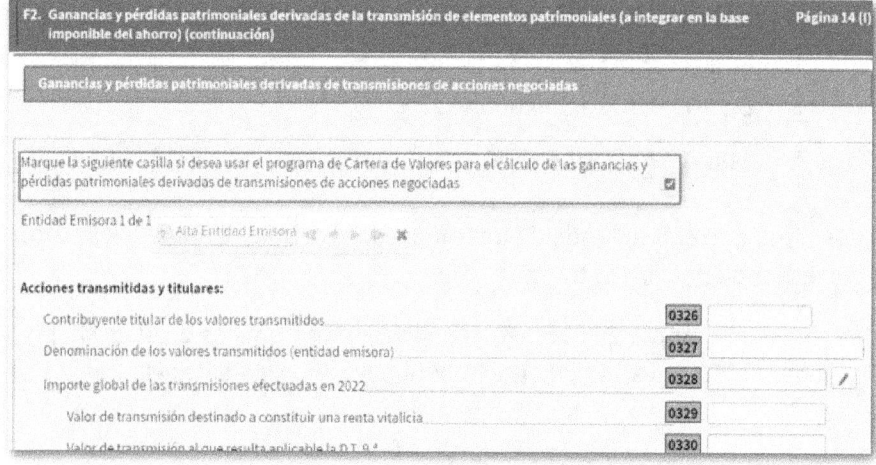

La otra opción es incluir los datos de forma manual en la casilla 328.

Transmisión de acciones negociadas	Modalidad Declarante

Entidad Emisora_____

Ganancia/Pérdida 1 de 1   Alta Ganancia/Pérdida   ⧉ ◁ ▷ ▷ ✖

Valor de transmisión (*)_____ 6796,09 ??

Valor de adquisición (*)_____ 6869,19 ??

Exención ganancia patrimonial por reinversión en rentas vitalicias por mayores de 65 años:

Si desea aplicar la exención por reinversión en rentas vitalicias, marque la casilla ☐

Importe reinvertido_____

No imputación de pérdidas por recompra de valores homogéneos

Marque la casilla si ha obtenido una pérdida patrimonial y ha recomprado acciones homogéneas en los dos meses anteriores o posteriores a la transmisión   **x ??**

☐ Aplicación de los coeficientes reductores de la disposición transitoria 9ª de la ley de IRPF (sólo para ganancias derivadas de acciones adquiridas antes de 31/12/1994)

(*) Si aplica la DT 9ª de la Ley de IRPF no se pueden agrupar acciones transmitidas o adquiridas en distintas fechas

NOTA: SI aplica la DT 9ª de la Ley de IRPF o la exención por reinversión en rentas vitalicias, el programa no permite copiar a uno de los cónyuges las cantidades reflejadas para el otro.

Capítulo 11:

ANÁLISIS DE FAMILIAS DE ETFS POPULARES

En este capítulo, que he añadido en esta nueva edición quisiera compartirte las peculiaridades de alguna de las familias o estrategias de ETFs más utilizadas o populares del mercado.

ETFs Research Enhanced Index (REI) de JP Morgan

La metodología Research Enhanced de JP Morgan se basa en intentar mezclar lo mejor de la inversión indexada y la inversión activa para crear carteras con una mejor rentabilidad/riesgo que sus índices de referencia pero a la vez sin asumir mucha desviación sobre los mismos.

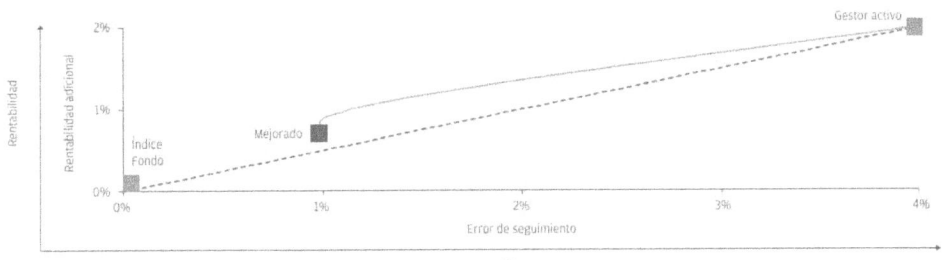

Fuente: J.P. Morgan Asset Management. Información ofrecida a título ilustrativo.

El primer producto basado en dicha filosofía fue lanzado en 1992 en Estados Unidos en formato fondo de inversión, pero a día de hoy la mayoría de las estrategias que utilizan este método son ETFs de gestión activa.

A día de hoy conviven los productos lanzados en Estados Unidos y las versiones UCITs. Estas últimas añaden el filtro ESG a su proceso de inversión como veremos más adelante.

Los pasos para crear las distintas carteras son los siguientes:

El equipo de analistas global de JP Morgan da seguimiento a unas 2500 acciones de todo el mundo y a través del análisis fundamental clasifica las acciones según la calidad de las mismas, el crecimiento de sus ingresos/beneficios y el retorno potencial.

Los gestores de las carteras con esos informes establecen los pesos específicos de cada acción pero con las restricciones que veremos a continuación.

El peso en cada país no podrá exceder entre el 2-3% del peso que tiene el índice

En cuanto a sectores se permite una sobreexposición o una infraponderación de entre el 1 y 3%

El peso en específico de cada compañía seleccionada para las carteras no puede variar más de un 0,75-1% frente al peso que tiene en el índice

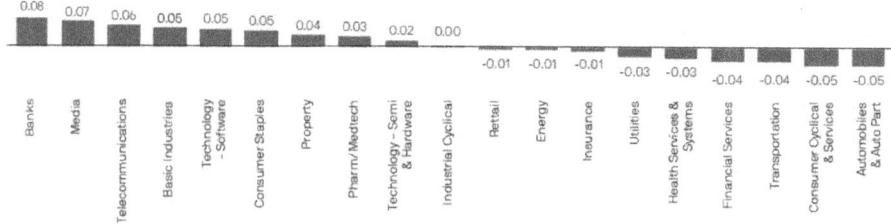

En el caso de productos ESG se aplican criterios de exclusión

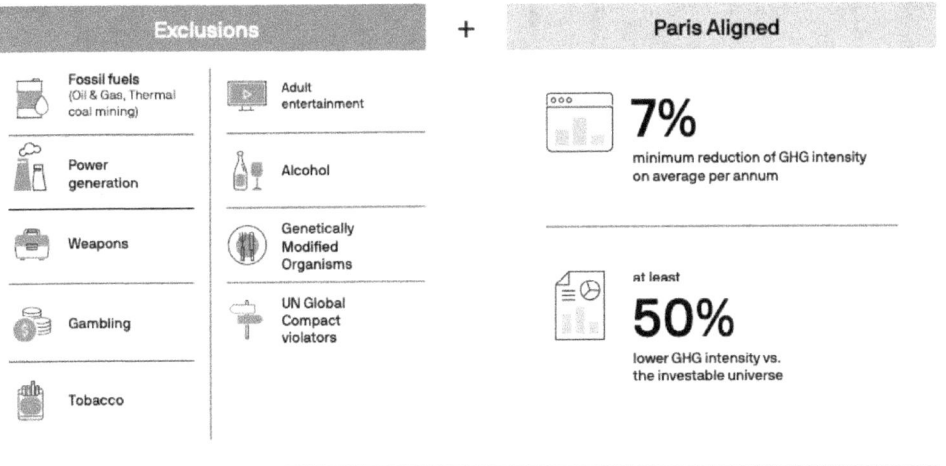

Hay que destacar que los ETFs no invierten en todas las acciones del índice sino que solo utilizan un subconjunto de las mismas según los datos ofrecidos por los analistas.

El objetivo de cada producto lanzado es obtener una alfa entre el 0,75-1 con un tracking error entre el 0,75 y 1,25%.

En Europa desde 2018 se han lanzado varios ETFs de esta gama todos incluyendo criterios ESG en su proceso de creación de carteras.

	Nombre ▲	Proveedor ▲	TER ▲	Moneda ▲	Distribución ▲	Replicación ▲	Volumen (millones de €) ▼	Precio ▲	Hoy ▲
☐	JPMorgan US Research Enhanced Index Equity (ESG) UCITS ETF (Acc) ⊘ ESG · Plan de ahorro		0,19 %	USD	✕	R	9.445	51,43 € ●	+0,88 %
☐	JPMorgan Global Research Enhanced Index Equity (ESG) UCITS ETF (Acc) ⊘ ESG · Plan de ahorro		0,25 %	USD	✕	R	5.592	45,96 € ●	+0,71 %
☐	JPMorgan Europe Research Enhanced Index Equity (ESG) UCITS ETF (Acc) ⊘ ESG · Plan de ahorro		0,25 %	EUR	✕	R	2.173	46,19 € ●	+0,44 %
☐	JPMorgan Global Research Enhanced Index Equity (ESG) UCITS ETF (Dist) ⊘ ESG · Plan de ahorro		0,25 %	USD	✓	R	794	43,92 € ●	+0,50 %
☐	JPMorgan US Research Enhanced Index Equity (ESG) UCITS ETF (Dist) ⊘ ESG · Plan de ahorro		0,19 %	USD	✓	R	769	48,01 € ●	+0,85 %
☐	JPMorgan Global Research Enhanced Index Equity (ESG) UCITS ETF (Acc) EUR-Hedged ⊘ ESG · Plan de ahorro · € Cobertura		0,25 %	EUR	✕	R	745	43,13 € ●	+0,26 %
☐	JPMorgan Global Research Enhanced Index Equity (ESG) UCITS ETF ⊘ ESG · £ Cobertura		0,25 %	GBP	✕	R	339	44,51 €	—
☐	JPMorgan Global Research Enhanced Index Equity (ESG) UCITS ETF (Acc) ⊘ ESG		0,25 %	EUR	✕	R	228	24,62 €	—
☐	JPMorgan ETFs (Ireland) ICAV - US Research Enhanced Index Equity (ESG) UCITS ETF ⊘ ESG · Plan de ahorro · € Cobertura		0,19 %	EUR	✕	R	125	45,43 € ●	+0,44 %
☐	JPMorgan Europe Research Enhanced Index Equity (ESG) UCITS ETF (Dist) ⊘ ESG · Plan de ahorro		0,25 %	EUR	✓	R	88	43,68 € ●	+0,68 %
☐	JPMorgan US Research Enhanced Index Equity (ESG) UCITS ETF ⊘ ESG · CHF Cobertura		0,19 %	CHF	✕	R	38	51,94 €	—
☐	JPMorgan US Research Enhanced Index Equity (ESG) UCITS ETF (Acc) ⊘ ESG		0,20 %	EUR	✕	R	1	24,22 €	—

	Global Research Enhanced Index Equity (ESG) UCITS ETF	US Research Enhanced Index Equity (ESG) UCITS ETF	Europe Research Enhanced Index Equity (ESG) UCITS ETF	Eurozone Research Enhanced Index Equity (ESG) UCITS ETF
Tickers	JRGD (dist)	JRUD (dist)	JRED (disc)	JRZD (dist)
Benchmark	MSCI World	S&P 500	MSCI Europe	MSCI EMU Index
Alpha Target	0.75 %	0.60 %	0.75 %	0.75 %
Tracking Error (Active Risk)	1.00 – 1.50 %	0.50 – 1.50 %	0.75 – 1.50 %	0.75 – 1.50 %
AuM (as of 29 Apr)	677mn USD	951mn USD	287mn EUR	9mn USD
Country range	+2.0 % to benchmark	US	+3.0 % to benchmark	+3.5 % to benchmark
Sector range	+/– 3.0 % to benchmark	+1.0 % to benchmark	+1.0 % to benchmark	+2.0 % to benchmark
Stock range	+/– 0.75 % to benchmark	+1.0 % to benchmark	+1.0 % to benchmark	+1.0 % to benchmark
Holdings	600 – 800	200 – 375	100 – 250	75 – 175
TER bps	25 bps	20 bps	25 bps	25 bps
ESG	ESG-Promote (Article 8, SFDR)	ESG-Promote (Article 8, SFDR)	ESG-Promote (Article 8, SFDR)	ESG-Promote (Article 8, SFDR)

	Japan Research Enhanced Index Equity (ESG) UCITS ETF	Global Emerging Markets Research Enhanced Index Equity (ESG) UCITS ETF	China A Research Enhanced Index Equity (ESG) UCITS ETF	AC Asia-Pacific ex Japan Research Enhanced Index Equity (ESG) UCITS ETF
Tickers	JREI (dist)	JRMD (dist)	JRDC (dist)	JREX (dist)
Benchmark	MSCI Japan	MSCI Emerging Markets	MSCI China A	MSCI AC Asia Pacific ex Japan
Alpha Target	0.75 %	0.75 %	0.75 %	0.75 %
Tracking Error (Active Risk)	0.75 – 1.50 %	0.75 – 2.00 %	1.00 – 2.00 %	1.00 – 2.00 %
AuM (as of 29 Apr)	13mn USD	760mn USD	9mn USD	13mn USD
Country range	N/A	+2.0 % to benchmark	N/A	+/– 2.0 % to benchmark
Sector range	+2.0 % to benchmark	+2.0 % to benchmark	+2.0 % to benchmark	+2.0 % to benchmark
Stock range	+1.0 % to benchmark	+0.75 % to benchmark	+1.0 % to benchmark	+1.0 % to benchmark
Holdings	150 – 250	225 – 325	75 – 225	150 – 300
TER bps	25 bps	30 bps	40 bps	30 bps
ESG	ESG-Promote (Article 8, SFDR)	ESG-Promote (Article 8, SFDR)	ESG-Promote (Article 8, SFDR)	ESG-Promote (Article 8, SFDR)

Incluso recientemente se ha lanzado la versión UCITs de una estrategia que busca batir al MSCI ACWI: **JPMorgan All Country Research Enhanced Index Equity Active UCITS ETF,**

¿Son más rentables los ETFs Research Enhanced que los índices?

Aunque hayas escuchado que estos productos son la panacea y la nueva forma de batir a bajo coste los índices, mi respuesta a la pregunta anterior no es tan contundente.

Por ejemplo veamos el producto con mayor trackrecord lanzado desde 1992, en los últimos años se queda un poco por debajo de su índice.

	1 Month	3 Months	YTD	1 Year	3 Years	5 Years	10 Years	15 Years	Since inception*
At NAV	3.48%	5.63%	8.92%	8.46%	7.39%	8.97%	5.42%	5.91%	6.17%
Market Price Returns	3.52%	5.27%	8.72%	8.30%	7.37%	8.96%	5.42%	5.91%	6.17%
MSCI EAFE Index (net total return)	1.94%	4.86%	7.30%	8.77%	6.42%	8.70%	5.28%	6.11%	-

Y si miras la gráfica podrás ver como las caídas son similares con drawdowns desde máximos superiores al 40% en el año 2000 y 2007-2008.

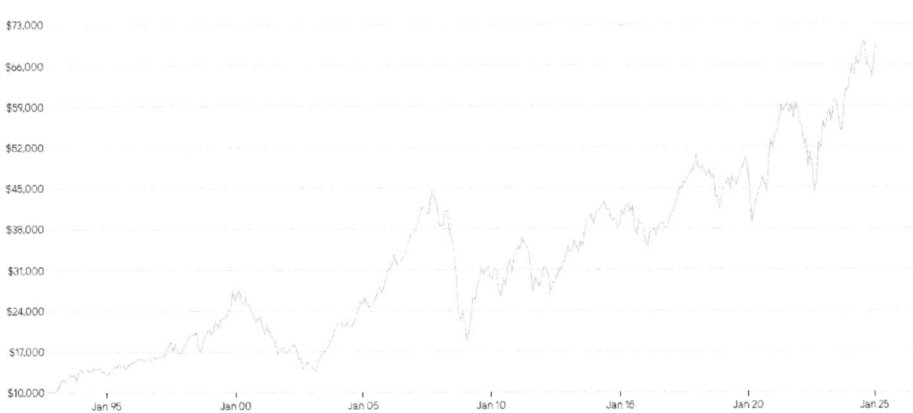

Ahora bien si miramos las estrategias UCITs lanzadas en 2018 si vemos un exceso de rentabilidad frente al índice y frente a un ETF similar de gestión indexada.

	1 MES	3 MESES	1 AÑO	3 AÑOS	5 AÑOS	DESDE EL LANZAMIENTO
JPM - USD (acc)	-0,43%	-0,32%	14,58%	35,95%	99,67%	112,40%
Índice de referencia	-0,72%	0,11%	15,63%	33,89%	91,78%	101,59%
Exceso de rentabilidad (geométrico)	0,29%	-0,42%	-0,90%	1,54%	4,11%	5,36%

	JPMorgan ETFs (Ireland) ICAV - Global Research Enhanced Index Equity UCITS ETF - USD (acc)	UBS (Irl) ETF plc - MSCI World UCITS ETF (USD) A-acc
Volatilidad	17,88%	17,84%
Máxima caída	-19,46%	-19,75%
Alpha	1,51	0,99
Beta	1,02	1,03
Ratio de Sharpe	0,74	0,67
R Cuadrado	99,11	99,22
Tracking Error	1,57	1,53
Correlación	99,56	99,61
Ratio de información	1,09	0,77

Rentabilidad ⌄

	JPMorgan ETFs (Ireland) ICAV - Global Research Enhanced Index Equity UCITS ETF - USD (acc)	UBS (Irl) ETF plc - MSCI World UCITS ETF (USD) A-acc
YTD	▼ -5,41%	▼ -5,19%
6 meses	▲ 2,87%	▲ 4,12%
Un año	▲ 10,08%	▲ 11,32%
Tres años *	▲ 10,24%	▲ 9,77%
Cinco años *	▲ 18,67%	▲ 18,64%
Diez años *	—	—

* Rentabilidad anualizada en Euros

Ahora bien, si algo hay que destacar es que en las estrategias más longevas el tracking error lo han mantenido muy bajo.

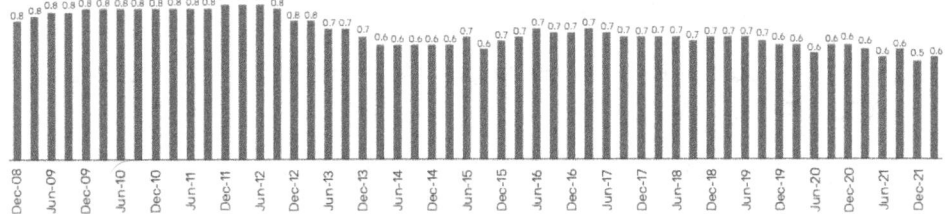

¿Quién gestiona estos ETFs?

Además del equipo de analistas global, existe dentro de JP Morgan un equipo de gestores especializados en esta estrategia con una antigüedad media superior a los 20 años.

Los gestores más destacados son:

Rafaelle Zingone (también al frente de las estrategias de Equity Premium Income)

Piera Elisa Grassi

Aunque en cada estrategia en particular hay portfolio managers que complementan la labor de estos dos responsables de cartera.

Cómo conclusión del análisis de esta gama te diría que son adecuados para quien quiere invertir de forma indexada pero confiando en una estrategia que aplique filtros de calidad fundamental para limitar la exposición a determinadas acciones dentro de los índices, estos ETFs pueden cumplir ese papel.

No quiero que pienses que son perfectos y que eso evitará las caídas porque a la vista de los datos vemos que no ha sido así.

Su objetivo es, pagando muy poco, tener las ventajas de la gestión indexada y un poco de gestión activa para conseguir mejores rentabilidades asumiendo el mismo nivel de riesgo.

ETFs Premium Income de JP Morgan

Estos productos son de los más populares en redes sociales. En particular las tres versiones UCITs comercializadas en Europa.

JPMorgan Global Equity Premium Income Active UCITS ETF USD (IE0003U-VYC20) | Ticker JGPI

JPMorgan Nasdaq Equity Premium Income Active UCITS ETF USD (IE000U-9J8HX9) | Ticker JEQP

JPMorgan US Equity Premium Income Active UCITS ETF USD (IE000U5M-JOZ6) |Ticker JEIP

JEPG

- Proporciona una posición defensiva y ampliamente diversificada a renta variable global.
- Rentabilidad esperada: 7-9%*
- Número de participaciones: 200 – 500

JEPI

- Proporciona una posición defensiva y ampliamente diversificada a valores del índice S&P 500.
- Rentabilidad esperada: 7-9%*
- Número de participaciones: 200 - 300

JEPQ

- Proporciona exposición a valores del índice Nasdaq 100, que tiene mayor exposición a sectores growth del mercado estadounidense.
- Rentabilidad esperada: 9-11%*
- Número de participaciones: 60 - 90

Como siempre detrás del FOMO hay una historia que contar, que está llena de virtudes que se ensalzan y riesgos que se minimizan.

Las preguntas claves son:

¿Por qué son tan populares? ¿Son seguros? ¿Qué aportan a nuestras carteras?

Lo primero es entender que son ETFs de gestión activa. No replican a ningún índice aunque lo veas en el título del ETF.

Son réplicas de estrategias lanzadas en Estados Unidos entre 2020 y 2022

No tienen suficiente trackrecord para analizar su comportamiento en distintos escenarios, pero aún así son los ETFs activos con más patrimonio a nivel mundial.

Por ejemplo, la versión original del ETF JEIP (JEPI en Estados Unidos) tiene más de 39 mil millones de dólares bajo gestión.

Su **rentabilidad por dividendo es variable** y depende del **nivel de volatilidad del mercado.**

¿Cuál es la estrategia de inversión que siguen los ETFs Equity Premium Income de JPMorgan?

Si no replican un índice, tenemos que analizar cuáles son los pilares del proceso de inversión que sigue el equipo gestor.

En sus folletos y documentación he podido recabar los siguientes datos:

La cartera se estructura en tres componentes

1) La compra de acciones con mejor expectativas de rentabilidad de los integrantes del índice de referencia

- Aunque tienen libertad de no incluir algunas acciones del índice lo común es que incluyan las principales posiciones pero con un desviación máxima de +/- 2 o 3% frente al peso que tiene dichas acciones en el índice.

- Utilizan un modelo cuantitativo y de análisis de datos para definir que acciones tienen el mejor binomio rentabilidad/riesgo esperado

2) La venta de opciones call out the money sobre las acciones en cartera o del índice

- El precio de ejercicio de las opciones se establece en un rango de 2,5%

- Se realiza a través de la inversión en una escalera de opciones de vencimiento semanal a un mes y con diferentes precio de ejercicio.

3) La inversión en Equity Linked Notes.

La rentabilidad esperada proviene de tres fuentes:

- Los dividendos recibidos de la cartera de acciones
- Los ingresos por el cobro de primas de las opciones vendidas
- La revalorización de las acciones hasta el precio de ejercicio de las opciones.

Si sabes de opciones ya habrás identificado que estamos ante una estrategia conocida como covered call.

Pero si no eres especialista, no deberías invertir en estos ETFs sin conocer este concepto.

¿Cómo funciona una estrategia de covered call?

Imagina que tienes una acción, por ejemplo de Apple, y la mantienes en tu cartera. Con la estrategia de "covered call" lo que haces es vender una opción de compra sobre esa acción.

Esto significa que le das a otra persona el derecho (pero no la obligación) de comprar tu acción a un precio fijado ("precio de ejercicio") durante un período de tiempo determinado.

A cambio, recibes una prima, que es como un pago extra.

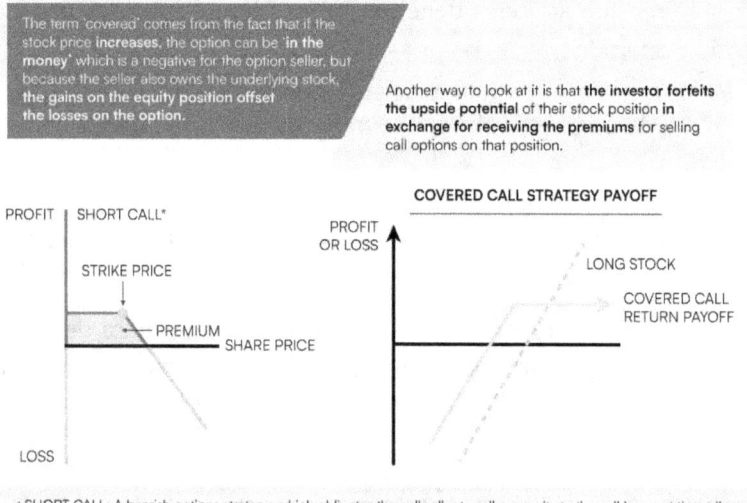

The term 'covered' comes from the fact that if the stock price **increases**, the option can be 'in the money' which is a negative for the option seller, but because the seller also owns the underlying stock, the gains on the equity position offset the losses on the option.

Another way to look at it is that **the investor forfeits the upside potential** of their stock position **in exchange for receiving the premiums** for selling call options on that position.

COVERED CALL STRATEGY PAYOFF

PROFIT | SHORT CALL*

STRIKE PRICE

PREMIUM
SHARE PRICE

LOSS

PROFIT OR LOSS

LONG STOCK

COVERED CALL RETURN PAYOFF

* SHORT CALL: A bearish options strategy, which obligates the call seller to sell a security to the call buyer at the strike price if the call is exercised.

Los tres escenarios principales que te puedes encontrar son los siguientes:

Mercado Lateral o Estable:

Las acciones se mueven poco y se mantienen cerca del precio actual.

Las opciones que vendiste probablemente expiren sin ejercicio, por lo que te quedas con la prima como ganancia extra, además de los dividendos que pueda pagar la acción.

Mercado Alcista Moderado:

Las acciones suben, pero de forma moderada y sin sobrepasar el precio de ejercicio de la opción que vendiste.

Ganas algo de la apreciación de la acción y también te quedas con la prima. Es un escenario positivo, aunque si la acción sube mucho, pierdes la posibilidad de beneficiarte de las subidas que superen el precio de ejercicio.

Mercado Bajista:

Las acciones caen de precio y la prima que recibiste ayuda a compensar (aunque solo parcialmente) la pérdida en el valor de la acción.

No evita la pérdida, pero reduce el impacto negativo.

Es importante entender que el importe de la prima, junto con los dividendos recibidos de las acciones forman parte del capital que estos ETFs tienen para repartir luego a sus partícipes vía dividendos.

Por ejemplo en un ETF que replica al Nasdaq, la rentabilidad por dividendo está cerca del 0,38%, sin embargo la RPD del JP Morgan Nasdaq Equity Premium Income supera el 7%.

¿De dónde proviene la diferencia?

Una parte de la selección de las acciones y su ponderación, pero principalmente del cobro de las primas de las opciones.

Si la acción o ETF es muy volátil, el vencimiento de la opción es lejano y el precio de ejercicio está cerca del precio actual, la prima que recibirás por vender la opción será más alta de lo habitual.

Principales Ventajas y Riesgos de estos ETF

Si ya has entendido la estrategia que siguen podrás comprender las bondades y riesgos de la misma.

Las principales ventajas son:

- Mayor rendimiento en mercados laterales o moderadamente alcistas gracias al ingreso recurrente de las primas.

- Protección parcial en mercados bajistas al compensar parte de las pérdidas con la prima recibida.

- Limitación del potencial alcista ya que, si las acciones se disparan, se debe vender al precio de ejercicio fijado.

Pero no olvidemos los riesgos:

Al vender opciones de compra, se renuncia a capturar toda la subida del precio de las acciones.

En mercados muy alcistas, el ETF se queda corto en comparación con una inversión directa en acciones o en un ETF tradicional, ya que los rendimientos extraordinarios se los lleva el comprador de la opción.

Aunque las primas pueden ayudar a amortiguar las caídas, esta estrategia no protege totalmente el principal. En escenarios de caídas muy pronunciadas, la compensación por las primas puede ser insuficiente para evitar pérdidas importantes.

La implementación exitosa de una estrategia de venta cubierta requiere decisiones activas sobre cuándo y a qué precio vender las opciones. Esto implica un mayor nivel de complejidad y riesgo operativo en comparación con estrategias indexadas, lo que puede derivar en errores de ejecución o en rendimientos inconsistentes si la gestión no es óptima.

En entornos muy volátiles, aunque se generen primas más altas, también aumenta el riesgo de movimientos bruscos del mercado que pueden erosionar el valor de la cartera y la estrategia puede no ser suficiente para compensar esas pérdidas.

Veamos ahora en detalle cada uno de estos ETFs y sus características principales.

Nos centraremos en los productos de reparto de dividendos aunque están disponibles ambas estrategias.

Análisis de JPMorgan Nasdaq Equity Premium Income Active UCITS

Fecha de Lanzamiento: 29 de Octubre de 2024

En Estados Unidos esta estrategia fue lanzada el 3 de Mayo de 2022

ISIN Clase de Distribución: IE000U9J8HX9

ISIN Clase de Acumulación: IE000N6I8IU2

Ticker: JEQP

Patrimonio Bajo Gestión: 1240 millones de euros

Número de compañías en cartera: 101

Distribución de dividendos mensual y Réplica Física

Negociado en Xetra, Bolsa de Londres, Bolsa Italiana, SIX y Gettex

Rentabilidad por dividendo* al solo tener pocos meses de negociación varía mucho, pero la versión norteamericana ha dado en los últimos 12 meses casi un 9,4%

Gastos corrientes: 0,35%

La principal diferencia es que no está centrado en replicar al Nasdaq sino en optimizar la generación de ingresos vendiendo opciones sobre las acciones del índice.

Esto hace que en años muy alcistas el ETF no capture toda la rentabilidad del índice a cambio de limitar el impacto de las caídas y de la generación de esos ingresos distribuibles vía dividendos.

Por ejemplo, si vemos la rentabilidad del Nasdaq en 2023 fue del 53% en dólares y la del ETF un 36%.

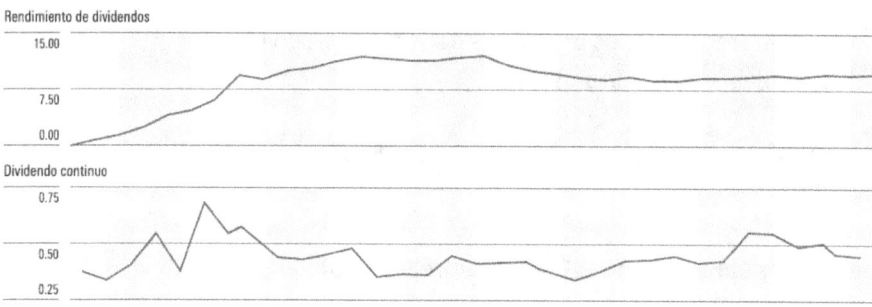

La gráfica de la rentabilidad por dividendo de este producto explica porqué es tan interesante para aquellos que buscan generación de rentas periódicas.

Pero tengo que alertarte que para esta estrategia quizás en la imagen refleja el mejor periodo posible para su estrategia de venta de call.

Una volatilidad muy alta, unos tipos de interés al alza han disparado el precio de las primas recibidas por estos productos, por lo que en el futuro será difícil mantener esas tasas.

Análisis del JPMorgan US Equity Premium Income Active UCITs ETF

Fecha de Lanzamiento: 29 de Octubre de 2024

En Estados Unidos esta estrategia fue lanzada el 20 de Mayo de 2020

ISIN Clase de Distribución: IE000U5MJOZ6

ISIN Clase de Acumulación: IE0000EAPBT6

Ticker: JEQP

Patrimonio Bajo Gestión: 56 millones de euros

Número de compañías en cartera: 244

Distribución de dividendos mensual y Réplica Física

Negociado en Xetra, Bolsa de Londres, Bolsa Italiana, SIX y Gettex

Rentabilidad por dividendo: cercana al 7%

Gastos corrientes: 0,35%

La estrategia que sigue este ETF nos la cuenta el último análisis de Morningstar para su versión de Estados Unidos.

La cartera tiene dos componentes: una cartera de acciones y una cartera de opciones. Los gestores construyen la cartera de acciones para reducir la volatilidad. Intentan capturar alrededor del 80 % de las fluctuaciones del S&P 500, o una beta de mercado de 0,8.

Aprovechan las previsiones de beneficios del equipo de analistas de J.P. Morgan para construir la cartera de acciones.

Sus previsiones cuantitativas impulsan las selecciones y ponderaciones, mientras que su experiencia cualitativa en la materia ayuda a contextualizar las fuentes de riesgo de renta variable y los acontecimientos del mercado.

Ningún sector puede representar más del 17,5 % de la cartera y ninguna posición individual puede superar el 1,5 %, lo que evita que un sector o una acción en particular tengan un impacto desmesurado.

Esta cartera de acciones tiende a infraponderar los nombres de megacapitalización y los sectores de alto crecimiento en relación con el S&P 500 debido a su límite de sector y posición.

También excluye un número considerable de componentes del índice más grandes que considera demasiado caros o volátiles.

En su lugar, la cartera se asigna a empresas más pequeñas con valoraciones razonables. Hasta ahora, la cartera de acciones ha proporcionado protección en la mayoría de las principales recesiones desde el inicio del fondo, mientras que se ha mantenido moderadamente durante las subidas.

	Monthly As of 01/31/2025		Quarterly As of 12/31/2024			Cumulative As of 01/31/2025		Calendar Year As of 12/31/2024		
	2015	2016	2017	2018	2019	2020	2021	2022	2023	2024
At NAV	-	-	-	-	-	-	21.61%	-3.54%	9.88%	12.56%
Market Price Returns	-	-	-	-	-	-	21.50%	-3.52%	9.81%	12.58%
S&P 500 Index	-	-	-	-	-	-	28.71%	-18.11%	26.29%	25.02%
ICE BofA 3-Month US Treasury Bill Index	-	-	-	-	-	-	0.05%	1.47%	5.05%	5.25%

Los dividendos de las acciones constituyen una parte mínima de las distribuciones, ya que el gestor no se centra específicamente en las empresas que pagan dividendos.

La rentabilidad por dividendo anual del ETF ha oscilado entre el 8 % y el 12 % desde su creación, en parte gracias a los recientes episodios de mayor volatilidad y a los elevados tipos de interés que han hecho subir las primas.

Es probable que su rentabilidad disminuya a medida que bajen los tipos de interés, pero debería seguir siendo competitiva.

Podríamos aplicar el análisis similar a la versión UCITs pero en la ponderación de las compañías en cartera si se aprecian diferencias

Versión UCITs

10 principales posiciones diarias

A fecha de 21.02.2025

Nombre	ISIN	Clase de activos	País	Ponderación	Valor de mercado (USD)
NVIDIA CORP	US67066G1040	Common Stock	United States	2,53%	1.689.785,10
MICROSOFT CORP	US5949181045	Common Stock	United States	2,31%	1.539.768,12
AMAZON.COM INC	US0231351067	Common Stock	United States	2,19%	1.464.080,80
META PLATFORMS INC-CLASS A	US30303M1027	Common Stock	United States	2,07%	1.384.188,75
MASTERCARD INC - A	US57636Q1040	Common Stock	United States	1,88%	1.257.742,56
VISA INC-CLASS A SHARES	US92826C8394	Common Stock	United States	1,88%	1.253.662,41
PROGRESSIVE CORP	US7433151039	Common Stock	United States	1,83%	1.221.545,91
APPLE INC	US0378331005	Common Stock	United States	1,73%	1.155.312,75
ABBVIE INC	US00287Y1091	Common Stock	United States	1,70%	1.133.466,72
ALPHABET INC-CL A	US02079K3059	Common Stock	United States	1,63%	1.090.356,54

Versión de Estados Unidos

Top 10 Holdings

As of 02/21/2025

Symbol	Name	Security Identifier	% of Net Assets	Market Value
PGR	PROGRESSIVE CORP/THE	743315103	1.66%	657,491,163.33
MA	MASTERCARD INC COMMON	57636Q104	1.65%	651,142,689.48
V	VISA INC COMMON STOCK	92826C839	1.64%	650,051,667.72
META	META PLATFORMS INC	30303M102	1.61%	635,320,762.65
AMZN	AMAZON.COM INC COMMON	023135106	1.56%	615,671,099.68
ABBV	ABBVIE INC COMMON STOCK	00287Y109	1.54%	610,224,815.52
NVDA	NVIDIA CORP COMMON STOCK	67066G104	1.53%	603,250,726.53
ADI	ANALOG DEVICES INC	032654105	1.50%	591,372,250.63
TT	TRANE TECHNOLOGIES PLC	G8994E103	1.45%	574,863,986.13
SO	THE SOUTHERN COMPANY	842587107	1.43%	564,736,151.20

Análisis del JPMorgan Global Equity Premium Income Active ETF

Fecha de Lanzamiento: 30 de noviembre de 2023

En Estados Unidos esta estrategia no tiene equivalente.

ISIN Clase de Distribución: IE0003UVYC20

ISIN Clase de Acumulación: IE000WX7BVB0

Ticker: JGPI

Patrimonio Bajo Gestión: 451 millones de euros

La clase de acumulación tiene 89 millones.

Número de compañías en cartera: 249

Distribución de dividendos mensual y Réplica Física

Negociado en Xetra, Bolsa de Londres, Bolsa Italiana, SIX y Gettex

Rentabilidad por dividendo*: al llevar más tiempo negociado si tenemos un histórico que ha rondado entre el 7% y el 6,3% actual.

Gastos corrientes: 0,35%

Al no tener equivalente en Estados Unidos no tenemos mucha información sobre los criterios de selección de compañías, pero viendo la siguiente imagen es fácil concluir que tiene la limitación por sectores y por peso en la cartera.

Adicionalmente utilizan su filtro de volatilidad y ratios fundamentales ya que en el Top 10 comparado con el MSCI World solo encontraríamos a Microsoft.

Dividend History

Amount	Record Date	Payment Date	Mth Dividend Yield	Annualised yield
$0.1081	09 Aug 2024	09 Sep 2024	0.41 %	5.07 %
$0.1549	15 Nov 2024	06 Dec 2024	0.58 %	7.19 %
$0.1666	13 Dec 2024	08 Jan 2025	0.63 %	7.78 %
$0.1502	17 Jan 2025	07 Feb 2025	0.58 %	7.17 %
$0.1498	14 Feb 2025	07 Mar 2025	0.55 %	6.82 %

Holdings

Top 10	Sector	% of assets
Deutsche Telekom	Telecommunications	2.1
T-Mobile US	Telecommunications	1.6
Motorola Solutions	Technology - Semi & Hardware	1.5
Pepsico	Consumer Staples	1.4
Roper Technologies	Industrial Cyclicals	1.4
UnitedHealth	Health Services & Systems	1.4
Berkshire Hathaway	Industrial Cyclicals	1.4
Walmart	Retail	1.3
Microsoft	Technology - Software	1.3
The Southern Company	Utilities	1.2

Value at Risk (Var)	Fund	Benchmark
VaR	6.78%	13.79%

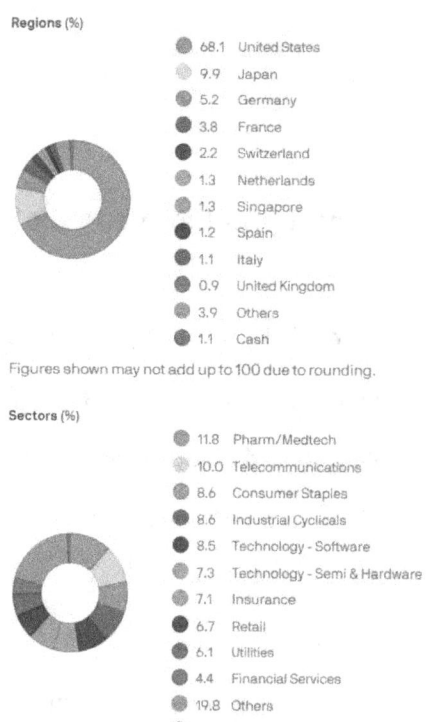

Regions (%)

- 68.1 United States
- 9.9 Japan
- 5.2 Germany
- 3.8 France
- 2.2 Switzerland
- 1.3 Netherlands
- 1.3 Singapore
- 1.2 Spain
- 1.1 Italy
- 0.9 United Kingdom
- 3.9 Others
- 1.1 Cash

Figures shown may not add up to 100 due to rounding.

Sectors (%)

- 11.8 Pharm/Medtech
- 10.0 Telecommunications
- 8.6 Consumer Staples
- 8.6 Industrial Cyclicals
- 8.5 Technology - Software
- 7.3 Technology - Semi & Hardware
- 7.1 Insurance
- 6.7 Retail
- 6.1 Utilities
- 4.4 Financial Services
- 19.8 Others
- 1.1 Cash

TOP 10 CONSTITUENTS

	Float Adj Mkt Cap (USD Billions)	Index Wt. (%)	Sector
APPLE	3,588.18	4.97	Info Tech
NVIDIA	2,945.32	4.08	Info Tech
MICROSOFT CORP	2,930.90	4.06	Info Tech
AMAZON.COM	2,245.13	3.11	Cons Discr
META PLATFORMS A	1,506.19	2.08	Comm Srvcs
ALPHABET A	1,195.35	1.65	Comm Srvcs
TESLA	1,163.30	1.61	Cons Discr
ALPHABET C	1,033.45	1.43	Comm Srvcs
BROADCOM	981.79	1.36	Info Tech
JPMORGAN CHASE & CO	760.51	1.05	Financials
Total	18,350.10	25.39	

Al igual que sus homólogos en su breve historia se ha quedado bastante atrás en cuanto a rentabilidad total frente al MSCI World

Quarterly rolling 12-month performance (%)

As at end of December 2024

	2019/2020	2020/2021	2021/2022	2022/2023	2023/2024
1	-	-	-	-	8.08
2	-	-	-	-	18.67

Calendar Year Performance (%)

	2015	2016	2017	2018	2019	2020	2021	2022	2023	2024
1	-	-	-	-	-	-	-	-	-	8.08
2	-	-	-	-	-	-	-	-	-	18.67

Return (%)

	Cumulative				Annualised		
	1 month	3 months	1 year	YTD	3 years	5 years	Launch
1	3.66	1.77	10.17	3.66	-	-	11.55
2	3.53	5.46	21.40	3.53	-	-	24.20

En mi opinión para el inversor de largo plazo no veo sentido renunciar a tanta rentabilidad a cambio de esos ingresos periódicos.

WisdomTree Efficient Core ETFs

La familia de ETFs Efficient Core de WisdomTree es una de las pioneras en estrategias de alpha portable.

Su idea está centrada en una evolución de la tradicional cartera 60/40 y apalancarse hasta un nivel de 90/60.

	Maturity	Weight	Yield*	Statistics Effective Duration (Years)
Equity Portfolio		89.2%	1.18%	-
Bond Overlay		59.7%	0.00%	6.73
US 2YR NOTE (CBT)	SEP24	12.2%	-0.18%	1.88
US 5YR NOTE (CBT)	SEP24	12.0%	-0.14%	4.33
US 10YR NOTE (CBT)	SEP24	11.9%	0.25%	7.63
US 10YR ULTRA FUT	SEP24	11.8%	-0.14%	7.68
US LONG BOND(CBT)	SEP24	11.7%	0.24%	12.34
Cash Collateral		10.8%	4.30%	
Total Portfolio		100.0%	1.52%	

Expense Ratio: 0.20%, 3 month Treasury bill rate: 4.299%
* In the case of equities - represented by trailing 12M dividend yield; in the case of bonds, represented by embedded income yield.

Tiene tres productos que siguen dicha estrategia y con las cuáles podrías hacerte tu propia versión de MSCI World y MSCI ACWI más la parte con exposición a bonos a corto plazo de Estados Unidos.

Quick Facts			
	WisdomTree U.S. Efficient Core Fund	WisdomTree International Efficient Core Fund	WisdomTree Emerging Markets Efficient Core Fund
Ticker	NTSX	NTSI	NTSE
Exchange	NYSE	NYSE	NYSE
Expense Ratio	0.20%	0.26%	0.32%
Structure	Open-End ETF	Open-End ETF	Open-End ETF
Exposure	90% Equities, 10% Cash, 60% U.S. Treasury Futures	90% Equities, 10% Cash, 60% U.S. Treasury Futures	90% Equities, 10% Cash, 60% U.S. Treasury Futures
Rebalancing	Quarterly	Quarterly	Quarterly

Source: WisdomTree.

En el siguiente gráfico nos muestran el backtest de cómo la estrategia habría generado mejores retornos con menor volatilidad no sólo frente a la tradicional cartera 60/40, sino también frente al todopoderoso S&P 500.

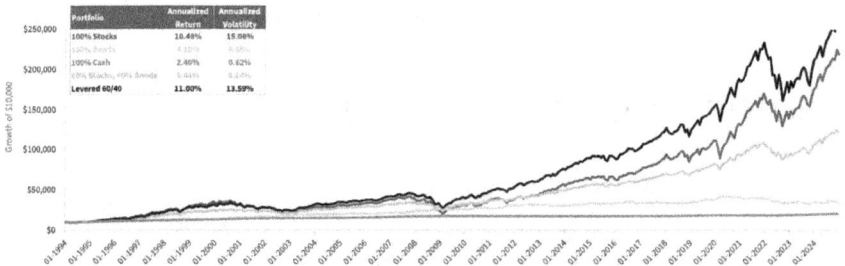

Me gustan entre cero y poco los backtest, así que creo que la mejor gráfica es ver cómo lo ha hecho desde su lanzamiento.

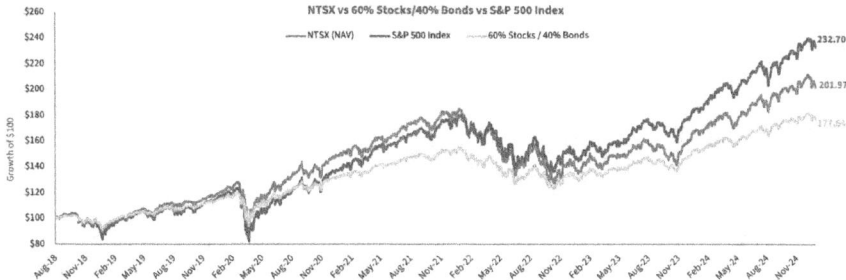

Le gana efectivamente a la cartera tradicional 60/40 pero no logra ganarle en seis años al S&P 500.

La causa es que el rendimiento de la parte que tienen en bonos no compensa el coste de oportunidad de la rentabilidad adicional que daría ese 10% que no está invertido en el S&P 500 y los costes asociados a la posición apalancada.

En su favor tengo que decir que la máxima caída, la volatilidad y el tiempo de recuperación fueron más favorables en estos ETFs que en sus índices equivalentes de renta variable en momentos de tensión como 2018.

Sin embargo desde 2022 la volatilidad medida a 12 meses ha estado por encima de la del índice, lo que es una prueba más de que ser tajantes en algunas afirmaciones o titulares es una buena receta para que la realidad te recuerde ser humilde ante el mercado.

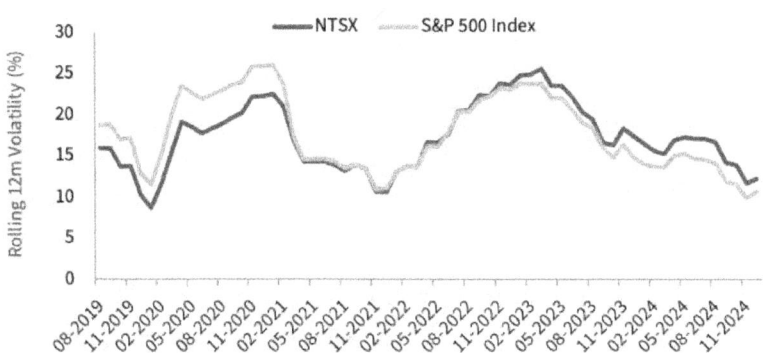

Como curiosidad existen dos versiones UCITS de estos ETFs.

WisdomTree US Efficient Core UCITS ETF USD Unhedged Acc (IE000KF370H3)

WisdomTree Global Efficient Core UCITS ETF USD Unhedged Acc (IE00077IIPQ8)

ETFs de Return Stacked

La llegada de un nuevo emisor al mundo de los ETFs siempre genera titulares. Nadie lanzaría un empresa hoy en día para ofrecer un ETF al S&P 500 porque no podría competir con Vanguard e iShares.

Es por ello que casi todos los lanzamientos que estamos viendo en los últimos años van enfocados a estrategias alternativas o vehículos de gestión activa.

Este es el caso de los ETFs Return Stacked.

¿Qué es Return Stacked?

Es una marca registrada a través de la cual se han lanzado varios ETFs de gestión activa que siguen la estrategia de Return Stacking.

Veamos a continuación las principales características de cada uno de los productos listados en Estados Unidos por esta entidad.

Return Stacked® US Stocks & Managed Futures ETF

- **Ticker**: RSST
- **ISIN**: US88636J8163
- **Patrimonio** (12/03/2025): 251 millones de dólares
- **Costes***: 0,98%
- **Fecha de Lanzamiento**: 5/09/2023
- Rentabilidad en 2024: 18,57%
- Rentabilidad del S&P 500 en 2024: 23,31% ($)

La idea de este ETF es tener exposición a la rentabilidad de las acciones de gran capitalización norteamericana y añadirle la rentabilidad de una estrategia de futuros gestionados.Recordar que para ello es necesario utilizar el apalancamiento.

Top 10 Holdings		As of 12/31/2024
Ticker	**Name**	**%**
IVV	iShares Core S&P 500 ETF	76.96%
ESH5 Index	S&P500 EMINI FUT Mar25	41.86%
NQH5 Index	NASDAQ 100 E-MINI Mar25	16.12%
GXH5 Index	DAX INDEX FUTURE Mar25	15.89%
PTH5 Index	S&P/TSX 60 IX FUT Mar25	14.01%
GCG5 Comdty	GOLD 100 OZ FUTR Feb25	5.83%
VGH5 Index	EURO STOXX 50 Mar25	3.21%
NXH5 Index	NIKKEI 225 (CME) Mar25	2.83%
SIH5 Comdty	SILVER FUTURE Mar25	0.96%
NGG25 Comdty	NATURAL GAS FUTR Feb25	0.34%

La parte de futuros gestionados intenta obtener la misma rentabilidad que el índice de Société Générale Trend Index (NEIXCAT).

El problema es que no es un producto directamente invertible por lo que siguen el siguiente procedimiento:

La estrategia Managed Futures negocia 27 contratos de futuros (incluidos los mercados de renta variable, renta fija, divisas y materias primas) y emplea dos enfoques diferentes para tratar de replicar el NEIXCTAT.

- **Top-Down**: Un enfoque basado en la regresión que trata de identificar la cartera de contratos de futuros que habría reproducido los rendimientos recientes de NEIXCTAT. El enfoque descendente se aplica de dos maneras: con un universo restringido de 9 contratos y con un universo completo de 27 contratos.

- **Bottom-Up**: Un modelo de seguimiento de tendencia parametrizado de tal manera que históricamente ha proporcionado un alto grado de ajuste al NEIXCTAT

El enfoque descendente trata de reproducir los rendimientos, mientras que el enfoque ascendente trata de reproducir el proceso.

Figure 2: Managed Futures Program Model Returns in 2024

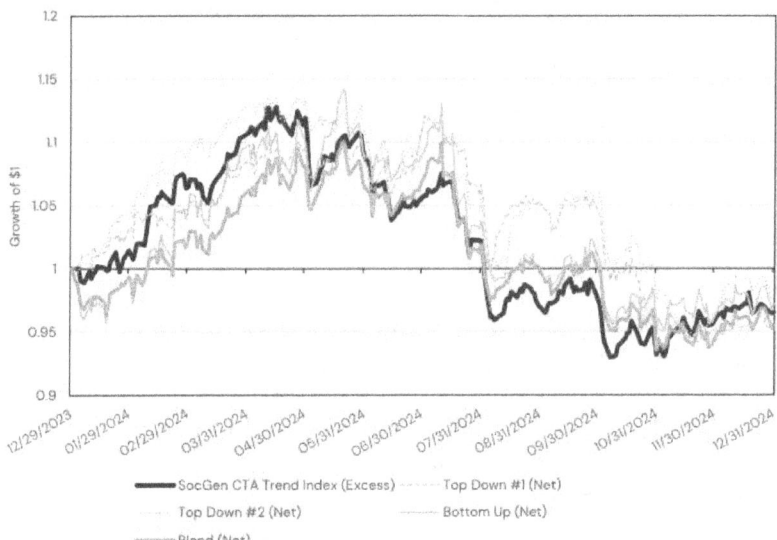

Return Stacked Bonds & Managed Futures (RSBT)

- **Ticker**: RSBT

- **ISIN**: US88636J1051

- **Patrimonio** (12/03/2025): 87 millones de dólares

- **Costes***: 1,06%

- **Fecha de Lanzamiento**: 6/02/2023

La principal diferencia es que en este caso la base es un índice de bonos norteamericanos principalmente representados a través del iShares Core US Aggregate Bond ETF y otros contratos de futuros.

Top 10 Holdings		As of 12/31/2024
Ticker	Company	%
AGG	iShares Core U.S. Aggregate Bond ETF	50.24%
ESH5 Index	S&P500 EMINI FUT Mar25	16.26%
NQH5 Index	NASDAQ 100 E-MINI Mar25	16.18%
GXH5 Index	DAX INDEX FUTURE Mar25	16.08%
PTH5 Index	S&P/TSX 60 IX FUT Mar25	14.02%
USH5 Comdty	US LONG BOND(CBT) Mar25	11.66%
GCG5 Comdty	GOLD 100 OZ FUTR Feb25	5.66%
VGH5 Index	EURO STOXX 50 Mar25	3.25%
NXH5 Index	NIKKEI 225 (CME) Mar25	2.82%
SIH5 Comdty	SILVER FUTURE Mar25	0.87%

La parte de futuros es similar al ETFs anterior.

Return Stacked® US Stock & Futures Yield ETF

- Ticker: RSSY

- Patrimonio (12/03/2025): 147 millones de dólares

- Costes*: 1,04%

- Fecha de Lanzamiento: 29/5/2024

Este producto apila encima de la exposición a la renta variable de Estados Unidos una estrategia de futuros gestionados (CTA) especializados en Carry.

Estas estrategias buscan explotar los rendimientos generados por un contrato de futuro frente a su precio spot al vencimiento y obtener esa prima por carry posicionándose al alza en contratos en backwardation y a la baja en contratos en contango.

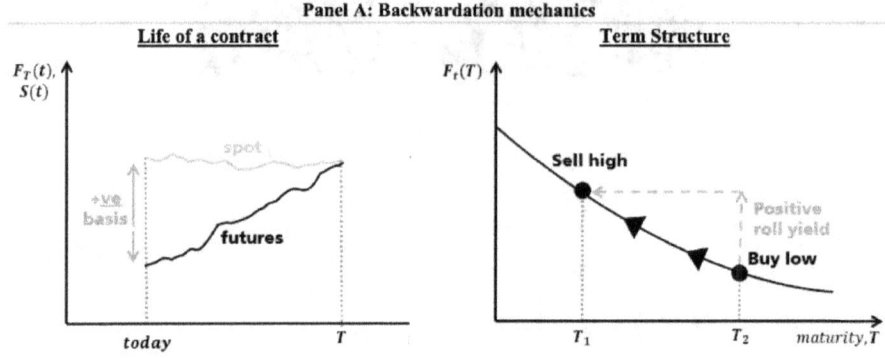

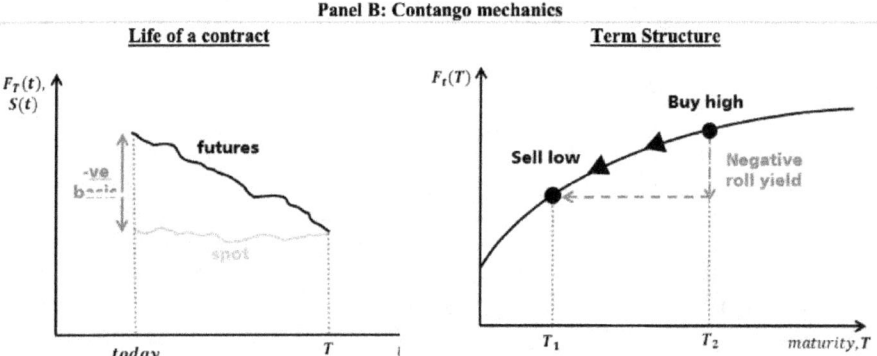

Notes: The figure presents the carry dynamics for an asset in backwardation (Panel A) or in contango (Panel B) as long as the conditions do not change.

Para ello intentan replicar en la parte apalancada los rendimientos del índice Bloomberg GSAM Cross Asset Carry posicionándose en 26 contratos de futuros sobre acciones, bonos, materias primas y divisas

Return Stacked Bonds & Futures Yield ETF

- Ticker: RSBY

- Patrimonio: 108 millones de dólares

- Costes*: 1,00%

- Fecha de Lanzamiento: 21/08/2024

En la estrategia de bonos tienen un 50% en el iShares Core U.S. Aggregate Bond ETF ("AGG") y el resto en una escalera de futuros de bonos del Tesoro.

- 12.5% U.S. 2-year Treasury Note Futures Contract
- 12.5% U.S. 5-year Treasury Note Futures Contract
- 12.5% U.S. 10-year Treasury Note Futures Contract
- 12.5% U.S. Treasury Long Bond Futures Contract

El resto de la exposición la tienen en contratos de futuros similares a la anterior estrategia.

Return Stacked Bonds & Merger Arbitrage ETF

- **Ticker**: RSBA
- **Patrimonio**: 15 millones de dólares
- **Costes***: 0,97%
- **Fecha de Lanzamiento**: 17/12/2024

En este caso la exposición a bonos no incluye ningún ETF sino que es 100% a través de una escalera de contratos de futuros:

- 25% US 2-year Treasury Note Future Contract
- 25% US 5-year Treasury Note Futures Contract
- 25% US 10-year Treasury Note Futures Contract
- 25% US Treasury Long Bond Futures Contract

La estrategia es una habitual en el mundo de los hedge funds y CTAs consistente en intentar arbitrar las ineficiencias de precios que ocurren en operaciones corporativas, siempre que las operaciones incluyan ecuaciones de canje entre las acciones de la adquirente y la adquirida.

Esto implica ponerse corto de la empresa que lanza la oferta y comprar las acciones de la empresa adquirida siempre que exista ese potencial descuento entre el canje ofrecido y la cotización actual.

Para mi es la estrategia más complicada, primero porque el volumen de operaciones puede no ser tan intenso, el factor regulatorio y el tiempo de espera medio a que finalice.

Recordar que en las estrategias apalancadas mientras más tiempo tengamos la posición abierta mayor será el costo que asumimos. La idea de este producto es tener hasta 20 operaciones con un peso aproximado del 12.5% hasta un máximo total del 200%. Si se llegase a ese máximo para que entrase una

operación, otra debería salir.

La rentabilidad esperada del índice que utilizan como referencia sería la de las letras del Tesoro +un 4% y solo son elegibles operaciones realizadas por compañías de Estados Unidos.

STKd 100% Bitcoin & 100% Gold ETF

- Ticker: BTGD
- Patrimonio: 23 millones de dólares
- Costes*: 1,00%
- Fecha de Lanzamiento: 17/12/2024

La estrategia se basa en tener exposición al precio del oro y del bitcoin a través de contratos de futuros y ETFs.

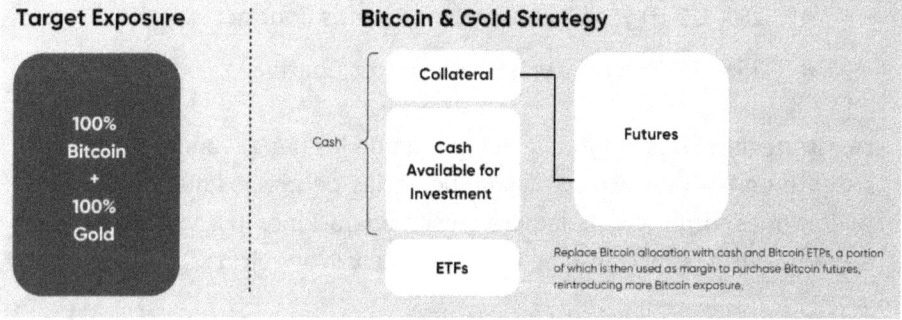

SecurityName ▲	CUSIP ▲	Shares ▲	Price ▲	MarketValue ▼	Weightings ▲
GCJ5 Comdty	GCJ5 COMDTY	73.00	2,920.90	$21,322,570.00	91.09%
BTCH5 Curncy	BTCH5 CURNCY	51.00	83,395.00	$21,265,725.00	90.85%
FGXXX	31846V336	11,320,694.73	100.00	$11,320,694.73	48.36%
Cash&Other	Cash&Other	8,936,505.53	1.00	$8,936,505.53	38.18%
IBIT	46438F101	39,578.00	47.24	$1,869,664.72	7.99%
GLDM	98149E303	22,164.00	57.82	$1,281,522.48	5.47%
MGCJ5 Comdty	MGCJ5 COMDTY	28.00	2,920.90	$817,852.00	3.49%
BMRH5 Curncy	BMRH5 CURNCY	38.00	83,395.00	$316,901.00	1.35%

¿Qué riesgo tienen todas estas estrategias?

Ninguna estrategia de inversión está libre de riesgos. En los folletos de la SEC se explicitan varios de ellos, algunos más relevantes que otros.

Te dejo mi impresión sobre los que más me llaman la atención:

Correlación dinámica: las estrategias se basan en su mayoría en apilar rendimientos de activos o estrategias descorrelacionadas. Así en caso de caída del activo base se ve amortiguada por la caída de las estrategias adicionales. La correlación no es un dato estático sino que puede variar y amplificar las caídas en caso de ser positiva.

Riesgos operativos: en la mayoría de estrategias al no existir un producto que nos de la rentabilidad del índice con que se han calculado los backtest se debe confiar en que se obtendrán los mismos beneficios pero operando o seleccionando los gestores o activos de forma individual.

Costes: cuando vemos los datos de costes de gestión tendríamos que añadir los costes de brokerage y operativos. Habrá que estar atento a los informes anuales y de auditoría para ver los costes finales de cada producto.

Patrimonio bajo gestión: varios de los ETFs tienen muy pocos activos bajo gestión. En particular este tipo de estrategias apalancadas necesitan unos umbrales de captación de patrimonio que puedan ser sostenibles para toda la capa administrativa y operativa.

Si no captan el interés son deslistados.

Un mal comienzo o un periodo prolongado de underperfomance puede hacer que para los emisores o asesores no les compense mantener la estrategia activa.

Algunos de los riesgos mencionados se ven reflejados en la siguiente imagen:

1 to 6 of 6 Results

Name	Ticker	Morningstar Category	Morningstar Rating for Funds Overall ▼	Morningstar ESG Risk Rating for Funds	Total Return YTD	Total Return Rank in Category YTD	Adjusted Expense Ratio
Return Stacked Bonds & Futures Yield ETF	RSBY	Trading — Leveraged Debt	—	—	-12.74%	—	1.000%
Return Stacked Bonds & Managed Futs ETF	RSBT	Trading — Leveraged Debt	—	—	-5.19%	99	1.060%
Return Stacked Bonds & Mrg Arbirg ETF	RSBA	Trading — Leveraged Debt	—	—	1.62%	84	0.950%
Return Stacked Global Stocks & Bonds ETF	RSSB	Global Allocation	⊕ ⊕ ⊕	—	-5.98%	93	0.360%
Return Stacked® US Stk & Futs Yld ETF	RSSY	Trading — Leveraged Equity	—	⊕ ⊕ ⊕ ⊕	-22.62%	—	1.040%
Return Stacked® US Stocks & Mgd Futs ETF	RSST	Trading — Leveraged Equity	—	⊕ ⊕ ⊕ ⊕	-18.16%	69	0.980%

En la caída de abril de 2025 las estrategias que debían descorrelacionar cayeron en igual magnitud que los índices de renta variable, agravando la caída.

Global X SuperDividend ETF

El objetivo de este ETF es invertir en las 100 compañías con mayor pago de dividendo respecto a su cotización (Rentabilidad por dividendo) del mundo.

- Para ello replica la cartera del Solactive Global SuperDividend v2 Index.

- Las acciones que forman la cartera deben cumplir con los siguientes requisitos.

- Una capitalización superior a 500 millones de dólares

- Que tengan una rentabilidad por dividendo superior al 6% e inferior al 20%

- Que tengan un historial de pago de dividendos sostenido en el tiempo

- Que se negocien en bolsas de fácil accesibilidad y sin restricciones

Una vez seleccionado ese universo de inversión las compañías se ordenan de mayor a menor RPD y las primeras 100 se añaden a la cartera del ETFs todas de forma equiponderada.

¿Qué tiene en cartera?

Veamos cómo quedaría esa cartera

Sector Breakdown As of 30 Sep 2024

SECTOR	WEIGHT (%)
Energy	24.4
Financials	24.0
Materials	19.2
Real Estate	18.1
Communication Services	4.5
Consumer Discretionary	3.1
Utilities	3.0
Industrials	1.7
Consumer Staples	1.1
Information Technology	0.9

Source: AltaVista Research, LLC

Country Breakdown As of 30 Sep 2024

COUNTRY	WEIGHT (%)
United States	33.5
Hong Kong	14.9
Britain	8.0
Brazil	5.6
Bermuda	4.8
Singapore	4.3
Australia	3.6
Indonesia	3.5
China	3.4
South Africa	2.4
France	2.3
Other/Cash	13.7

Source: AltaVista Research, LLC

ETF Characteristics As of 04 Oct 2024

Return on Equity	9.70%	
Weighted Avg. Market Cap	4,861 M	

	2023	2024
Price-to-earnings	6.71	7.36
Price-to-book value	0.72	0.71

Source: AltaVista Research, LLC

Todo parecería muy bonito y realmente las métricas parecen interesantes. El gran problema lo verás a continuación.

Avg Annualized %	**Cumulative %**		
As of recent month & quarter-end (09/30/24)	Fund NAV	Market Price	Index
1 Year	20.11%	20.00%	20.87%
3 Years	-5.85%	-5.85%	-6.37%
5 Years	-5.13%	-5.19%	-5.41%
10 Years	-2.41%	-2.43%	-2.56%
Since Inception	-0.29%	-0.31%	-0.54%

Las acciones que tienen una alta RPD pueden implicar que su precio está descontando problemas y que el dividendo (beneficio) de la empresa puede no ser sostenible.

Los resultados para los inversores originales en esta estrategia que lleva más de 10 años en Estados Unidos no han sido muy favorables y el cobro de dividendos no han compensado la caída del valor de los activos del ETF.

¿Mi opinión?

Para algunos patrimonios que estén interesados en cobros de rentas periódicas irregulares pero de alto importe con respecto al total de sus ahorros puede llegar a ser interesante.

Puedes ganar cerca del 0,8% mensual vía dividendos pero no te olvides de nuestra querida Agencia Tributaria y no te gastes todo lo que recibes que al año siguiente te puedes llevar una sorpresa.

Que ese criterio de selección de acciones te lleve a aumentar tu patrimonio a largo plazo es harina de otro costal. Si miramos a pasado esta estrategia no ha conseguido hacerlo.

Capítulo 12:

CARTERAS MODELOS DE ETFS

Una de las peticiones que más recibí luego del lanzamiento del libro fue que compartiese carteras modelos que un inversor podría replicar a bajo coste por su cuenta.

De más está deciros que las carteras que veréis a continuación no constituyen una recomendación de inversión, sino que son ejemplos de asignaciones de activos que debes ajustar a tu perfil de riesgo y horizonte de inversión.

En cada una de las distribuciones presentadas intentaré daros alguna alternativa para que con solo un ETF podáis tener un resultado similar.

Ejemplo de Carteras Conservadoras

En todas estas carteras la renta fija será la protagonista, no sobrepasando el 20% en renta variable y añadiendo oro en algunos casos como fuente de descorrelación.

En renta fija global y emergente optaríamos por productos que cubran la divisa. En esta cartera priorizaremos la conservación de capital y el objetivo principal será batir la inflación por 100-200 puntos básicos.

Cartera Conservadora #1

- **10% Monetario EUR:** Xtrackers II EUR Overnight Rate Swap

- **30% Renta Fija Gubernamental €:** iShares € Govt Bond 3-5yr UCITS ETF

- **30%: Renta Fija Corporativa €:** iShares € Corp Bond 1-5yr UCITS ETF EUR
- **20% Renta Variable Global:** iShares MSCI ACWI UCITS ETF
- **10% Oro:** Invesco Physical Gold ETC

Cartera Conservadora #2

- **20% Renta Variable Global:** SPDR MSCI All Country World Investable Market UCITS ETF (Acc)
- **80% Renta Fija Global Diversificada:** iShares Core Global Aggregate Bond UCITS ETF EUR-Hedged

Cartera Conservadora #3

- **20% Monetario EUR:** Xtrackers II EUR Overnight Rate Swap
- **60% Renta Fija Global Diversificada:** SPDR Bloomberg Global Aggregate Bond ETF
- **5% Renta Fija High Yield:** iShares EUR High Yield Corporate Bond
- **5% Renta Fija Emergente:** iShares J.P. Morgan USD Emerging Markets Bond UCITS
- **10% Oro:** Invesco Physical Gold ETC

Cartera Conservadora #4

- **20% Renta Fija Gubernamental Europa:** Xtrackers II Euro Government Bond
- **10% Bonos Ligados a la Inflación €:** iShares € Inflation Linked Govt Bond UCITS ETF
- **20% Renta Fija Gubernamental EE.UU:** Xtrackers II US Treasuries ETF 2D - EURH

- **10% Renta Fija Corporativa EE.UU**: Vanguard USD Corp Bd ETF EUR H Acc

- **10% Renta Fija Corporativa Europea:** Amundi Prime Euro Corporate ETF DR (C)

- **15% Renta Variable Desarrollada**: Vanguard FTSE Developed World UCITS

- **5% Renta Variable Pacífico**: iShares Core MSCI Pacific ETF

- **10% Oro**: Invesco Physical Gold ETC

Cartera Conservadora #5

Aquí te dejo varias alternativas con solo un producto diversificado

Vanguard LifeStrategy 20% Equity UCITS ETF

	Percentage
Global Aggregate Bond UCITS ETF EUR Hedged Accumulating	19.22%
USD Treasury Bond UCITS ETF EUR Hedged Accumulating	19.21%
FTSE All-World UCITS ETF (USD) Accumulating	19.21%
USD Corporate Bond UCITS ETF EUR Hedged Accumulating	16.70%
EUR Eurozone Government Bond UCITS ETF (EUR) Accumulating	16.18%
EUR Corporate Bond UCITS ETF (EUR) Accumulating	5.80%
U.K. Gilt UCITS ETF EUR Hedged Accumulating	2.67%
FTSE Developed World UCITS ETF (USD) Accumulating	0.77%
FTSE Emerging Markets UCITS ETF (USD) Accumulating	0.12%

Total allocation percentages shown may not equal 100% due to rounding

Allocation percentages reflect the breakdown of security type.

Amundi Lifecycle 2030 UCITS ETF Acc

El horizonte temporal de estas carteras es inferior a 5 años.

Ejemplos de Carteras Moderadas

En este tipo de cartera incorporaremos un enfoque multiactivo y centrado en bonos de alta calidad y acciones de gran capitalización

Cartera Moderada #1

- **40% Renta Fija:** Vanguard Global Aggregate Bond UCITS ETF
- **60% Renta Variable Global:** iShares MSCI ACWI UCITS ETF USD

Cartera Moderada #2

- **10% Oro**: Invesco Physical Gold ETC
- **30% Renta Fija:** Vanguard Global Aggregate Bond UCITS ETF
- **60% Renta Variable Global**: iShares MSCI ACWI UCITS ETF USD

Cartera Moderada #3

- **5% Monetarios:** Xtrackers II EUR Overnight Rate Swap
- **5% Oro:** Invesco Physical Gold ETC
- **30% Renta Fija**
- **10% Renta Fija Corporativa**: Vanguard EUR Corporate Bond UCITS ETF
- **10% Renta Fija Gubernamental**: iShares Core Euro Government Bond UCITS ETF
- **5% Renta Fija High Yield**: iShares EUR High Yield Corporate Bond UCITS ETF
- **5% Floating Rates Notes**: iShares USD Floating Rate Bond UCITS ETF USD (Acc)
- **60% Renta Variable**

- **40% Renta Variable Desarrollados:** iShares Core MSCI World UCITS ETF USD

- **10% Renta Variable Emergente:** iShares Core MSCI Emerging Markets IMI UCITS ETF

- **10% Renta Variable Alto Dividendo:** VanEck Morningstar Developed Markets Dividend Leaders

Cartera Moderada #4

Compuesta por Vanguard LifeStrategy 60% Equity UCITS ETF (IE00BMVB5P51).

Ejemplos de Carteras Agresivas

Cartera Agresiva #1

Esta cartera irá enfocada a invertir 100% en Renta Variable pero con un enfoque en las compañías de dividendo creciente, así como en estrategias de generación de ingresos adicionales vía distribución de primas.

- 35%: SPDR S&P US Dividend Aristocrats UCITS ETF

- 20%: JPMorgan Global Equity Premium Income Active UCITS

- 15%: SPDR S&P Euro Dividend Aristocrats UCITS ETF

- 15%: SPDR S&P Emerging Markets Dividend Aristocrats UCITS ETF

- 10%: SPDR S&P UK Dividend Aristocrats UCITS ETF

- 5%: Global X SuperDividend

Cartera Agresiva #2

- **10% en Oro**: Invesco Physical Gold ETC
- **10% en Materias Primas:** Invesco Bloomberg Commodity UCITS ETF Acc
- **80% Renta Variable**
- **10% Renta Variable Small Caps**: iShares MSCI World Small Cap
- **50% Renta Variable Global**: iShares MSCI ACWI UCITS ETF USD
- **10% REITS**: HSBC FTSE EPRA NAREIT Developed UCITS ETF USD
- **10% Quality:** VanEck Morningstar Global Wide Moat

Cartera Agresiva #3

En este enfoque intentamos ser agnósticos de cuál será la posible fuente de rentabilidad en el futuro.

- **10% en Oro**: Invesco Physical Gold ETC
- **10% en Materias Primas:** Invesco Bloomberg Commodity UCITS ETF Acc
- **80% Renta Variable**
- **10% Renta Variable Small Caps**: iShares MSCI World Small Cap
- **30% Renta Variable Global**: iShares MSCI ACWI UCITS ETF USD
- **5% Renta Variable África**: Amundi Pan Africa UCITS ETF Acc
- **5% Renta Variable Latinoamérica:** iShares MSCI EM Latin America UCITS
- **5% Renta Variable Nórdica**: Xtrackers MSCI Nordic UCITS ETF
- **5% Renta Variable Pacífico**: iShares Core MSCI Pacific ex Japan UCITS
- **5% REITS**: HSBC FTSE EPRA NAREIT Developed UCITS ETF USD
- **5% Renta Variable Global sesgo Value**: iShares Edge MSCI World Value Factor

Cartera Agresiva #4

Compuesta por un solo producto de Renta Variable lo más amplia posible:
SPDR MSCI All Country World Investable Market UCITS ETF

Capítulo 12+1:

MITOS Y ERRORES MÁS FRECUENTES AL INVERTIR EN ETFS

Como en cualquier otro producto de inversión existen muchos mitos tanto a favor como en contra de los ETFs.

- Que si son menos eficientes que comprar acciones por nuestra cuenta.

- Que si distorsionan el mercado y corres el riesgo de invertir solo en lo que sube.

- Que si son la novena maravilla del mundo y que si hubieras invertido en 1990 tu dinero se habría multiplicado por varias veces.

En este capítulo final intentaré poner un poco de luz sobre algunas de estas falacias y también advertirte de los principales errores que se cometen invirtiendo en estos productos.

Mito #1 ¿Son los ETFs fiscalmente ineficientes?

En algunos países los ETFs no pueden traspasarse sin generar impacto fiscal. Esto hace que algunos afirman que la inversión en ETFs es fiscalmente ineficiente.

Veamos porque esta afirmación no es del todo cierta.

En primer lugar, si decidimos invertir en estrategias de aportaciones periódicas, no nos afectaría la fiscalidad de los traspasos. Mientras no se venda o no se cobren dividendos no habría nada que gravar.

En este caso a nuestro favor tendríamos el menor coste anual de gestión de los ETFs de gestión pasiva frente a los fondos indexados o de gestión activa.

En contra tendríamos que si nuestro bróker nos cobra una comisión muy alta para hacer esas aportaciones periódicas el coste se dispararía frente a las otras opciones.

Recuerda que los traspasos a menudo lo que buscan es hacer market timing o perseguir las rentabilidades de una clase de activos. Ambas prácticas son de las más frecuentes en cualquier estudio de que los inversores promedios tengan peores resultados que un índice.

Sobre este debate te recomiendo la lectura de un artículo escrito por el editor de Morningstar España, Fernando Luque titulado: **¿Es el ETF fiscalmente más ventajoso que el fondo?**

Recuerda que la fiscalidad es cambiante y particular de cada país, por lo que te recomiendo consultar alguna fuente actualizada y especializada para que puedas tomar una decisión.

Mito #2: El ETF me hace perder parte de mi dividendo

Este es uno de mis favoritos.

Un ETF de Renta variable invierte en acciones. Algunas de esas acciones pagan parte o la totalidad del beneficio vía dividendos.

El ETF recibe una parte o la totalidad de dicho dividendo y según la clase que sea lo reparte a sus partícipes o los acumula en su patrimonio.

Según el país en que esté domiciliado un ETF ese cobro de dividendos de las acciones lleva aparejada una retención que no es recuperable en algunos casos.

Aquí es donde algunos divulgadores aprovechan y afirman que como esos dividendos no son recuperables es mucho mejor comprar las acciones directamente ya que en el caso particular el exceso de retenciones se puede recuperar.

Veamos un ejemplo.

Un inversor español en acciones norteamericanas tiene 100 acciones de una compañía que paga 1$ por acción. Si tiene tramitado el W8EN con su bróker la retención sería del 15%, con lo cual recibiría 0,85 céntimos.

Al año siguiente de recibir el dividendo te tocará tributar según el importe total recibido entre el 19% al 30%, pero deduciendo el 15% que te ha quitado Estados Unidos ya.

Ahora pensemos en el siguiente caso:

Ahora veamos el ejemplo si invertimos con ETFs domiciliados en Irlanda o Luxemburgo.

Un ETF de Irlanda también le retienen el 15% de los dividendos que recibe, por tanto solo tiene el 85% del total del dividendo que pagan las acciones de Estados Unidos.

De esa cantidad pagará el dividendo de los partícipes del ETF que recibirán 85 céntimos aproximadamente y de esos tendrán que tributar con el % anterior pero sin poder quitarse el 15% que al ETF le han retenido.

En el caso de que el ETF sea de Luxemburgo el importe retenido aumenta hasta el 30% por tanto tiene menos dinero disponible en teoría para repartir a sus partícipes.

Parece claro que compensa si vas a invertir en ETFs que repartan dividendos hacerlo en domiciliados en Irlanda, pero no saques conclusiones tan rápido.

Dependerá también de la fiscalidad que tenga el ETF en cada uno de esos países. Imagina que el ETF tributase o tuviese costes operativos más altos en Irlanda, lo que ganamos por la retención más baja lo perderíamos por el otro lado.

También hay que remarcar que muchos ETFs tienen una fuente de ingresos adicional que es el préstamo de valores.

Cómo los ETFs son tenedores a largo plazo de empresas, pueden prestar sus acciones para aquellos inversores bajistas o que quieran hacer estrategias de cobertura y necesiten colateral.

Estos ingresos hacen que el coste del ETF disminuya bastante y por tanto tengamos más patrimonio disponible que no vaya destinado a pagar comisiones.

Por último y volviendo al planteamiento inicial, te diría que es una comparativa tramposa o al menos sesgada.

El ETF replica a un índice con las compañías que ha seleccionado un proveedor que cumplen con los criterios de calidad y sostenibilidad del dividendo. Normalmente la cartera tiene una diversificación de decenas de compañías.

El inversor particular que quiera hacer o replicar esta cartera, tendría un coste elevado de compra-venta, más un coste adicional de cambio de divisa en los dividendos cobrados de acciones norteamericanas de los que nunca se habla o parecieran inexistentes.

Además las horas de análisis para determinar qué compañía comprar, la calidad de sus beneficios, etc no es baladí.

Los recortes y cancelaciones de dividendo existen.

Y centrarnos solo en el dividendo de una compañía y no en la evolución de su negocio a más de uno le ha llevado a una pérdida de capital importante.

Si te apasiona el análisis de compañías no te quito la ilusión de que lo hagas, pero acusar a los ETFs de una ineficiencia creo que es más un argumento de venta de la estrategia o la filosofía que el resultado de una investigación seria sobre la materia y la casuística.

Mito #3 Los ETFs crean burbujas bursátiles

La indexación existe desde 1975, los ETFs desde 1990. Antes de esas fechas para algunos parece que no existiesen las grandes sobrevaloraciones del mercado o ineficiencias y por tanto las correcciones posteriores.

Somos de buscar un culpable fácil para cualquier fenómeno y la gestión indexada es el habitual en los últimos 10 años para cualquier gestor que vea cómo sus acciones no suben en detrimento de otras.

Primero cada vez más los ETFs siguen estrategias de gestión activa, incluso el ritmo de captación de patrimonio de esta tipología es más acelerado que la de sus homólogos pasivos.

En segundo lugar, la propia mecánica de creación y redención del ETF hace que la compra-venta y transacciones no impliquen la compra y venta de las acciones subyacentes.

Además varios estudios han mostrado que la inversión indexada no tiene impacto significativo en la fijación de precios que son determinados por los gestores activos.

Otra cosa es que la popularidad de la inversión indexada en los principales índices bursátiles que tienen sesgo a las compañías de gran capitalización haga que algunos mercados o segmentos de compañías no tengan suficiente atención y por tanto se mantengan más tiempo las ineficiencias de valoración.

Una microcap canadiense puede estar muy infravalorada y ser una magnífica oportunidad, pero que no suba puede deberse a mil factores: riesgo de financiación, limitaciones de los inversores institucionales, etc.

Y no es culpa de tu tío que se ha abierto cuenta en un bróker y está comprando un ETF de Vanguard.

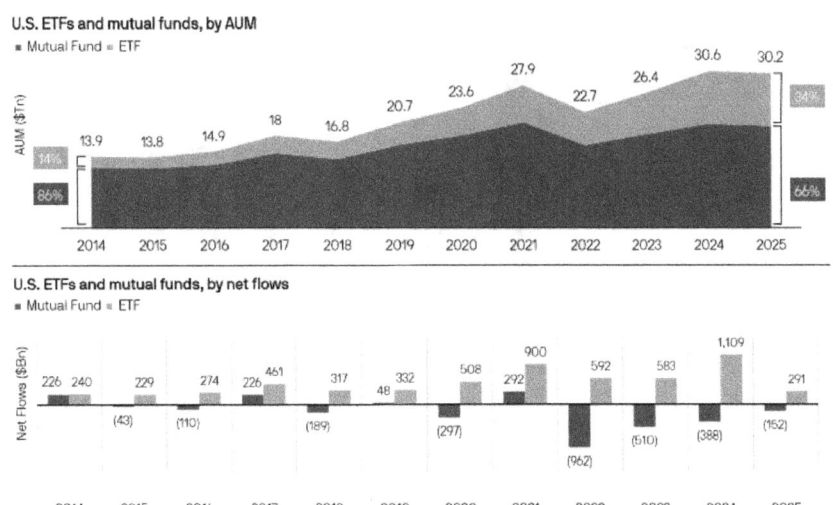

Mito #4 Los ETFs son la opción más barata para invertir

Detrás de un extremista siempre hay un oportunista, decía siempre mi madre.

Y esta máxima se ve mucho en la divulgación financiera.

Como la inversión en ETFs es sencilla de explicar y las rentabilidades de los últimos años han sido positivas, parece que forrarse en bolsa es solo cuestión de comprar cualquier ETF y sentarse a dormir.

Eso sí, compra el ETF en el bróker que me pague por afiliación que sino me pasaré a divulgar de crowdlending inmobiliario que pagan más.

Esto lleva a maximalismos falsos como decir que los ETFs son la opción más barata y por tanto la mejor para invertir, lo cual es una media verdad.

Existen ETFs carísimos, como los de criptomonedas que vimos anteriormente o ETFs de gestión activa que tienen un tracking error elevadísimo.

Incluso la tendencia en la industria es que los costes medios aumenten debido a la "tematización de los productos" y la cada vez más frecuente irrupción de productos no indexados.

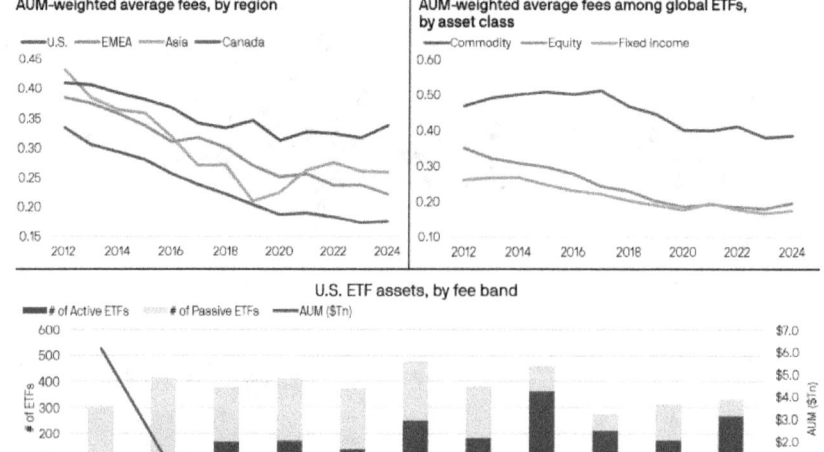

Mito #5 Los ETFs de Renta Fija son peores que los de gestión activa

Las afirmaciones tan rotundas en inversiones hay que cogerlas con pinzas. No hay verdades absolutas y lo que se ha cumplido durante un tiempo no tiene por qué cumplirse en el futuro.

Una de las más habituales es escuchar que la indexación en Renta Fija no ofrece resultados tan extraordinarios frente a la gestión activa y la capacidad de selección de bonos de un inversor experimentado.

Es difícil determinar el origen de esta idea, pero puede estar relacionada a que si comparamos en el informe de SPIVA en las categorías de Renta Variable y de Renta Fija vemos que en la primera son muy pocos los inversores activos que consiguen ganar a un índice de referencia.

Y la siguiente imagen parece corroborarlo.

Pero...

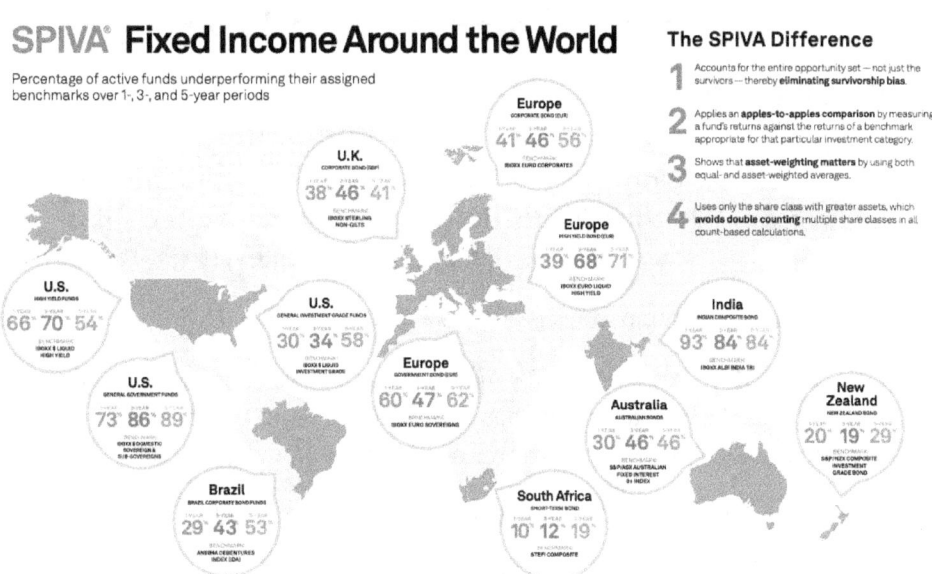

No tan rápido. Si miramos la infografía solo muestra algunas categorías en particular de cada país y si buscamos los datos a más largo plazo en Estados Unidos por ejemplo la película cambia bastante.

U.S. Fixed Income		% OF FUNDS THAT UNDERPERFORMED BENCHMARK				
FUND CATEGORY	COMPARISON INDEX	1 YR (%)	3 YRS (%)	5 YRS (%)	10 YRS (%)	15 YRS (%)
High Yield	iBoxx $ Liquid High Yield	65.88	69.88	54.22	79.39	76.29
Investment-Grade Short & Intermediate	iBoxx $ Overall 1-5Y	11.83	20.99	28.93	51.97	73.38
General Municipal Debt	S&P National AMT-Free Municipal Bond	13.33	83.53	70.93	66.67	59.14
General Investment-Grade	iBoxx $ Liquid Investment Grade	30.38	34.44	57.89	81.63	90.08
General Government	iBoxx $ Domestic Sovereign & Sub-Sovereigns	72.50	86.11	88.89	98.31	77.91

Ahora te compartiré alguno de los errores prácticos más habituales que he visto al invertir en ETFs

Error #1: Fijarse solo en la portada y no en el contenido

Cuando me envían carteras de ETFs para que les dé mi opinión, a la sección de mi podcast Las Finanzas de Tu Vecino, me encuentro que existe una disonancia entre lo que creen que invierten y lo que realmente están invirtiendo

Te comparto un ejemplo muy clásico: **S&P 500 vs S&P 500 ESG**

El S&P 500 ESG se lanzó en 2010 y mezcla dos criterios en la construcción de su cartera. Excluye determinadas compañías que no cumplen con sus requisitos y seleccionan a las mejores acciones según un score ESG.

El resultado es que de las 503-504 compañías que forman el S&P 500 solo aproximadamente 320 pasan los filtros de este nuevo índice.

Los criterios de exclusión y filtros pueden observarse en la siguiente imagen

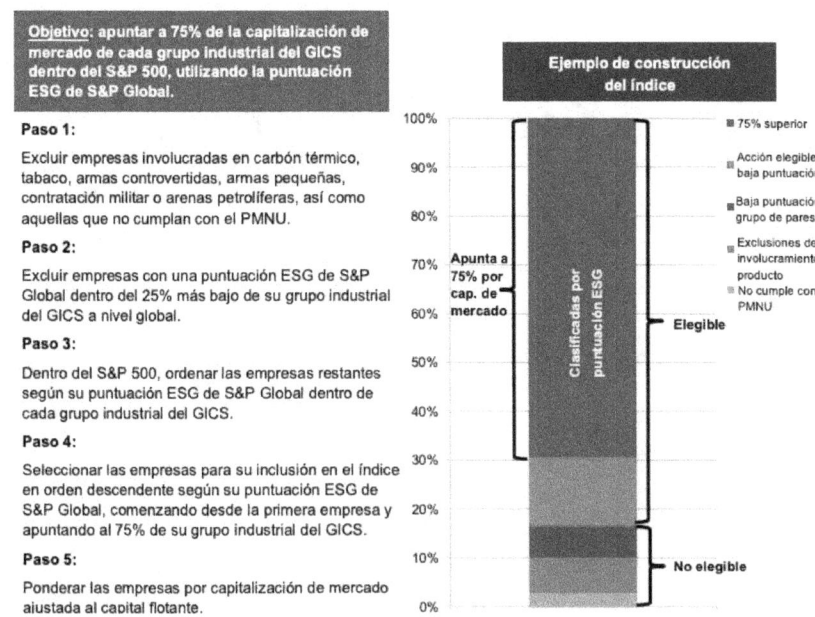

De las empresas excluidas representan aproximadamente el 27% de toda la capitalización.

Como resultado tenemos un índice más concentrado en las primeras 10 compañías

Top 10 S&P 500: 33,6%

Holding name	% of market value	Sector
Apple Inc	6.97081%	Information Technology
Microsoft Corp	5.82952%	Information Technology
NVIDIA Corp	5.54480%	Information Technology
Amazon.com Inc	3.74893%	Consumer Discretionary
Meta Platforms Inc	2.63689%	Communication Services
Berkshire Hathaway Inc	1.93410%	Financials
Alphabet Inc	1.88384%	Communication Services
Broadcom Inc	1.63960%	Information Technology
Alphabet Inc	1.54344%	Communication Services
Tesla Inc	1.51509%	Consumer Discretionary

504 total holdings

Top 10 S&P 500 ESG: 41.2%

	% de activos (Índice)
APPLE INC	10,50%
NVIDIA CORP	8,63%
MICROSOFT CORP	8,54%
ALPHABET INC CL A	2,88%
ALPHABET INC CL C	2,37%
TESLA INC	2,31%
JPMORGAN CHASE & CO	2,14%
ELI LILLY & CO	2,09%
VISA INC-CLASS A SHARES	1,80%
EXXON MOBIL CORP	1,42%

¿Qué compañías han sido excluidas del S&P 500 ESG?

Si comparas la imagen anterior ya habrás visto algunas acciones que no aparecen y que llaman mucho la atención.

¿Fuera Berkshire Hathaway y dentro Exxon Mobil? ¿Adiós a Meta, Broadcom?

¿Es mejor el S&P 500 ESG?

Imagino que a muchos lo que os interese no es nada de lo anterior.

Ni ESG ni no ESG.

¿Dónde se gana más dinero?

La realidad es que no existe mucha diferencia, aunque en los últimos cinco años la versión ESG lo ha hecho mejor en cuanto a rentabilidades.

Y es normal.

Si estás más concentrado y tienes más peso en acciones que lo hacen muy bien en un mercado alcista vas a sacar diferencias.

Historical Performance

Depending on index launch date, all charts below may include back-tested data.
* Data has been re-based at 100

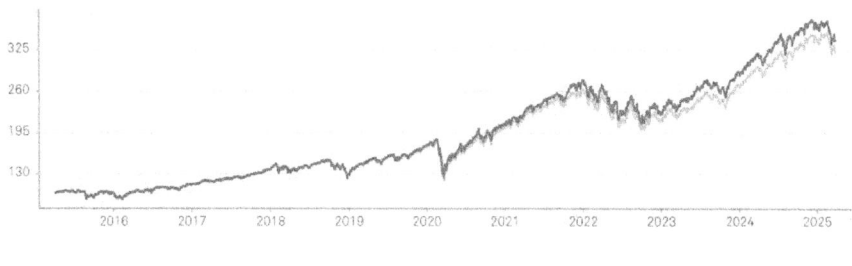

■ S&P 500 Scored & Screened Index (USD) TR   ▧ S&P 500 (TR)

Performance

INDEX LEVEL	RETURNS			ANNUALIZED RETURNS			
	1 MO	3 MOS	YTD	1 YR	3 YRS	5 YRS	10 YRS
Total Return							
659.21	-5.59%	-5.03%	-5.03%	6.89%	8.9%	19.19%	13.11%
Price Return							
489.24	-5.72%	-5.34%	-5.34%	5.43%	7.21%	17.35%	11.01%
Net Total Return							
602.81	-5.63%	-5.12%	-5.12%	6.45%	8.39%	18.64%	12.47%
BENCHMARK* Total Return							
12,360.21	-5.63%	-4.27%	-4.27%	8.25%	9.06%	18.59%	12.5%
BENCHMARK* Price Return							
5,611.85	-5.75%	-4.59%	-4.59%	6.8%	7.4%	16.77%	10.5%
BENCHMARK* Net Total Return							
10,681.62	-5.67%	-4.37%	-4.37%	7.82%	8.56%	18.04%	11.9%

* The index benchmark is the S&P 500

Eso sí no hay comida gratis.

La volatilidad en el índice ESG ha sido un poco más alta y sobre todo los gastos son bastante más altos que sus comparables.

	Amundi S&P 500 Screened INDEX AE Acc	Vanguard U.S. 500 Stock Index Fund Investor EUR Accumulation	Fidelity S&P 500 Index Fund EUR P Acc	Vanguard S&P 500 UCITS ETF	iShares S&P 500 Swap UCITS ETF USD (Acc)
Inversión mínima	—	1.000.000€	0€	—	—
Comisión de gestión	0,160%	0,100%	0,060%	0,070%	0,050%
Comisión de depositaria	—	0,000%	—	—	—
Comisión de éxito	—	—	—	—	—
Comisión de suscripción	4,500%	0,000%	0,000%	—	—
Comisión de reembolso	—	0,000%	3,000%	—	—
Gastos corrientes	0,310%	0,100%	0,060%	0,070%	0,050%

¿Qué ETFs replican al S&P 500 ESG?

No es sorpresa que casi existan al menos los mismos productos o más inclusive que repliquen esta versión del índice que la original. Fijaros lo fácil que es equivocarse y terminar comprando

PRODUCT NAME	PRODUCT TYPE	EXCHANGE	TICKER
BNP Paribas Easy S&P 500 ESG ETF Acc	ETF	Euronext - Euronext Paris	SPEUS
BNP Paribas Easy S&P 500 ESG ETF EUR Acc	ETF	Euronext - Euronext Paris	SPEEU
BNP Paribas Easy S&P 500 ESG ETF H € Acc	ETF	XFMQ--Unlisted Fund Manager Quote	N/A
E-mini S&P 500 ESG Index	Future	CME	ESG
Invesco S&P 500 ESG ETF	ETF	TORONTO STOCK EXCHANGE	ESG
Invesco S&P 500 ESG ETF Acc	ETF	LONDON STOCK EXCHANGE	SPXE
Invesco S&P 500 ESG ETF CAD Hedged	ETF	TORONTO STOCK EXCHANGE	ESG.F
Invesco S&P 500 ESG ETF EUR Hdg Acc	ETF	XETRA	5ESE
iShares S&P 500 ESG ETF EUR Hedged (Acc)	ETF	XETRA	CBUM
iShares S&P 500 ESG ETF USD (Acc)	ETF	Euronext - Euronext Amsterdam	ESPX
MTF Sal S&P 500 ESG	ETF		MTFF60
NEXT FUNDS S&P 500 ESG Index ETF	ETF	Tokyo Stock Exchange	2635
S&P 500 ESG Index (SPESG)	Option	CBOE	SPESG
SOL S&P500 ESG	ETF	Korea Exchange (Stock Market)	399110
SPDR® S&P 500® ESG ETF	ETF	XFMQ--Unlisted Fund Manager Quote	EFIV
UBS ETF S&P 500 ESG A CHF H Acc	ETF	SIX Swiss Exchange	5ESGS
UBS ETF S&P 500 ESG A EUR H Acc	ETF	XETRA	S5SG
UBS ETF S&P 500 ESG A GBP H Dis	ETF	LONDON STOCK EXCHANGE	5ESG
UBS ETF S&P 500 ESG A USD Acc	ETF	SIX SWISS EXCHANGE	S5ESG
UBS ETF S&P 500 ESG A USD Dis	ETF	XETRA	S5SD
UBS ETF S&P 500 Scored & Scrn USD A-dis	ETF	XETRA	S5SD
Xtrackers S&P 500 ESG ETF	ETF	NYSE ARCA	SNPE
Xtrackers S&P 500 ESG ETF 1C	ETF	London Stock Exchange	XZSP

En estos casos siempre te recomiendo ir a la web de la gestora y leerte el KID o Factsheet del ETF antes de contratarlo y asegurarte que estás teniendo exposición al índice o a la estrategia que quieres replicar.

Error #2: La falsa ilusión de control sobre el impacto de la divisa en tu ETF

Siempre que hay un importante cambio a favor o en contra del tipo de cambio que afecte a nuestras inversiones aparecen los capitán a posteriori avisando de que debemos cubrir o no cubrir ese riesgo en nuestras carteras.

El inversor que hasta entonces ni tenía idea de que estaba expuesto a un riesgo adicional al del mercado, empieza a tomar medidas o mejor dicho a hacer lo que le diga su divulgador de turno.

Lo primero que tienes que revisar es a qué tipos de cambio entre divisas tiene exposición tu cartera.

Normalmente si eres un inversor global pero vives en zona euro tu mayor exposición será a las inversiones en dólares de la renta variable o renta fija norteamericana.

Una vez identificadas, lo siguiente sería cuantificar cuánto impacto tienen realmente en tu cartera y por activo.

Si eres un inversor que tu cartera es solo un ETF del S&P 500 el riesgo sería del 100% de la cartera al dólar, pero si eres un inversor global tu riesgo por ejemplo con el yen japonés sería menor del 5%.

No tendría sentido cubrirnos del yen japonés ni mucho menos.

Una vez definido el alcance del riesgo, tendríamos que pensar en nuestro horizonte temporal. A largo plazo los movimientos de las principales divisas son impredecibles por más que veas que expertos te dicen todos los días que va a hacer el euro-dólar.

Intentar hacer market timing con un activo es complicado, cómo para intentarlo hacerlo en dos al mismo tiempo.

Y aunque te parezca ilógico puede ser que lo que afecte a tu inversión de forma negativa se compense con un efecto positivo en las acciones en las que inviertes.

Veamos un ejemplo.

Eres un inversor europeo que tiene su cartera en el S&P 500 cuando el tipo de cambio está 1:1 (por cada euro te dan un dólar). De pronto el euro dólar pasa a 1-1,20 (por cada euro le dan 1,20 dólares).

Cómo tus acciones cotizan en dólares ahora mismo si vendieses y los convirtieses a euros el importe tendrías un 20% menos de dinero que antes.

¿Pero y en las empresas en las que inviertes qué impacto tendría ese tipo de cambio?

Una empresa norteamericana que el 50% de sus ventas sean a países europeos, y cobren esas ventas en euros, verían como al cambiarlo a dólares sus ingresos aumentan un 20%, lo que podría hacer que aumenten sus beneficios y por tanto el precio al que cotizan en los mercados financieros.

Vamos que lo que pierdes por un lado podría compensarse por otro.

Es por eso que no soy nada favorable a obsesionarnos con la divisa a no ser que inviertas con un horizonte temporal muy corto o en activos donde la volatilidad del tipo de cambio puede borrar los beneficios que buscas de tener dicho activo en cartera (renta fija).

Pero en relación a los ETFs el error más frecuente es hacerse un lío entre la divisa de negociación del producto y la divisa base.

Algunos inversores al entrar a su bróker ven las siguientes bolsas donde pueden comprar un ETF que replica al MSCI ACWI y no entienden nada.

En el nombre del producto les aparece USD, pero luego hay varias bolsas de valores donde el producto cotiza en euros.

Su desconocimiento les lleva a pensar que si invierten en el producto en euros mejor porque así se evitan el riesgo divisa, pero esto es un grave error.

Listado	Divisa	Ticker
Bolsa de Londres	GBX	SSAC
gettex	EUR	IUSQ
Bolsa de Stuttgart	EUR	IUSQ
Bolsa Italiana	EUR	ISAC
Bolsa Mexicana de Valores	MXN	-
Euronext Amsterdam	EUR	SSAC
Bolsa de Londres	USD	ISAC
Bolsa de Londres	GBP	-
Bolsa suiza SIX	CHF	SSAC
Bolsa suiza SIX	USD	SSAC

Tienes que diferenciar tanto en fondos de inversión como en ETFs dos conceptos: **divisa de negociación y divisa base**

Divisa de negociación: Es la moneda en la que compras y vendes el ETF en la bolsa donde cotiza. Por ejemplo, si compras un ETF en la bolsa de Madrid, probablemente lo harás en euros, aunque el ETF invierta en activos de otros países.

Divisa base: Es la moneda en la que están denominados los activos subyacentes que contiene el ETF. Por ejemplo, un ETF que replica el S&P 500 tendrá como divisa base el dólar estadounidense, porque las acciones americanas están cotizadas en dólares.

Si compras el ETF del ACWI en euros por ejemplo en la Bolsa de Amsterdam, lo único que estás evitando es que te aplique tu bróker la comisión por cambio de divisa. Acto seguido que compres tus euros se convierten en dólares y por tanto sigues estando expuesto a la evolución del tipo de cambio.

En ocasiones por ahorrarte esa comisión de cambio de divisa terminas invirtiendo en una bolsa donde el ETF tiene poca liquidez o dónde tu bróker te cobra una comisión de compra-venta mayor y por tanto terminas pagando más.

Si realmente quieres cubrir el riesgo de tipo de cambio te toca comprar los ETF con divisa cubierta (Hedged)

Error #3: Comprar el mismo perro con distinto collar

Las megatendencias tienen algo que nos engancha.

Todos pensamos que si hubiésemos invertido en los años 2000 en un ETF de compañías de Internet ahora seríamos ricos y por tanto intentamos adivinar cuál es la próxima megatendencia para no dejar pasar nuestra oportunidad.

Los creadores de ETFs lo saben y por eso en cuanto algo se pone de moda lanzan un producto para que los inversores puedan darles su dinero. La nube, la inteligencia artificial, machine learning, semiconductores, conectividad, son temáticas que llenan las listas de lanzamientos cada año.

Alentados por lo novedoso saltamos a añadir alguno de estos productos a la cartera sin mirar realmente cuán distinto son de lo que ya tenemos.

Luego les muestras un X-Ray y se sorprenden del grado de solapamiento que existen entre el nuevo ETF que has comprado y lo que ya tenías y la elevada correlación entre ambos productos.

Te muestro un ejemplo real de un oyente del podcast.

Había oído que la inteligencia artificial y la ciberseguridad eran el futuro y decidió comprar dos ETFs de esta temática: **L&G Artificial Intelligence ETF EUR y iShares Digital Security ETF USD Acc EUR**

A los pocos meses estaba decepcionado por la caída que habían tenido ambos y me pidió consulta. Curioso que si hubiesen subido ambos ETFs nunca se hubiese dado cuenta del problema.

Cuando los ví y analicé sus carteras me encontré lo siguiente:

Cartera del L&G Artificial Intelligence ETF EUR

Las 10 mayores participaciones

Peso de las 10 principales participaciones de 53	24,46%
Cloudflare Inc.	2,68%
Samsara	2,62%
Astera Labs Inc.	2,60%
CrowdStrike Holdings	2,59%
NVIDIA Corp.	2,50%
Ambarella	2,44%
AMD	2,30%
Microsoft	2,26%
Autodesk	2,24%
Datadog	2,23%

Países

Estados Unidos	63,14%
Taiwán	5,17%
Uruguay	2,06%
Israel	2,04%
Otros	27,59%

∨ Muestra más

Sectores

Tecnología	62,02%
Consumidor discrecional	6,17%
Telecomunicaciones	5,40%
Industria	2,72%
Otros	23,69%

∨ Muestra más

Cartera del iShares Digital Security ETF USD Acc EUR

Las 10 mayores participaciones

Peso de las 10 principales participaciones de 107	22,61%
Cloudflare Inc.	2,96%
Ciena	2,33%
TIS, Inc. (Japan)	2,27%
Fortinet Inc.	2,24%
F5	2,21%
Trend Micro, Inc.	2,19%
NEC Corp.	2,18%
DocuSign	2,16%
Commvault Systems	2,06%
CyberArk Software	2,01%

Países

Estados Unidos	61,66%
Japón	14,14%
Israel	4,40%
Taiwán	3,45%
Otros	16,35%

∨ Muestra más

Sectores

Tecnología	86,04%
Industria	7,93%
Inmobiliario	3,03%
Consumidor discrecional	1,12%
Otros	1,88%

A partir de 29/5/25

La distribución geográfica era muy similar y aunque en las 10 primeras posiciones no se veía tanto solapamiento entre ellos, si lo comparábamos con un índice como el MSCI World o el S&P500 sí que aparecía.

Además un análisis posterior de la correlación de sus rentabilidades nos mostraba casi una correlación perfecta positiva del 0,94 entre los ETFs y del 0,8% entre los ETFs y el S&P 500

Vamos que hacían lo mismo....

0,86 Microsoft Corp	US5949181045		Tecnología	
0,17 L&G Artificial Intelligence ETF EUR	IE00BK5BCD43	2,30		16/06/2025
0,69 Vanguard U.S. 500 Stk Idx Ins Pl € Acc	IE00BFPM9V94	6,82		31/05/2025
0,85 NVIDIA Corp	US67066G1040		Tecnología	
0,18 L&G Artificial Intelligence ETF EUR	IE00BK5BCD43	2,51		16/06/2025
0,67 Vanguard U.S. 500 Stk Idx Ins Pl € Acc	IE00BFPM9V94	6,60		31/05/2025
0,55 Amazon.com Inc	US0231351067		Consumo Cíclico	
0,16 L&G Artificial Intelligence ETF EUR	IE00BK5BCD43	2,26		16/06/2025
0,39 Vanguard U.S. 500 Stk Idx Ins Pl € Acc	IE00BFPM9V94	3,85		31/05/2025
0,41 Meta Platforms Inc Class A	US30303M1027		Servicios de Comunicación	
0,13 L&G Artificial Intelligence ETF EUR	IE00BK5BCD43	1,79		16/06/2025
0,29 Vanguard U.S. 500 Stk Idx Ins Pl € Acc	IE00BFPM9V94	2,83		31/05/2025
0,41 Taiwan Semiconductor Manufacturing Co Ltd	TW0002330008		Tecnología	
0,14 L&G Artificial Intelligence ETF EUR	IE00BK5BCD43	1,91		16/06/2025
0,27 Vanguard Em Mkts Stk Idx Ins Pl € Acc	IE00BFPM9J74	9,67		31/05/2025
0,40 Cloudflare Inc	US18915M1071		Tecnología	
0,20 L&G Artificial Intelligence ETF EUR	IE00BK5BCD43	2,82		16/06/2025
0,20 iShares Digital Security ETF USD Acc EUR	IE00BG0J4C88	3,08		13/06/2025
0,34 Alphabet Inc Class A	US02079K3059		Servicios de Comunicación	
0,14 L&G Artificial Intelligence ETF EUR	IE00BK5BCD43	1,98		16/06/2025
0,20 Vanguard U.S. 500 Stk Idx Ins Pl € Acc	IE00BFPM9V94	2,00		31/05/2025
0,32 CrowdStrike Holdings Inc Class A	US22788C1053		Tecnología	
0,19 L&G Artificial Intelligence ETF EUR	IE00BK5BCD43	2,62		16/06/2025
0,11 iShares Digital Security ETF USD Acc EUR	IE00BG0J4C88	1,63		13/06/2025
0,02 Vanguard U.S. 500 Stk Idx Ins Pl € Acc	IE00BFPM9V94	0,23		31/05/2025
0,32 Tesla Inc	US88160R1014		Consumo Cíclico	
0,12 L&G Artificial Intelligence ETF EUR	IE00BK5BCD43	1,68		16/06/2025
0,20 Vanguard U.S. 500 Stk Idx Ins Pl € Acc	IE00BFPM9V94	1,93		31/05/2025

Matriz de correlación

	①	②	③	④	⑤	⑥	⑦	⑧	⑨	⑩
①	1.00									
②	0.19	1.00								
③	0.84	0.46	1.00							
④	0.17	0.94	0.36	1.00						
⑤	0.11	0.75	0.22	0.80	1.00					
⑥	0.15	0.70	0.24	0.80	0.94	1.00				
⑦	0.15	0.87	0.47	0.71	0.50	0.43	1.00			
⑧	0.24	0.67	0.39	0.61	0.45	0.45	0.64	1.00		
⑨	0.20	0.49	0.36	0.33	0.23	0.21	0.58	0.81	1.00	
⑩	0.22	0.65	0.47	0.51	0.52	0.37	0.54	0.44	0.45	1.00

1.00 To 0.60   0.60 To 0.20   0.20 To -0.20   -0.20 To -0.60   -0.60 To -1.00

El número 4 es un ETF del S&P 500

El número 5 es el **L&G Artificial Intelligence ETF EUR**

El número 6 es el **iShares Digital Security ETF USD Acc EUR**

Error #4: Creer que estamos diversificados por comprar un ETF

Al hilo del error anterior llegamos a un error muy común: la falsa diversificación.

Cómo hemos ido leyendo normalmente los ETFs UCITs tienen unas reglas que evitan la concentración en pocas acciones.

El problema radica en que muchas megatendencias o familias de índices no tienen tanto universo de inversión disponible y tienen que concentrar en pocas compañías el peso de la cartera.

Por ejemplo, esta es la cartera del **Global X Blockchain UCITS.**

Las 10 mayores participaciones

Peso de las 10 principales participaciones de 23	**74,13%**
Coinbase Global	12,92%
Riot Platforms, Inc.	11,41%
MARA Holdings	10,85%
CleanSpark	7,89%
Applied Digital	5,98%
IREN	5,28%
Core Scientific	5,27%
Bitdeer Technologies Grp	5,03%
TeraWulf	4,84%

Sólo 23 compañías y las 10 primeras pesan casi un 74% de la cartera.

Y no es que el ETF sea malo en sí, es que no hay más compañías cotizadas de esta temática. Lo malo es que no sepas el riesgo que estás asumiendo.

La táctica que utilizan muchos ETFs es ampliar el criterio de admisión y por ejemplo incluir a compañías que con que hagan algo superficial de la temática ya les vale.

Siguiendo el tema de blockchain en otros ETFs encontraríamos a empresas como MercadoLibre, Robinhood o Mastercard......

Pero no solo pasa en los ETFs de megatendencias.

Es habitual encontrarnos con productos que replican un subconjunto de un índice madre y que esté muy concentrado en pocas ideas, aunque no lo parezca.

Pensemos en el MSCI World.

Todos sabemos que tiene más de 1600 empresas con preferencia a Estados Unidos y al sector tecnológico actualmente.

Ahora bien del MSCI World que es el índice principal nace una familia de índices muy extensa que suele ser invertible vía ETFs.

Los subconjuntos pueden crearse atendiendo a factores (Value, Momentum, Rentabilidad por Dividendo), por capitalización, sectores o por exclusión de algún país o región.

Pensemos que solo queremos invertir en las acciones tecnológicas del MSCI World y vemos que el subconjunto se reduce a 146 empresas.

¿Bueno bastante diversificado está igualmente no?

La realidad es que si comprobamos al estar creado por capitalización bursátil está es la cartera que se nos quedaría.

Top 10 Holdings			Countries		
Weight of top 10 holdings	68.17%		United States	86.91%	
out of 146			Japan	3.01%	
			Netherlands	2.11%	
NVIDIA Corp.	18.72%		Germany	2.04%	
Microsoft	17.87%		Other	5.93%	
Apple	16.58%		⌄ Show more		
Broadcom	5.94%				
SAP SE	1.71%		Sectors		
ASML Holding NV	1.63%		Technology	98.25%	
Oracle Corp.	1.51%		Other	1.75%	
Palantir Technologies, Inc.	1.42%				
Salesforce, Inc.	1.41%				
Cisco Systems, Inc.	1.38%				

No se si es mala o buena dicha cartera o cómo lo hará en el futuro, pero lo que sí sé es que debes ser consciente de que el 5% de las empresas de tu ETF marcarán el 70% de tus resultados.

Error #5 Creerte la Narrativa

A todos nos gusta una buena historia, un buen relato y una buena promesa.

Y si es en el mundo inversor aún más.

No nos interesa nadie que nos diga que el futuro no lo conoce nadie, que a pesar de que tomes todas las precauciones los escenarios extremos existen y que el pasado no es referente de lo que pueda pasar.

Queremos por el contrario alguien que nos diga que invertir es fácil, que el santo grial existe y que se puede conseguir altas rentabilidades sin mucha volatilidad o sin riesgo de caídas.

Así es cómo decenas de ETFs se lanzan al mercado cada año intentando capturar la atención a una narrativa o el miedo del inversor.

Si te digo que voy a crear una estrategia que va a proteger tu cartera del próximo 11-S, Brexit o suceso inesperado y que encima va a conseguir que mientras todos pierden dinero tu cartera subirá, serías muy tonto si no me das tu dinero o al menos tu atención.

El problema que no te cuentan es que si ese apocalipsis no llega tus resultados serán mediocres o podrás perder una buena suma de dinero.

Mira este ejemplo de un ETF que prometía esa cobertura y que al final terminó cerrando luego de perder el 99% del patrimonio de sus partícipes. Eso sí, hasta casi el último día los inversores siguieron poniendo dinero.

Eran los violinistas del Titanic en formato inversor.

Simplify Tail Risk Strategy ETF, which had the colorful ticker symbol CYA, had some good days in 2022, but the fund ultimately lost 99.9% from its late 2021 inception to its March 2024 liquidation. The ETF continued to take in new money until the end, but its demise highlights the high costs of paying for portfolio protection.

Too Much Leverage Can Be Costly

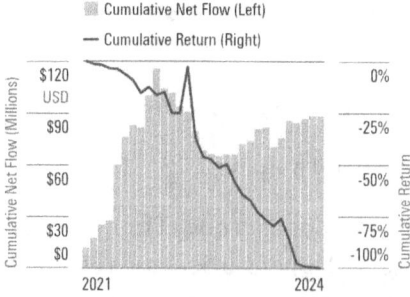

Source: Morningstar Direct. Simplify Tail Risk Strategy ETF closed on March 7, 2024. Data as of 04/15/25.

EPÍLOGO

Los ETFs son los productos financieros que más están creciendo en todo el planeta.

Decenas de fondos de inversión están lanzando sus estrategias en formato ETF lo que hará que se consolide aún más en las carteras de los inversores institucionales o retail.

No quiero que te lleves a equívoco.

Existen ETFs muy buenos y otros terriblemente diseñados. Si a esto le sumamos que los de gestión activa pueden padecer de las mismas dolencias que los fondos de inversión de falta de consistencia y pobres resultados.

Por ello el libro lo que busca es que domines todos los detalles técnicos del producto para que evites cometer los errores básicos.

Sin embargo te recomiendo que una vez conocido estos detalles centres tu energía en dedicarle tiempo a analizar tus características personales, tu horizonte de inversión y si la asignación de activos seleccionada es adecuada para conseguir tus objetivos.

No caigas en los cantos de sirena intentando adivinar qué va a ser el mercado o los productos de megatendencias que están muy concentrados y tienen mayor riesgo.

Si no entiendes en que está invirtiendo el ETF, no inviertas. Así de sencillo.

Nadie nació sabiendo y tienes muchos recursos adicionales en el siguiente capítulo pero aún así puedes seguir teniendo dudas y por eso te brindo mi contacto para ayudarte con cualquier duda.

Seguramente no te ayudaré a ganar dinero pero sí al menos a evitar que cometas errores básicos.

Ahorra, invierte periódicamente de forma diversificada a bajo coste y confía en el largo plazo.

Tu asesor financiero o empleado bancario no te recomendará los ETFs, no porque no sean buenos sino porque no les generan ingresos adicionales a ellos.

Espero que este libro te haya permitido salir del Síndrome de Estocolmo Bancario y des el paso a invertir por tu cuenta en los mejores productos financieros.

Por cierto, si encuentras algún fallo o idea de mejora, no dudes en escribirme que estaré encantado de en futuras ediciones mejorarlo.

Si te ha gustado y te ha ayudado este libro el mejor regalo que puedes hacerme es tu **reseña en Amazon, Goodreads o cualquier otra plataforma.**

Te costará un minuto pero ayudarás a que mi trabajo llegue a muchas más personas.

MATERIAL EXTRA

En este apartado te compartiré todos los recursos y fuentes de conocimiento sobre el mundo de los ETFs.

Recuerda que si tienes cualquier duda puedes preguntarme de forma gratuita al email preguntas.saludfinanciera@gmail.com o al teléfono +34 614 239 639.

Libros sobre ETFs y Gestión Indexada

- Cómo invertir en fondos de inversión con sentido común
- La guía Boglehead de inversión
- El pequeño libro para invertir con sentido común
- Un paseo aleatorio por Wall Street
- Menos costes, más rentabilidad
- The Complete Guide to ETF Portfolio Management
- Retirement Planning Guidebook: Navigating the Important Decisions for Retirement Success
- De Cero a Inversor en Fondos

Manuales Prácticos de ETFs

- Inversis
- CNMV
- Blog de Gaspar Fierro

Newsletter sobre ETFs

- The Week in ETFs

Mejores Conferencias sobre Inversión en ETFs

- Pasos para Crear una Cartera de ETFs
- ¿Qué papel juegan los ETFs en una cartera?
- ETFs para principiantes
- Todo lo que deberías saber sobre ETFs y no te han contado
- ETFs de Bitcoin: ¿Cómo funcionan?
- La Cara Oculta de los ETFs

Referentes del Sector (ETFs, Fondos de Inversión, Asignación de Activos)

- Gaspar Fierro
- Eric Balchunas
- Nate Geraci
- Meb Faber
- Michael O'Riordan
- @Moclano

BIBLIOGRAFÍA

Libros

Bernstein, W. J. (2014). *The Investor's Manifesto: Preparing for Prosperity, Armageddon, and Everything in Between.* John Wiley & Sons.

Bogle, J. C. (2017). *The Little Book of Common Sense Investing:* The Only Way to Guarantee Your Fair Share of Stock Market Returns. 10th Anniversary Edition. John Wiley & Sons.

Carrel, L. (2007). *ETFs for the Long Run:* What They Are, How They Work, and Simple Strategies for Successful Long-Term Investing. John Wiley & Sons.

Ellis, C. D. (2016). *Winning the Loser's Game:* Timeless Strategies for Successful Investing. 7th Edition. McGraw-Hill Education.

Ferri, R. A. (2009). *The ETF Book:* All You Need to Know About Exchange Traded Funds. 2nd Edition. John Wiley & Sons.

Fuss, R., Kaiser, D. G., & Adams, Z. (2007). *The Handbook of Equity Style Management.* 3rd Edition. John Wiley & Sons.

Hill, J. M., Nadig, D., & Hougan, M. (2015). *A Comprehensive Guide to Exchange-Traded Funds (ETFs).* CFA Institute Research Foundation.

Hougan, M., & Fuhr, D. (2018). *The Institutional ETF Toolbox.* John Wiley & Sons.

Israelsen, C. L. (2009). *7Twelve: A Diversified Investment Portfolio with a Plan.* John Wiley & Sons.

Lydon, T. (2008). *The ETF Trend Following Playbook: Profiting from Trends in Bull or Bear Markets with Exchange Traded Funds*. FT Press.

Malkiel, B. G. (2019). *A Random Walk Down Wall Street: The Time-Tested Strategy for Successful Investing*. 12th Edition. W. W. Norton & Company.

Markowitz, H. (1991). *Portfolio Selection: Efficient Diversification of Investments*. 2nd Edition. Blackwell Publishers.

Swensen, D. F. (2009). *Pioneering Portfolio Management: An Unconventional Approach to Institutional Investment*. Revised Edition. Free Press.

Tucker, S. (2011). *The ETF Handbook: How to Value and Trade Exchange Traded Funds*. 2nd Edition. John Wiley & Sons.

Artículos Académicos y Investigación

Agapova, A. (2011). Conventional mutual index funds versus exchange-traded funds. *Journal of Financial Markets*, 14(2), 323-343.

Ben-David, I., Franzoni, F., & Moussawi, R. (2018). Do ETFs increase volatility? *The Journal of Finance*, 73(6), 2471-2535.

Bhattacharya, U., Loos, B., Meyer, S., & Hackethal, A. (2017). Abusing ETFs. *The Review of Finance*, 21(3), 1217-1250.

Blocher, J., & Whaley, R. E. (2016). Two-sided markets in asset management: Exchange-traded funds and securities lending. *The Review of Financial Studies*, 29(5), 1223-1270.

Broman, M. S. (2016). Liquidity, style investing and excess comovement of exchange-traded fund returns. *Journal of Financial and Quantitative Analysis*, 51(4), 1187-1206.

Brown, D. C., Davies, S. W., & Ringgenberg, M. C. (2021). ETF arbitrage, non-fundamental demand, and return predictability. *The Review of Finance*, 25(4), 937-972.

Cremers, M., Fulkerson, J. A., & Riley, T. B. (2019). Challenging the conventional wisdom on active management: A review of the past 20 years of academic literature on actively managed mutual funds. *Financial Analysts Journal*, 75(4), 8-35.

Da, Z., & Shive, S. (2018). Exchange traded funds and asset return correlations. *European Financial Management*, 24(1), 136-168.

Dannhauser, C. D. (2017). The impact of innovation: Evidence from corporate bond exchange-traded funds (ETFs). *Journal of Financial Economics*, 125(3), 537-560.

Evans, R. B., Moussawi, R., Pagano, M. S., & Sedunov, J. (2021). ETF failures-to-deliver: Naked short selling or operational shorting? *The Journal of Finance*, 76(4), 1857-1895.

Fama, E. F., & French, K. R. (2010). Luck versus skill in the cross-section of mutual fund returns. *The Journal of Finance*, 65(5), 1915-1947.

Gastineau, G. L. (2010). The Exchange-Traded Funds Manual. 2nd Edition. John Wiley & Sons.

Glosten, L. R., Nallareddy, S., & Zou, Y. (2021). ETF activity and informational efficiency of underlying securities. *Management Science*, 67(1), 22-47.

Israeli, D., Lee, C. M., & Sridharan, S. A. (2017). Is there a dark side to exchange traded funds? An information perspective. *The Review of Accounting Studies*, 22(3), 1048-1083.

Kreis, Y., & Licht, G. (2021). ETF ownership and corporate investment. *European Financial Management*, 27(4), 588-630.

Lettau, M., & Madhavan, A. (2018). Exchange-traded funds 101 for economists. *Journal of Economic Perspectives*, 32(1), 135-154.

Madhavan, A. (2016). Exchange-traded funds and the new dynamics of investing. Oxford University Press.

Pan, K., & Tang, Y. (2021). ETFs, arbitrage, and contagion. *The Journal of Finance*, 76(5), 2115-2152.

Petajisto, A. (2017). Inefficiencies in the pricing of exchange-traded funds. *Financial Analysts Journal*, 73(1), 24-54.

Publicaciones de la Industria y White Papers

BlackRock. (2021). *ETF Landscape: Industry Highlights*. BlackRock Investment Institute.

CFA Institute. (2020). *Exchange-Traded Funds: Evolution of Benefits, Vulnerabilities, and Risks*. CFA Institute Research and Policy Center.

European Securities and Markets Authority (ESMA). (2019). *Guidelines on ETFs and other UCITS issues*. ESMA34-43-296.

Investment Company Institute. (2021). *2021 Investment Company Fact Book*. 61st Edition. Investment Company Institute.

JPMorgan Asset Management. (2020). *Guide to ETFs: A comprehensive overview of exchange-traded funds*. J.P. Morgan Asset Management.

Morningstar. (2021). *Global ETF Landscape Report*. Morningstar Direct Asset Flows Commentary.

State Street Global Advisors. (2020). *The ETF Handbook: A Guide for Financial Advisors*. State Street Global Advisors.

Vanguard. (2020). *Vanguard's Principles for Investing Success.* The Vanguard Group, Inc.

GLOSARIO

En esta sección he querido agrupar todos los términos que escucharás o encontrarás en folletos, estrategias o webs especializadas en materia financiera.

En esta industria se utilizan muchos anglicismos o palabras que solo se entienden en el contexto de la inversión, por tanto mi mejor consejo es que no te quedes nunca sin saber que representa una sigla o concepto y sus matices.

Te puedes ayudar de la inteligencia artificial para encontrar el significado y si aún no logras entenderlo pues escríbeme e intento explicártelo de una forma más sencilla.

1. **ADR (American Depositary Receipt):** Certificado negociable que representa acciones de empresas extranjeras en EE.UU.

2. **After Market / Pre Market:** Horarios de negociación fuera de sesión regular.

3. **Agente Autorizado:** Profesional o entidad designada para ejecutar operaciones en nombre de un bróker o fondo, garantizando la operativa en el mercado.

4. **Alpha**: Exceso de rentabilidad de una inversión respecto a su índice de referencia ajustado al riesgo.

5. **Alpha Portable**: Estrategia de inversión que separa y aísla la rentabilidad adicional (alfa) generada por la gestión activa de la exposición sistemática (beta) del mercado.

6. **Análisis Fundamental**: Estudio que evalúa la salud financiera, perspectivas de crecimiento y otros indicadores económicos de una empresa para valorar su inversión.

7. **Análisis Técnico**: Evaluación del comportamiento de los precios a través de gráficos y patrones históricos para predecir movimientos futuros.

8. **Asignación de Activos**: Distribución del capital invertido entre diferentes clases de activos (acciones, bonos, etc.) para optimizar la relación riesgo/rendimiento.

9. **Aversión a la pérdida**: Tendencia a sufrir más por una pérdida que la satisfacción por una ganancia equivalente.

10. **Backtest:** Simulación de rendimiento histórico de una estrategia con datos pasados.

11. **Benchmark**: Índice de referencia utilizado para comparar el rendimiento de una cartera o fondo frente al mercado.

12. **Beta**: Medida de la sensibilidad de un activo respecto a los movimientos del mercado.

13. **Bonos**: Instrumentos de deuda emitidos por gobiernos o empresas que ofrecen un rendimiento fijo o variable a lo largo del tiempo.

14. **Bróker**: Intermediario que facilita el acceso a los mercados financieros para la compra y venta de activos.

15. **Capitalización de Mercado**: Valor total de una empresa calculado multiplicando el precio actual de sus acciones por el número de acciones en circulación.

16. **Cesta de creación/redención (Creation/Redemption Basket):** Conjunto de activos que los participantes autorizados intercambian con el emisor del ETF.

17. **Ciclo de vida inversor**: Enfoque que adapta la cartera según la edad o etapa vital del inversor.

18. **Colateral:** Activo que respalda un ETF sintético.

19. **Comisiones**: Cargos que aplican los intermediarios financieros (brókers) por ejecutar operaciones de compra o venta.

20. **Convenio de doble imposición**: Acuerdo entre países para evitar pagar impuestos duplicados.

21. **Core-satellite**: Estrategia que combina una base estable (core) con inversiones tácticas (satélites).

22. **Coste de Oportunidad**: Beneficio potencial que se deja de obtener al elegir una inversión sobre otra alternativa.

23. **Coste implícito**: Coste oculto, como el deslizamiento o la baja liquidez, que no aparece como comisión directa.

24. **Covered Call:** Estrategia de inversión que consiste en poseer un activo subyacente (por ejemplo, acciones) y, simultáneamente, vender (escribir) una opción de compra sobre ese mismo activo. Permite generar ingresos adicionales a través de la prima recibida por la opción, aunque limita el potencial de ganancia en caso de que el precio del activo suba significativamente, ya que el vendedor podría verse obligado a vender el activo al precio de ejercicio acordado.

25. **Derivados Financieros:** Instrumentos cuyo valor se basa en el comportamiento de un activo subyacente, como futuros y opciones.

26. **Diversificación**: Estrategia de inversión que consiste en repartir el capital entre distintos activos para reducir el riesgo global.

27. **Dividendos**: Distribución de beneficios que realizan las empresas a sus accionistas, normalmente de forma periódica.

28. **Divisa base**: Moneda de referencia en la que está denominada una cartera de inversión y desde la cual se miden todos los rendimientos y riesgos. Importante para inversores internacionales que deben considerar el riesgo de tipo de cambio cuando inviertan en ETFs denominados en otras divisas.

29. **Dollar Cost Averaging**: Estrategia similar a las aportaciones periódicas que permite promediar el costo de adquisición en mercados volátiles.

30. **Drawdown**: Caída máxima desde un pico hasta un valle en el valor de una inversión.

31. **Duración modificada**: Medida del riesgo de tipo de interés en bonos; estima cuánto cae el precio si suben los tipos.

32. **Equal Weight**: Metodología de índice donde todos los componentes tienen el mismo peso, independientemente de su capitalización bursátil.

33. **ETC (Exchange-Traded Commodity)**: Instrumento cotizado que sigue la evolución de materias primas, facilitando la exposición a este tipo de activos sin tenerlos físicamente.

34. **ETF (Exchange-Traded Fund)**: Fondo cotizado en bolsa que replica el comportamiento de un índice o activo subyacente y se negocia como una acción.

35. **ETF Apalancado**: Producto que utiliza derivados para amplificar el rendimiento diario de un índice, incrementando tanto ganancias como pérdidas.

36. **ETF Inverso**: Fondo diseñado para obtener el rendimiento diario opuesto al de un índice, permitiendo beneficiarse de la baja del mercado.

37. **ETN (Exchange-Traded Note)**: Título de deuda cotizado cuyo rendimiento se vincula a un índice o activo, sin poseer directamente los activos subyacentes.

38. **ETP (Exchange-Traded Product)**: Categoría que engloba productos cotizados, incluidos los ETFs, ETC y ETN, que permiten invertir de forma diversificada.

39. **Factor investing:** Estrategia que selecciona activos según factores como valor, calidad, momentum, etc.

40. **FOMO (Fear of Missing Out)**: Miedo a quedarse fuera de una inversión que sube, que lleva a entrar tarde y mal.

41. **Fondo cotizado sintético**: ETF que replica el índice mediante derivados, no comprando los activos directamente.

42. **Fondo de emergencia**: Reserva de liquidez para cubrir imprevistos sin necesidad de vender inversiones.

43. **Fondo Indexado**: Vehículo de inversión que sigue un índice bursátil, con una estructura de costes reducida y gestión pasiva.

44. **Gestión Pasiva**: Estrategia de inversión que busca replicar el rendimiento de un índice mediante una cartera diversificada, sin intentar superar al mercado.

45. **GICS (Global Industry Classification Standard)**: Sistema estándar para clasificar empresas por sectores e industrias.

46. **Glide path**: Trayectoria de asignación de activos a lo largo del tiempo, típica en fondos de fecha objetivo.

47. **Hard currency**: Moneda considerada fuerte y estable, como USD, EUR, CHF.

48. **Horizonte Temporal**: Periodo durante el cual se espera mantener una inversión, fundamental para definir la estrategia y tolerancia al riesgo.

49. **iNav (Indicative Net Asset Value)**: Valor liquidativo indicativo que se calcula de forma continua durante el horario de negociación del ETF, ofreciendo a los inversores una estimación en tiempo real del valor teórico de sus activos subyacentes. A diferencia del NAV, que se determina al cierre del mercado, el iNav se actualiza constantemente para reflejar las fluctuaciones del mercado y facilitar decisiones informadas.

50. **Índice Bursátil**: Indicador que agrupa un conjunto representativo de acciones o bonos para medir el comportamiento de un mercado o sector.

51. **Inflación**: Aumento sostenido y generalizado de los precios que reduce el poder adquisitivo del dinero.

52. **ISIN**: Código alfanumérico internacional que identifica un instrumento financiero.

53. **LIFO / FIFO**: Métodos de cálculo de la ganancia patrimonial en función del orden en que se venden los activos.

54. **Liquidez**: Capacidad de un activo para ser comprado o vendido rápidamente en el mercado sin afectar significativamente su precio.

55. **Low Volatility**: factor que selecciona los activos con menor volatilidad histórica para reducir el riesgo de la cartera.

56. **Market Maker**: Entidad que ofrece continuamente precios de compra y venta, aportando liquidez al mercado.

57. **Momentum**: Anomalía de mercado donde los activos con buen rendimiento reciente tienden a continuar esa tendencia a corto-medio plazo, contrario a la reversión a la media.

58. **NAV (Valor Liquidativo)**: Valor por acción de un fondo calculado dividiendo el valor total de sus activos entre el número de participaciones existentes.

59. **Orden limitada (Limit Order)**: Orden de compra o venta que solo se ejecuta a un precio específico o mejor.

60. **Orden a mercado (Market Order)**: Orden que se ejecuta de inmediato al mejor precio disponible.

61. **Parálisis por análisis**: Bloqueo por exceso de información al tomar decisiones de inversión.

62. **Perfil Inversor**: Clasificación del inversor según su tolerancia al riesgo, horizonte temporal y objetivos financieros.

63. **PFOF (Payment for Order Flow)**: Práctica por la que los brokers venden tus órdenes a terceros a cambio de dinero.

64. **Portfolio Drift**: Cambio no deseado en la asignación de activos por variación de precios.

65. **PRIIPs KID**: Documento informativo estandarizado obligatorio para productos minoristas en la UE.

66. **Prospecto**: Documento informativo que detalla la estrategia, riesgos, comisiones y características esenciales de un fondo o ETF.

67. **Ratio de información (Information Ratio)**: Mide cuánto exceso de rentabilidad se obtiene por unidad de riesgo no sistemático.

68. **Rebalanceo de Cartera**: Ajuste periódico de la distribución de activos en una cartera para volver a la asignación estratégica definida inicialmente.

69. **Reinversión de Dividendos**: Proceso de utilizar los dividendos recibidos para comprar nuevas participaciones, potenciando el efecto del interés compuesto.

70. **Renta Fija**: Clase de activos que ofrece rendimientos predecibles, principalmente a través de bonos y otros instrumentos de deuda.

71. **Renta Variable**: Activos que representan una participación en el capital de una empresa, con rendimientos que varían según el desempeño del mercado.

72. **Rentabilidad**: Ganancia o rendimiento que se obtiene de una inversión, expresado como porcentaje del capital invertido.

73. **Réplica física vs sintética**: Diferencia entre los ETFs que compran los activos del índice y los que usan derivados.

74. **Retención en origen**: Impuesto que se aplica en el país del ETF sobre los dividendos o intereses recibidos.

75. **Return Stacking:** Estrategia que consiste en combinar múltiples fuentes de rendimiento dentro de una cartera para obtener un retorno total superior.

76. **Riesgo**: Posibilidad de que el rendimiento real de una inversión difiera del esperado, pudiendo generar pérdidas.

77. **Riesgo no sistemático:** Riesgo específico de una empresa o sector, que puede eliminarse diversificando.

78. **Riesgo sistemático**: Riesgo inherente al mercado en su conjunto, no diversificable.

79. **Risk Parity:** Estrategia de asignación donde cada activo contribuye igualmente al riesgo total de la cartera.

80. **Rollover (en ETFs de futuros):** Sustitución del contrato que vence por uno nuevo.

81. **Safe Withdrawal Rate (Tasa de Retiro Segura):** Porcentaje del patrimonio que se puede retirar anualmente de una cartera de inversión sin riesgo de agotar los fondos durante la jubilación. La regla del 4% es la más conocida, basada en estudios históricos que sugieren que retirar el 4% anual ajustado por inflación de una cartera 60/40 (acciones/bonos) permite mantener el capital durante 30 años en la mayoría de escenarios históricos.

82. **Screener**: Herramienta que permite filtrar y seleccionar ETFs u otros activos según múltiples criterios (comisiones, rendimiento, sector, etc.).

83. **Securities Lending:** Práctica de los ETF de prestar los activos para generar ingresos adicionales.

84. **Sesgo de actualidad**: Creer que lo que ha pasado recientemente seguirá ocurriendo.

85. **Sesgo de confirmación**: Buscar solo información que refuerza nuestras creencias previas.

86. **Sesgo de disponibilidad**: Dar más peso a la información reciente o fácil de recordar.

87. Sesgo de resultado: Juzgar una decisión por su resultado y no por el proceso seguido.

88. **Slippage** (Deslizamiento): Diferencia entre el precio esperado de una orden y el precio real de ejecución.

89. **Smart Beta:** Estrategia que combina la gestión pasiva y activa, modificando la ponderación de los activos según criterios como volatilidad, capitalización, dividendos, etc.

90. **Soft currency**: Moneda local con alta volatilidad o riesgo de devaluación.

91. **Split / Contra-split**: Ajustes en el número de acciones o participaciones para modificar su precio unitario.

92. **Spread**: Diferencia entre el precio de compra (bid) y el precio de venta (ask) de un activo.

93. **Swap**: Contrato financiero que permite replicar un índice sin tener sus componentes reales.

94. **Tactical Asset Allocation (TAA):** Ajuste activo temporal de la cartera según condiciones del mercado.

95. **TER (Total Expense Ratio)**: Coste total anual expresado como porcentaje sobre el capital invertido.

96. **Ticker**: Código de identificación único de un ETF en una bolsa.

97. **Total Return**: Rendimiento que incluye tanto las ganancias de capital como los dividendos reinvertidos.

98. **Tracking error**: mide la volatilidad o dispersión de las diferencias de rendimiento entre el fondo y el índice a lo largo del tiempo

99. **Tracking Difference:** Diferencia real entre el rendimiento del ETF y el índice, incluyendo costes y dividendos.

100. **Volatilidad**: Medida de la variación en el precio de un activo en un periodo de tiempo, indicando la inestabilidad del mismo.

www.ingramcontent.com/pod-product-compliance
Lightning Source LLC
Chambersburg PA
CBHW071447220526
45472CB00003B/710